ALLBRIGHT ANNIVERSARY 1999-2024

ALLBRIGHT LAW OFFICES 锦天城

锦天城法律实务丛书

创始人股权融资手册
从种子轮到IPO

HANDBOOK OF SHARE FINANCING FOR FOUNDERS
FROM SERIES SEED TO IPO

于娟娟　王腾燕 / 著

法律出版社 LAW PRESS · CHINA
北京

图书在版编目(CIP)数据

创始人股权融资手册:从种子轮到 IPO / 于娟娟,王腾燕著. -- 北京:法律出版社,2024
(锦天城法律实务丛书)
ISBN 978-7-5197-9167-4

Ⅰ.①创… Ⅱ.①于… ②王… Ⅲ.①企业融资-手册 Ⅳ.①F275.1-62

中国国家版本馆 CIP 数据核字(2024)第 100041 号

锦天城法律实务丛书	**创始人股权融资手册:从种子轮到 IPO** **CHUANGSHIREN GUQUAN RONGZISHOUCE:** **CONG ZHONGZILUNDAO IPO**	于娟娟 王腾燕 著	策划编辑 田 浩 责任编辑 田 浩 宋佳欣 装帧设计 臧晓飞

出版发行 法律出版社
编辑统筹 法商出版分社
责任校对 张翼羽
责任印制 刘晓伟
经　　销 新华书店

开本 710 毫米×1000 毫米 1/16
印张 21 **字数** 343 千
版本 2024 年 7 月第 1 版
印次 2024 年 7 月第 1 次印刷
印刷 三河市兴达印务有限公司

地址:北京市丰台区莲花池西里 7 号(100073)
网址:www. lawpress. com. cn
投稿邮箱:info@ lawpress. com. cn
举报盗版邮箱:jbwq@ lawpress. com. cn
销售电话:010-83938349
客服电话:010-83938350
咨询电话:010-63939796

书号:ISBN 978-7-5197-9167-4
定价:88.00 元
凡购买本社图书,如有印装错误,我社负责退换。电话:010-83938349

序　言

锦天城作为一家服务全球并享有盛誉的综合性律师事务所，以卓越服务、一流品牌为目标，坚持规范化、专业化、数字化、国际化发展，持续进行法律专业服务的升级与迭代。锦天城历来从“法律领域专业化”和“行业领域专业化”两个维度对律师标签进行交叉定位，帮助和敦促锦天城律师成为扎根具体行业、深入专业领域、明晰行业及专业的风险及发展痛点、能够为客户切实提供全流程、全周期法律服务的专家。

目前锦天城已成立了证券与资本市场专业委员会等十四个专业委员会，坚持为客户提供一站式的精细化和专业化的卓越法律服务，持续优化我们的服务质量。为更好的发挥专业优势，积极践行社会责任，为企业的创始人提供一套股权融资的实务手册，量身打造一个工具书，结合实务操作经验，倾力撰写《创始人股权融资手册：从种子轮到IPO》一书。

股权融资是近年来企业家比较关心的课题，融资过程中的法律问题也常常让企业家感到困惑和无助。法律合规性、股权结构、投资条款等等，都是企业家需要了解和掌握的重要方面。这些问题的处理不当可能导致未来的法律纠纷和风险乃至影响企业发展。目前国内已出版书籍有这个大领域范围内的主题，大概分为两类：一类作者是投资人或有投资人的工作经验，从投资角度讲解股权融资事项，如《股权融资行动指南》《企业融资》《从创业到IPO的股权融资一本通》等，书籍一般包括股权架构设计、股权融资和股权激励等多种内容。另一类作者是律师，从股权融资的流程讲解股权融资，如《股权投融资交易结构：设计要点与体系化考量》《股权投融资风险防范及争议解决》等。前述书籍内容侧重讲解股权的广度，不是在股权融资这一单一角度进行深入，同时偏向理论化研究，可操作性较弱。

本书站在创始人视角，致力于将股权融资一事讲深讲透。本书由两篇构成，为股权融资理论部分与股权融资实战部分。股权融资理论部分包含公司、合伙企业、红筹架构的基础理论知识，为创始人提供基础的理论指导。股权融资实战篇从各个阶段针对创始人关注的问题进行详细阐述，为创始人在具体场景中答疑解惑。鉴于前述创作背景，在本书编纂之初，考虑了下述两个期望：

一是期望具有极高的实用价值。本书就与创始人发展息息相关的股权融资问题分阶段展开说明，为创始人厘清股权融资的概况和要点，并加入融资相关数据和案例，指导创始人思考和布局本企业的股权融资策略，并具体到不同融资场景中解答创始人疑问，给出行动指南。同时本书加入融资案例，让创始人了解交易方案等基本内容，提前关注股权融资的内容。全方位为创始人提供融资指南。

二是期望具有股权融资本质研究的学术价值。结合律师工作特点，本选题除了关注股权融资的法律关注点，亦会在宏观上介绍股权融资的历史、发展特点及各轮次融资的内容，总结股权融资的特点，探讨股权融资的本质和启示意义，具有一定的学术研究价值。

总而言之，《创始人股权融资手册：从种子轮到 IPO》一书致力成为一本兼具实用与学术价值的法律指南，它为创始人提供了关于融资和股权管理的全面知识和实用建议，也为股权融资的特征、本质等的探讨提供了学术研究参考的意义。

为实现上述期望，作者团队付出很多努力，由于娟娟律师和王腾燕律师牵头和主笔，李楠、陈新、杜世川、曹雅琦和王丽婷参与了部分章节，香港交流生徐家玮，实习生李子涵、夏凡兮、刘怡、冀美越、李响参与了书稿的编写。作者团队与大量的股权融资企业沟通梳理创始人所关心的问题，回顾团队历往的实战案例，梳理融资过程中的规则，并学习借鉴了同行的优秀经验，但由于能力所限及时间紧迫，本书不足之处还望各位读者不吝赐教。

序　言

锦天城律师事务所在发展的过程中离不开各位客户、各界朋友的信任与支持，借本书出版之契机，一并表示感谢，同时我们真诚希望与各位创始人携手，发挥锦天城的专业优势，让资本市场服务实体经济，助力各位创始人在发展的道路上取得更大的成功。

是为序。

上海市锦天城律师事务所

主任　顾功耘

目·录

上篇 股权融资准备

下篇　股权融资实战58问

上篇

股权融资准备

第一章 商业组织

第一节 分　类

商业模式具有整体性和独立性的特征，因此其运行往往需要一个载体，“载体”就是我们此处讨论的商业组织方式。实践中我们将商业载体统称为“企业”，但“企业”并无直接对应的法律概念或法律规制，从我国现行法律规定来看，以企业独立性和责任承担角度区分，企业可分为法人和非法人两类；以具体组织类型来看，企业主要包括公司、合伙企业、个人独资企业和个体工商户。

一、法人和非法人组织二分法

现行《民法典》根据权利义务承担的主体独立性，将组织区分为法人组织和非法人组织两大类：

法人是法律意义上的拟人化，是具有民事权利能力和民事行为能力，依法独立享有民事权利和承担民事义务的组织，最显著的特点就是以其全部财产独立承担民事责任。根据设立目的，法人又区分为营利法人如公司，和非营利法人如事业单位、社会团体、基金会、社会服务机构等。

非法人组织是不具有法人资格，能够依法以自己的名义从事民事活动的组织。除法律另有规定外，非法人组织的财产不足以清偿债务的，其出资人或者设立人承担无限责任，包括合伙企业、个人独资企业及不具有法人资格的专业服务机构等。

（一）公司

公司是现行最为普遍的商业组织方式，据公开途径查询统计，截至 2023 年 11 月 19 日全国有限责任公司数量约 7891 万家，2020 年新增注册数 819 万家，2021 年新增注册数 915 万家，2022 年新增注册数 749 万家，每天新增数量约 2.05 万家。

1. “有限责任”是公司组织形式发展的“灵魂”

公司组织形式发展的根本原因在于其设定的股东承担“有限责任”，这种设定在股东个人资产和公司运营风险（可能的负债）之间建立了防火墙机制，因此能够激活投资者的意愿，促成商业的蓬勃发展。

纵观公司的演变历史，可以说有限责任公司的产生就是为了解决股东的责任问题。在 17 世纪大航海时代，很多人都希望参与航海事业，分享航海发展红利，探险虽收入可观，但风险亦大，一旦发生船舶沉没等重大事故，投资损失不是一个投资人所能承担的。为了解决这个问题，有限责任制公司这种组织形式便出现了，当公司发生责任后，公司的股东只须承担一定的责任，而不是全部责任。

我国《公司法》[①] 对股东有限责任的规定是“有限责任公司的股东以其认缴的出资额为限对公司承担责任；股份有限公司的股东以其认购的股份为限对公司承担责任”，这句话包含两层意思：第一，股东仅以其出资额为限对公司承担责任，而不对公司债权人直接负责，即有限责任公司股东只对公司承担有限责任；第二，公司法规定了“公司以其全部财产对公司的债务承担责任”的债务承担原则。

需要注意的是，有限责任这种组织形式对股东个人资产（或家庭资产）的防火墙是有条件的，即股东履行了股东义务。如果股东履行股东义务存在瑕疵，那么这个防火墙就可能消失。因不能完全履行股东义务而导致股东有限责任失效的情形包括：股东滥用公司法人独立地位和股东有限责任逃避债务，股东与公司之

① 如无特别说明，本文中的《公司法》指在 2023 年 12 月 29 日第十四届全国人大常委会第七次会议表决通过并于 2024 年 7 月 1 日起施行的《公司法》。

间发生人格混同严重损害公司债权人利益的，应当对公司债务承担连带责任；出资不足需要承担补足责任；抽逃出资时向公司返还出资本息等，具体将在本书第二章第三节股东义务展开。

2. “简政”和“商业环境优化”是我国公司发展的动力

在2014年《公司法》修订前实施的实缴注册资本制下，存在有限责任公司最低注册资本3万元、一人有限责任公司最低注册资本10万元、股份有限公司最低注册资本500万元的限制。能够顺利完成一家公司的注册登记，本身就是其个人实力的象征，还是很了不起的事情，但实缴制需要占用企业的资金，降低了企业资本的营运效率，这也催生了过桥验资等不合法情形发生。

在我国，公司组织形式的流行与政府简政放权，简化登记程序直接相关。2013年10月25日，国务院常务会议部署推进公司注册资本登记制度改革，降低创业成本，激发社会投资活力。2023年12月28日，全国人大常委会通过对《公司法》所作的相应修改，修改后的《公司法》自2014年3月1日起施行。同年2月7日，国务院颁布了《关于印发注册资本登记制度改革方案的通知》（国发〔2014〕7号），该通知进一步明确和细化了此次注册资本改革的内容，主要内容有如下5项：

（1）实行注册资本认缴登记制。

注册资本不再需要实缴，公司股东认缴的出资总额或者发起人认购的股本总额（即公司注册资本）应当在工商行政管理机关登记。

（2）放宽注册资本登记条件。

除法律、行政法规以及国务院决定对特定行业注册资本最低限额另有规定的外，取消最低注册资本限制与首次出资比例限制。

（3）改革年度检验验照制度。

将企业年度检验制度改为企业年度报告公示制度。

（4）简化住所（经营场所）登记手续。

申请人提交场所合法使用证明即可予以登记。

（5）推行电子营业执照和全程电子化登记管理。

电子技术的发展为登记的便利性提供了极大支持，目前大多数城市已建立适应互联网环境下的工商登记数字证书管理系统，通过登录手机App或电脑网页即可办理设立公司、变更公司登记事项乃至注销公司等工商登记，无须再前往工商登记窗口办理相关事项。

3. 公司的常见分类

根据不同的分类标准，可看到不同观察视角下的公司类型：

（1）有限责任公司和股份有限公司

这个分类的主要观察视角是公司的设立方式或者说是股东权利的分配方式。有限责任公司是发起设立，是特定人员经过合议决定作为公司股东，股东之间一般较为熟悉，股东的股权用股权比例来表述。出资额、持股比例和各项股东权利均具有较强的可协商性，《公司法》提供一个基本的协商框架，股东可以作出和框架不一致的协商结果。基于这些特点，有限责任公司因此具有较强的“人合性”。股份公司的设立既可以是发起设立，亦可以是募集设立。在发起设立的场合，除股东的股权用“股份份额”来表述之外，股份公司和有限责任公司的区别不明显。在募集设立场合，公司的部分股份可以通过向社会公开募集或者向特定对象募集来实现分配，具有较强的“公众性”属性，因此股份公司的各项股东权利相比有限责任公司而言缺乏“可协商性”，《公司法》对股份公司的运行具有明确的强制适用的法律规定。

（2）内资公司和外商投资公司

现行法律体系下，从股东身份进行分类，公司可分为内资公司和外商投资公司。外商投资公司是指全部或者部分由外国投资者投资的公司，除适用《公司法》外，还受到《外商投资法》的特别规制。目前外商投资公司的管理实行“负面清单制”，国家发展和改革委员会与国家商务部根据实际情况更新发布《外商投资准入特别管理措施（负面清单）》，负面清单内的外商投资公司实行准入特别管理，负面清单外的外商投资公司实行国民待遇，除需遵守程序规定外，与内资公司的政策待遇基本一致。

在 2020 年 1 月 1 日《外商投资法》施行前，外商投资企业的适用法律为《中外合资经营企业法》《外资企业法》《中外合作经营企业法》（均已失效）。当时我国为鼓励外商投资，通过《外商投资企业和外国企业所得税法》等细则，视情形给予外商投资企业企业所得税税率优惠政策，如对生产性外商投资企业，经营期在十年以上的，从开始获利的年度起，第一年和第二年免征企业所得税，第三年至第五年减半征收企业所得税。部分内资公司为争取适用该优惠，吸引不具备投资实力的外商作为公司股东加入的情形时有发生，导致大量外商股东失联的僵尸企业存在，而在现行法律规定外商投资公司与内资公司政策待遇一致后，此种情形基本消失。

（3）国有公司和非国有公司

从股东资金的性质进行分类，公司可分为国有公司和非国有公司，国有公司根据国家出资比例又可进一步划分为国有独资公司、国有控股公司及国有参股公司；非国有公司就是我们通常意义讲的民营企业的核心部分。国有公司的产权管理、合规管理、职工管理及激励制度等诸多层面均受国资监管的特殊规制，违反该类规制，不仅可导致相关人员的行政责任，亦可导致交易无效等风险。根据《国有资产法》，国有资产属于国家所有即全民所有，国务院和各级人民政府分别代表国家行使国有资产所有权，并主要授权国有资产监督管理机构也就是我们日常所称各级“国资委”履行出资人职责，同时，政府亦可授权其他部门或机构履行出资人职责。实践中大部分国有公司由国资委管理，少部分由各政府（部门）或事业单位持股并管理。

总结来看，公司因能够实现投资风险隔离、经营权与所有权分离的机制安排，符合现代经济发展特点，因此是现行经营实体的核心代表，亦是本书股权融资的讨论主体。

（二）合伙企业

合伙企业是指根据《合伙企业法》设立的组织，通过合伙企业开展商业运营的场景没有公司这种组织形式普遍，但基于合伙企业的优势，适配特定场景的合伙企业组织形式在实践中亦较为普遍。

1. 股权投资平台

与股权投资基金区分，此处的股权投资平台是指公司创始团队搭建的持股平台，主要是利用了有限合伙企业中普通合伙人通过执行合伙事务所拥有的对合伙企业的控制权。根据《合伙企业法》，无论普通合伙人在合伙企业中的出资或份额，其均可作为执行事务合伙人对外代表合伙企业。因此，创始团队使用这种架构，既能保证创始人无需大量出资即可保有控制权，又能将公司发展红利分享至创始团队成员。这种架构最为公众所熟知的莫过于阿里股权结构，实践中这种架构在上市公司中亦比较常见（见图1－1、图1－2，图表时间为2023年11月1日）。

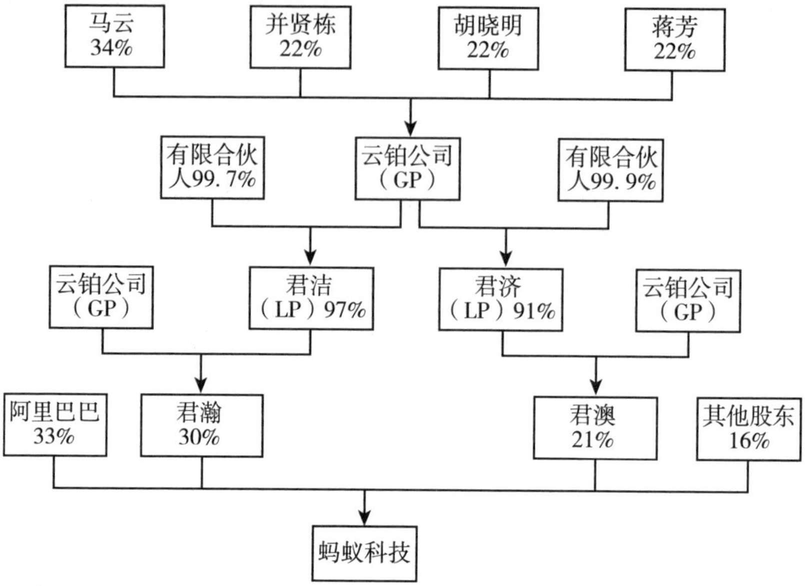

图 1－1　蚂蚁金服的有限合伙架构

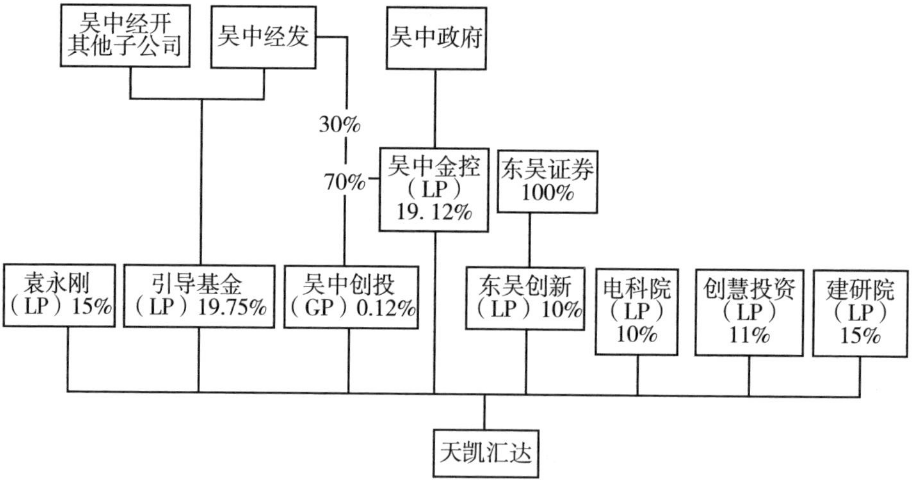

图 1－2　上市公司的有限合伙架构（以中晟高科为例）

2. 股权投资基金（私募基金）

股权投资市场中最为活跃的股权投资基金也使用了有限合伙企业的架构，如“创业投资基金”“政府引导基金”“行业投资基金”等，之所以使用该种架构，除了普通合伙人对合伙企业的控制权因素外，同时考虑了合伙企业的会计核算和税收优惠，符合股权投资的规律。

股权投资如不涉及非公开募集资金，则股权投资基金直接设立即可，不需要另行在中国证券投资基金业协会进行备案，如涉及非公开募集资金，则需要根据《证券投资基金法》《私募投资基金监督管理暂行办法》《私募投资基金登记备案办法》等法律规定和协会自律规则在前述基金业协会完成私募基金备案。在私募基金备案的情形下，则合伙企业备案为私募基金，合伙企业的普通合伙人一般担任基金管理人，投资者则是合伙企业的有限合伙人。需要说明的是，私募基金与股权投资基金不是一一对应的概念，私募基金的范畴更大，其投资方向可包括股权投资，亦可包括证券投资（股票二级市场）、债券投资等。截至2023年7月31日中国证券投资基金业协会公开数据，私募基金管理人数量22270家，私募基金产品数量153763只，管理基金规模约20.75万亿元，低于公募基金约7亿元规模（见图1－3）。

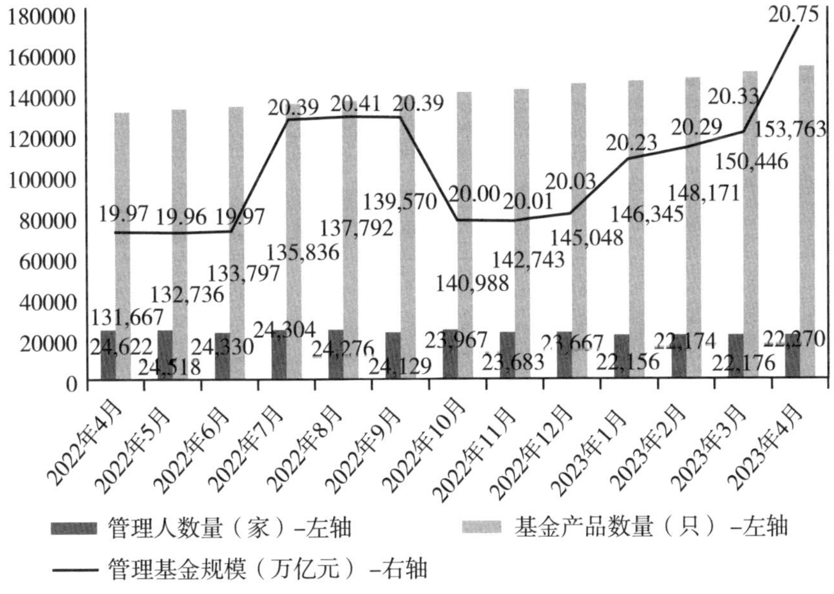

图1－3　我国私募基金规模

数据来源于中国证券投资基金业协会，载https：//www. amac. org. cn/researchstatistics/datastatistics/privategravefundindustrydata/，最后访问日期：2023年7月31日。

＊ 延伸阅读

相信细心的读者已经注意到，前文讲述股权投资基金的募集方式是非公开募集，这可谓正是私募基金中“私”字的来源，“私”与“公”相对应，与私募基金对应的概念是“公募基金”。公募基金可面向公众公开募集资金，基于其公开性的特点和风险，根据《证券投资基金法》及《公开募集证券投资基金运作管理办法》等法律规定，公募基金由持有牌照的基金管理公司进行管理，商业银行或其他金融机构进行托管，一般在银行作为理财产品售卖。

3. 员工股权激励平台

基于普通合伙人对合伙企业的控制权因素，公司的股权激励平台也往往采用有限合伙企业架构，被激励员工作为有限合伙人持有合伙企业份额，享有公司发展的间接分红权，不直接持有公司股权，不参与合伙企业管理或公司运营，有限合伙企业的模式较好地实现了利润分配权和表决权的分离，员工离职变动等导致的股权激励退出只影响激励平台的有限合伙人变动，不影响公司股权架构，因而有限合伙企业的模式在股权激励场景中被广泛采用，上市公司亦基本采用该激励模式（见图 1 –4）。

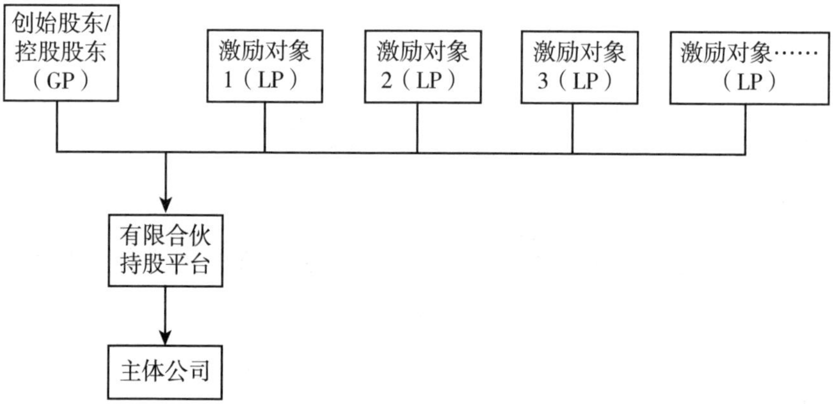

图 1 –4　有限合伙企业模式的股权激励平台

绿地控股集团有限公司的股权激励平台即采用有限合伙企业架构。如图 1 –5 所示。

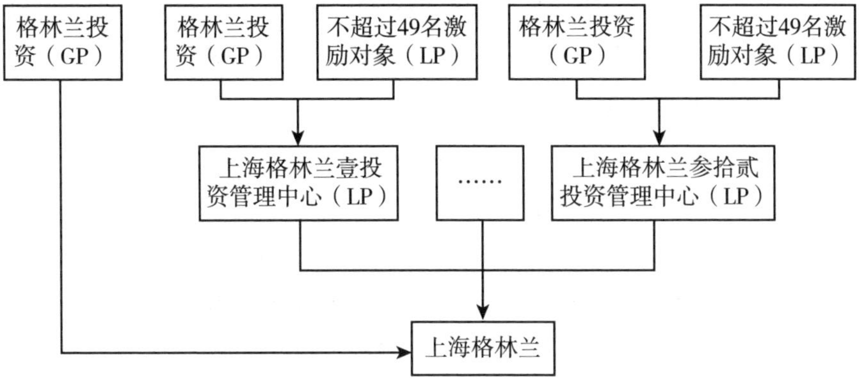

图1-5　企业架构

4. 特殊的普通合伙企业

合伙企业分为有限合伙企业和普通合伙企业，前述是基于有限合伙企业的优势所普遍适用的场景，普通合伙企业中由合伙协议或全体合伙人来决定委托具体合伙人执行合伙事务，对于合伙企业的债务，合伙人无差别地承担无限连带责任。

《合伙企业法》规定，以专业知识和专门技能为客户提供有偿服务的专业服务机构，可以设立为特殊的普通合伙企业，实践中会计师事务所就是常见的特殊普通合伙企业，会计师事务所名称中会标注“特殊普通合伙”字样，例如大信会计师事务所（特殊普通合伙），特殊普通合伙企业的“特殊”之处在于合伙人承担责任的方式，即一个合伙人或者数个合伙人在执业活动中因故意或者重大过失造成合伙企业债务的，应当承担无限责任或者无限连带责任，其他合伙人以其在合伙企业中的财产份额为限承担责任。合伙人在执业活动中非因故意或者重大过失造成的合伙企业债务以及合伙企业的其他债务，由全体合伙人承担无限连带责任。律师事务所属于可参照“普通合伙”或“特殊普通合伙”管理的特殊机构，根据《律师法》应由各地司法行政部门审核登记，不进行工商或民政等登记程序，因此律师事务所名称中并无“特殊普通合伙”的字样。

截至2023年7月末，全国普通合伙企业的数量约32万个，进行工商登记的特殊普通合伙企业数量约4000个。

需要特别说明的是，合伙企业按照现行《民法典》的规定，属于非法人组织。除《合伙企业法》规定的有限合伙人以其认缴的出资额为限对合伙企业债务承担责任外，其他合伙人即出资人要对合伙企业债务承担无限责任。

（三）个人独资企业

个人独资企业是指根据《个人独资企业法》设立登记的经营实体，该经营实体由一个自然人投资，财产为投资人个人所有，投资人以其个人财产对企业债务承担无限责任。

与其他经营实体一样，个人独资企业亦需在工商登记部门领取营业执照，并依法设置会计账簿，进行会计核算。但其财务处理和税务处理较为简单，因此发展体量较小的个体经济会考虑登记为个人独资企业。

（四）个体工商户

个体工商户的设立和管理没有单独的法律依据，设立依据为《民法典》规定“自然人从事工商业经营，经依法登记，为个体工商户”，根据行政法规《促进个体工商户发展条例》的规定，个体工商户可以个人经营，也可以家庭经营。同时，个体工商户可以自愿变更经营者或者转型为企业。同时，《促进个体工商户发展条例》明确提出，个体经济是社会主义市场经济的重要组成部分，个体工商户是重要的市场主体。因个体工商户的工商登记手续简便，并享有税收优惠政策，因此实践中亦普遍存在。需要说明的是，因该类型经营实体是个人经营，没有直接股权融资的法律空间。根据中央人民政府官网信息，截至2023年6月底，全国登记在册个体工商户达1.19亿户，占经营主体总量的67.4%。

（五）其他组织形式

除了上述经营实体，商业运营的组织形式还包括：

1. 集体所有制企业

集体所有制企业是城镇集体所有制经济时代的特有经济组织，可以说是历史的产物，是财产属于劳动群众集体所有、实行共同劳动、在分配方式上以按劳分配为主体的社会主义经济组织，其最高权力机构是职工（代表）大会并实行厂长（经理）负责制，集体所有制企业适用单独的法律规定《城镇集体所有制企业条例》。目前大多数集体所有制企业已改制为公司或其他组织形式。根据公开途径查询，截至2023年7月31日，集体所有制企业的数量约1.6万家。

2. 合同式合作

商业实践中还有合同式的组织形式，即不设立运营实体，以合同约束投资合作各方的权利义务，并通过委托某一方已经存在的运营实体进行运营。以私募基金为例，除了前文所述的有限合伙企业私募基金，亦存在契约型私募基金。

第二节 各种商业模式的比较

一、工商登记的便利性比较

根据我国现行有效的《市场主体登记管理条例》及其实施细则，我国工商登记整体安排上较为便利，因此各类组织形式的登记流程差异不大，简单来说：

公司登记：基于公司组织架构的安排，与其他组织形式相比，公司的登记文件中除设立本身文件外，还包括法定代表人、董事、监事和高级管理人员的任职文件和自然人身份证明等。股份有限公司需由地市级以上地方登记机关负责登记。

合伙企业登记：针对合伙企业独有的人合性，在申请办理合伙企业设立登记时，除常规材料外，还应当提交全体合伙人的委托书和执行事务合伙人的主体资格文件或者自然人身份证明。执行事务合伙人是法人或者其他组织的，还应当提交其委派代表的委托书和自然人身份证明。

个人独资企业：手续更为简便，只需登记名称、类型、经营范围、住所、出资额、投资人姓名及居所等基础信息，对公司章程、经营期限等信息都无须备案。

个体工商户：在登记时区分为个人经营的个体工商户与家庭经营的个体工商户，个体工商户的登记无须前往县级以上机关登记，根据实施细则县级市场监督管理部门的派出机构就可以依法承担个体工商户等市场主体的登记管理职责，大大便利了基层乡镇街道商事主体的设立管理。

二、存续成本比较

（一）信用报告报送

根据 2022 年施行的《市场主体登记管理条例》，市场主体是指在我国境内以营利为目的从事经营活动的自然人、法人及非法人组织，包括公司、非公司企业法人及其分支机构；个人独资企业、合伙企业及其分支机构；农民专业合作社（联合社）及其分支机构；个体工商户；外国公司分支机构和法律、行政法规规定的其他市场主体，因此无论何种组织形式，商业主体均需填写年报。

按照《企业信息公示暂行条例》和《市场主体登记管理条例实施细则》的规定，市场主体应当于每年 1 月 1 日至 6 月 30 日报送上一年度的年报，并向社会公示。

（二）报税

有限责任公司和股份有限公司属于法人，需按照《企业所得税法》缴纳企业所得税并按期申报，每年由企业汇算清缴。

个人独资、合伙企业、个体工商户都不属于法人，经营所得按照《个人所得税法》缴纳个人所得税，在相应税务局报税，每年汇算清缴。

三、税负成本比较

公司：区别于前两种组织形式，此种组织形式属于法人企业，属于法律上拟制的“人”，其本身就需要纳税，对应的所得税税种为企业所得税（通常税率为 25%，排除高新技术企业 15% 税率）。如果企业形成的利润要分配给自然人投资人，则需要缴纳 20% 的股息红利所得税。这就是通常我们所说的有限责任公司双重征税。

合伙企业：合伙企业以每一个合伙人为纳税义务人，如合伙人为自然人则缴纳个人所得税，如合伙人为企业，则缴纳企业所得税。在股权融资场合，合伙企业对外投资分回的利息或者股息、红利，不并入合伙企业的收入，按“利息、股息、红利所得”应税项目计算缴纳税费。

个人独资企业：缴纳个人所得税，在投资分红场合，税务适用政策与合伙企业一致。

个体工商户：个体工商户对外经营的所得税税种为个人所得税，适用的税率为“五级累进税率”。

四、法律风险比较

（一）公司

有限责任制，公司拥有法人独立资格，能够独立行使民事权利，有限责任公司的股东以其认缴的出资额为限对公司承担责任。

【案例】无锡格洛瑞教育科技有限公司、卓某迪等合同纠纷民事二审民事判决书

【案号】（2023）苏02民终277号

【争议焦点】如格洛瑞公司应承担相应责任，祁某婷是否应当对格洛瑞公司的债务承担连带责任？

【裁判要旨】《公司法》（2018年修正）第3条规定：公司是企业法人，有独立的法人财产，享有法人财产权。公司以其全部财产对公司的债务承担责任。有限责任公司的股东以其认缴的出资额为限对公司承担责任。《公司法》第20条第3款规定：公司股东滥用公司法人独立地位和股东有限责任，逃避债务，严重损害公司债权人利益的，应当对公司债务承担连带责任。以上法律规定明确确定了公司人格独立和股东有限责任的基本原则。否认公司独立人格，由滥用公司法人独立地位和股东有限责任的股东对公司债务承担连带责任，是股东有限责任的例外情形。但否认公司法人人格，须具备股东实施滥用公司法人独立地位及股东有限责任的行为，以及该行为严重损害公司债权人利益的法定要件。认定公司与股东人格混同，需要综合多方面因素判断公司是否具有独立意思、公司与股东的财产是否混同且无法区分、是否存在其他混同情形等。本案中，仅凭祁某婷系格洛瑞公司持股99%的大股东以及15万元股权转让款转入祁某婷个人账户的单笔转账行为，尚不足以证明格洛瑞公司和祁某婷构成人格混同，尚未达到否认格洛瑞公司独立人格的程度，对于卓某迪要求祁某婷对格洛瑞公司的付款义务承担连带责任的诉讼请求，法院不予支持。

（二）合伙企业

普通合伙人对合伙企业债务承担无限连带责任，有限合伙人以其认缴的出资额为限对合伙企业债务承担责任。

【案例】原告中国长城资产管理股份有限公司江苏省分公司诉被告宁波梅山保税港区君昊投资管理合伙企业、杭州胡巴资产管理有限公司、杭州投讯资产管

理有限公司债权转让合同纠纷一案的民事判决

【案号】（2020）苏 01 民初 534 号

【争议焦点】投讯公司是否应承担连带责任？

【裁判要旨】《合伙企业法》第 2 条第 3 款规定，有限合伙企业由普通合伙人和有限合伙人组成，普通合伙人对合伙企业债务承担无限连带责任，有限合伙人以其认缴的出资额为限对合伙企业债务承担责任。第 38 条规定，合伙企业对其债务，应先以其全部财产进行清偿。第 39 条规定，合伙企业不能清偿到期债务的，合伙人承担无限连带责任。据此可知，合伙企业债务的承担分为两个层次：第一顺序的债务承担人是合伙企业，第二顺序的债务承担人是全体合伙人。由于债权人的交易对象是合伙企业而非合伙人，合伙企业作为与债权人有直接法律关系的主体，应先以其全部财产进行清偿。因合伙企业不具备法人资格，普通合伙人不享受有限责任的保护，合伙企业的财产不足清偿债务的，全体普通合伙人应对合伙企业未能清偿的债务部分承担无限连带清偿责任。进言之，《合伙企业法》第 39 条所谓的“连带”责任，是指合伙人在第二顺序的责任承担中相互之间所负的连带责任，而非合伙人与合伙企业之间的连带责任。本案中，君昊合伙企业的类型为有限合伙企业，投讯公司系君昊合伙企业的普通合伙人，在投讯公司与福逸胡巴合伙企业签订的《合伙协议》中亦约定投讯公司对合伙企业债务承担无限连带责任。据此，对于君昊合伙企业的案涉债务，君昊合伙企业应先以其全部财产进行清偿。在君昊合伙企业的财产不足清偿该债务时，投讯公司作为普通合伙人应当对不能清偿的部分承担无限连带清偿责任。

（三）个人独资企业

风险大，投资人以其个人财产对企业债务承担无限责任。

【案例】邓某、锦州市风光旅行社有限公司等服务合同纠纷民事二审民事判决书

【案号】（2022）辽 03 民终 448 号

【争议焦点】千山滑雪会馆是否应当向风光旅行社返还保证金和预存款？

【裁判要旨】一审法院认为，《合同法》第 107 条规定：“当事人一方不履行合同义务或者履行合同义务不符合约定的，应当承担继续履行、采取补救措施或者赔偿损失等违约责任。”另依据《个人独资企业法》第 2 条规定：“本法所称个人独资企业，是指依照本法在中国境内设立，由一个自然人投资，财产为投资

人个人所有，投资人以其个人财产对企业债务承担无限责任的经营实体”。第 28 条规定：“个人独资企业解散后，原投资人对个人独资企业存续期间的债务仍应承担偿还责任，但债权人在五年内未向债务人提出偿债请求的，该责任消灭”。本案中，千山滑雪会馆与风光旅行社签订的代理协议约定的服务期限是 2017 年至 2018 年，而千山滑雪会馆于 2018 年 5 月 21 日办理了注销登记，其无法继续履行合同，且千山滑雪会馆及邓某亦没有提供证据证明风光旅行社存在按照约定应当不予返还预付款和保证金的情况，故应当向风光旅行社返还预付款 5000 元、保证金 20000 元。而千山滑雪会馆于 2018 年 5 月 21 日办理了注销登记，邓某作为个人独资企业的投资人应当承担返还上述款项的责任。

（四）个体工商户

《民法典》第 56 条规定：个体工商户的债务，个人经营的，以个人财产承担；家庭经营的，以家庭财产承担；无法区分的，以家庭财产承担。

【案例】王某某、雒某民间借贷纠纷民事二审民事判决书

【案号】（2023）甘 12 民终 69 号

【争议焦点】由雒某作为原告主张案涉 300 万元是否适格?

【裁判要旨】根据一审查明的事实与二审庭询时查明的事实，徽县十里墩某建筑石料场系雒某个人经营的个体工商户。个体工商户非法人，亦排除在其他组织之外，无论是《民法总则》还是《民法典》，均将其列在自然人章节内，由此可见，法律并未赋予个体工商户的拟制人格，依照《民法总则》第 54 条“自然人从事工商业经营，经依法登记，为个体工商户。个体工商户可以起字号”、第 56 条第 1 款“个体工商户的债务，个人经营的，以个人财产承担；家庭经营的，以家庭财产承担；无法区分的，以家庭财产承担”规定，个体工商户的债务是经营者债务，不存在个体工商户的独立债务，因此，徽县十里墩某建筑石料场的债权债务也就是其经营者雒某个人的债权债务，亦即雒某有权处分石料场的债权。

五、能否进行股权融资

股权融资是指企业的股东愿意让出部分企业所有权，通过企业增资的方式引进新的股东的融资方式。因此进行股权融资的前提是企业得有股权，而合伙企业、个人独资企业、个体工商户没有股权，所以不能进行股权融资。

六、能否作为上市主体

发行人应当是依法设立且合法存续的股份有限公司，且需满足以下条件：(1) 发行人依法设立且持续经营三年，具备健全且运行良好的组织机构，相关机构和人员能够依法履行职责，其中有限责任公司按原账面净资产值折股整体变更为股份有限公司的，持续经营时间可以从有限责任公司成立之日起计算；(2) 发行人会计管理规范，内控制度健全且有效执行；(3) 发行人业务完整，具有直接面向市场独立持续经营的能力；(4) 发行人生产经营符合法律、行政法规的规定，符合国家产业政策。(5) 最近三年内，发行人及其控股股东、实际控制人不存在重大违法犯罪行为，董监高不存在证监会行政处罚等情形。从以上发行条件可知，上市是公司这一组织形式关于股份的发行方式，因此，合伙企业、个人独资企业、个体工商户不能作为上市主体。

七、优劣势一览表（见表1-1）

表1-1　不同商业模式的优劣势

考虑因素	有限公司	合伙企业	个人独资企业	个体工商户
工商登记	材料要求完备，手续较为严格，申请办理公司设立登记，还应当提交法定代表人、董事、监事和高级管理人员的任职文件和自然人身份证明。股份有限公司需由地市级以上地方登记机关负责登记	突出人合性，登记时，除常规材料外，还应当提交：(1) 合伙企业合伙协议；(2) 法律法规规定的职业资格材料；(3) 委托书和执行事务合伙人的主体资格文件	手续更为简便，只需登记名称类型、经营范围、住所、出资额、投资人姓名及居所等基础信息对公司章程、经营期限等信息都无须备案	县级市场监督管理部门的派出机构就可以依法承担个体工商户等市场主体的登记管理职责
存续成本	财务核算要求严格，依法报税	财务核算和税务监管相对宽松		

续表

考虑因素	有限公司	合伙企业	个人独资企业	个体工商户
税负成本	税负重（企业所得税＋个人所得税双重税负）	税负轻（合伙人为个人的缴纳个人所得税，为法人的缴纳企业所得税）	税负轻（只需缴纳个人所得税）	税负轻（只需缴纳个人所得税）
法律风险	有限责任制，公司拥有法人独立资格，能够独立行使民事权利，有限责任公司的股东以其认缴的出资额为限对公司承担责任	普通合伙人对合伙企业债务承担无限连带责任，有限合伙人以其认缴的出资额为限对合伙企业债务承担责任	风险大，投资人以其个人财产对企业债务承担无限责任	个人经营的，以个人财产承担；家庭经营的，以家庭财产承担；无法区分个人经营的，以个人财产承担；家庭经营的，以家庭财产承担；无法区分的，以家庭财产承担
股权融资	可以	没有股权，所以不能进行股权融资		
发行上市	满足一定条件即可作为上市主体	不能作为上市主体		

第二章 公司门道

第一节 有限责任公司的设立

一、股东人数

有限责任公司的股东人数应当在一人至五十人之间，上限为 50 人，超过则不符合公司设立条件。

二、设立方式

尽管目前我国没有法律明确规定，但根据公司特点明显可得，有限责任公司的设立与股份有限公司不同，只能采取由股东发起设立的方式，而不得以向社会公开募集或是向特定主体募集等方式设立。

三、设立条件

2018 年《公司法》对有限责任公司的设立条件作了明确规定，包括：

（一）股东符合法定人数；

（二）有符合公司章程规定的全体股东认缴的出资额；

（三）股东共同制定公司章程；

（四）有公司名称，建立符合有限责任公司要求的组织机构；

（五）有公司住所。而《公司法》则删除了公司设立的法定条件规定，并新增“公司登记”一章，以规定公司设立的条件及需登记的事项。

四、公司章程：公司“宪法”

公司章程与其说是公司设立条件之一，不如理解为是公司的“宪法”，我国《公司法》给予有限责任公司充分的自治权，并集中体现在“公司章程另有规定的除外”“可依照公司章程的规定”等法律规定中，相关条款如表2-1所示。

表2-1 《公司法》中含有“公司章程另有规定的除外”“可依照公司章程的规定”相关表述的主要条款汇总

第九条　公司的经营范围由公司章程规定。公司可以修改公司章程，变更经营范围。 公司的经营范围中属于法律、行政法规规定须经批准的项目，应当依法经过批准。
第十一条　法定代表人以公司名义从事的民事活动，其法律后果由公司承受。 公司章程或者股东会对法定代表人职权的限制，不得对抗善意相对人。 法定代表人因执行职务造成他人损害的，由公司承担民事责任。公司承担民事责任后，依照法律或者公司章程的规定，可以向有过错的法定代表人追偿。
第十五条　公司向其他企业投资或者为他人提供担保，按照公司章程的规定，由董事会或者股东会决议；公司章程对投资或者担保的总额及单项投资或者担保的数额有限额规定的，不得超过规定的限额。 公司为公司股东或者实际控制人提供担保的，应当经股东会决议。 前款规定的股东或者受前款规定的实际控制人支配的股东，不得参加前款规定事项的表决。该项表决由出席会议的其他股东所持表决权的过半数通过。
第二十一条第一款　公司股东应当遵守法律、行政法规和公司章程，依法行使股东权利，不得滥用股东权利损害公司或者其他股东的利益。
第二十四条　公司股东会、董事会、监事会召开会议和表决可以采用电子通信方式，公司章程另有规定的除外。

续表

第二十七条　有下列情形之一的，公司股东会、董事会的决议不成立： （一）未召开股东会、董事会会议作出决议； （二）股东会、董事会会议未对决议事项进行表决； （三）出席会议的人数或者所持表决权数未达到本法或者公司章程规定的人数或者所持表决权数； （四）同意决议事项的人数或者所持表决权数未达到本法或者公司章程规定的人数或者所持表决权数。
第四十七条　有限责任公司的注册资本为在公司登记机关登记的全体股东认缴的出资额。全体股东认缴的出资额由股东按照公司章程的规定自公司成立之日起五年内缴足。 法律、行政法规以及国务院决定对有限责任公司注册资本实缴、注册资本最低限额、股东出资期限另有规定的，从其规定。
第四十九条　股东应当按期足额缴纳公司章程规定的各自所认缴的出资额。 股东以货币出资的，应当将货币出资足额存入有限责任公司在银行开设的账户；以非货币财产出资的，应当依法办理其财产权的转移手续。 股东未按期足额缴纳出资的，除应当向公司足额缴纳外，还应当对给公司造成的损失承担赔偿责任。
第五十条　有限责任公司设立时，股东未按照公司章程规定实际缴纳出资，或者实际出资的非货币财产的实际价额显著低于所认缴的出资额的，设立时的其他股东与该股东在出资不足的范围内承担连带责任。
第五十一条第一款　有限责任公司成立后，董事会应当对股东的出资情况进行核查，发现股东未按期足额缴纳公司章程规定的出资的，应当由公司向该股东发出书面催缴书，催缴出资。
第五十二条　股东未按照公司章程规定的出资日期缴纳出资，公司依照前条第一款规定发出书面催缴书催缴出资的，可以载明缴纳出资的宽限期；宽限期自公司发出催缴书之日起，不得少于六十日。宽限期届满，股东仍未履行出资义务的，公司经董事会决议可以向该股东发出失权通知，通知应当以书面形式发出。自通知发出之日起，该股东丧失其未缴纳出资的股权。 依照前款规定丧失的股权应当依法转让，或者相应减少注册资本并注销该股权；六个月内未转让或者注销的，由公司其他股东按照其出资比例足额缴纳相应出资。 股东对失权有异议的，应当自接到失权通知之日起三十日内，向人民法院提起诉讼。

续表

第六十二条　股东会会议分为定期会议和临时会议。 定期会议应当按照公司章程的规定按时召开。代表十分之一以上表决权的股东、三分之一以上的董事或者监事会提议召开临时会议的，应当召开临时会议。
第六十四条第一款　召开股东会会议，应当于会议召开十五日前通知全体股东；但是，公司章程另有规定或者全体股东另有约定的除外。
第六十五条　股东会会议由股东按照出资比例行使表决权；但是，公司章程另有规定的除外。
第六十六条　股东会的议事方式和表决程序，除本法有规定的外，由公司章程规定。 股东会作出决议，应当经代表过半数表决权的股东通过。 股东会作出修改公司章程、增加或者减少注册资本的决议，以及公司合并、分立、解散或者变更公司形式的决议，应当经代表三分之二以上表决权的股东通过。
第六十八条　有限责任公司董事会成员为三人以上，其成员中可以有公司职工代表。职工人数三百人以上的有限责任公司，除依法设监事会并有公司职工代表的外，其董事会成员中应当有公司职工代表。董事会中的职工代表由公司职工通过职工代表大会、职工大会或者其他形式民主选举产生。 董事会设董事长一人，可以设副董事长。董事长、副董事长的产生办法由公司章程规定。
第六十九条　有限责任公司可以按照公司章程的规定在董事会中设置由董事组成的审计委员会，行使本法规定的监事会的职权，不设监事会或者监事。公司董事会成员中的职工代表可以成为审计委员会成员。
第七十条　董事任期由公司章程规定，但每届任期不得超过三年。董事任期届满，连选可以连任。 董事任期届满未及时改选，或者董事在任期内辞任导致董事会成员低于法定人数的，在改选出的董事就任前，原董事仍应当依照法律、行政法规和公司章程的规定，履行董事职务。 董事辞任的，应当以书面形式通知公司，公司收到通知之日辞任生效，但存在前款规定情形的，董事应当继续履行职务。

续表

第七十三条　董事会的议事方式和表决程序，除本法有规定的外，由公司章程规定。 董事会会议应当有过半数的董事出席方可举行。董事会作出决议，应当经全体董事的过半数通过。 董事会决议的表决，应当一人一票。 董事会应当对所议事项的决定作成会议记录，出席会议的董事应当在会议记录上签名。
第七十四条　有限责任公司可以设经理，由董事会决定聘任或者解聘。 经理对董事会负责，根据公司章程的规定或者董事会的授权行使职权。经理列席董事会会议。
第七十六条　有限责任公司设监事会，本法第六十九条、第八十三条另有规定的除外。 监事会成员为三人以上。监事会成员应当包括股东代表和适当比例的公司职工代表，其中职工代表的比例不得低于三分之一，具体比例由公司章程规定。监事会中的职工代表由公司职工通过职工代表大会、职工大会或者其他形式民主选举产生。 监事会设主席一人，由全体监事过半数选举产生。监事会主席召集和主持监事会会议；监事会主席不能履行职务或者不履行职务的，由过半数的监事共同推举一名监事召集和主持监事会会议。 董事、高级管理人员不得兼任监事。
第七十七条　监事的任期每届为三年。监事任期届满，连选可以连任。 监事任期届满未及时改选，或者监事在任期内辞任导致监事会成员低于法定人数的，在改选出的监事就任前，原监事仍应当依照法律、行政法规和公司章程的规定，履行监事职务。
第八十一条　监事会每年度至少召开一次会议，监事可以提议召开临时监事会会议。 监事会的议事方式和表决程序，除本法有规定的外，由公司章程规定。 监事会决议应当经全体监事的过半数通过。 监事会决议的表决，应当一人一票。 监事会应当对所议事项的决定作成会议记录，出席会议的监事应当在会议记录上签名。
第八十四条　有限责任公司的股东之间可以相互转让其全部或者部分股权。 股东向股东以外的人转让股权的，应当将股权转让的数量、价格、支付方式和期限等事项书面通知其他股东，其他股东在同等条件下有优先购买权。股东自接到书面通知之日起三十日内未答复的，视为放弃优先购买权。两个以上股东行使优先购买权的，协商确定各自的购买比例；协商不成的，按照转让时各自的出资比例行使优先购买权。 公司章程对股权转让另有规定的，从其规定。

续表

第八十八条　股东转让已认缴出资但未届出资期限的股权的，由受让人承担缴纳该出资的义务；受让人未按期足额缴纳出资的，转让人对受让人未按期缴纳的出资承担补充责任。 未按照公司章程规定的出资日期缴纳出资或者作为出资的非货币财产的实际价额显著低于所认缴的出资额的股东转让股权的，转让人与受让人在出资不足的范围内承担连带责任；受让人不知道且不应当知道存在上述情形的，由转让人承担责任。
第九十条　自然人股东死亡后，其合法继承人可以继承股东资格；但是，公司章程另有规定的除外。
第九十七条　以发起设立方式设立股份有限公司的，发起人应当认足公司章程规定的公司设立时应发行的股份。 以募集设立方式设立股份有限公司的，发起人认购的股份不得少于公司章程规定的公司设立时应发行股份总数的百分之三十五；但是，法律、行政法规另有规定的，从其规定。
第一百零三条　募集设立股份有限公司的发起人应当自公司设立时应发行股份的股款缴足之日起三十日内召开公司成立大会。发起人应当在成立大会召开十五日前将会议日期通知各认股人或者予以公告。成立大会应当有持有表决权过半数的认股人出席，方可举行。 以发起设立方式设立股份有限公司成立大会的召开和表决程序由公司章程或者发起人协议规定。
第一百一十条第一款　股东有权查阅、复制公司章程、股东名册、股东会会议记录、董事会会议决议、监事会会议决议、财务会计报告，对公司的经营提出建议或者质询。 第二款　连续一百八十日以上单独或者合计持有公司百分之三以上股份的股东要求查阅公司的会计账簿、会计凭证的，适用本法第五十七条第二款、第三款、第四款的规定。公司章程对持股比例有较低规定的，从其规定。
第一百一十三条　股东会应当每年召开一次年会。有下列情形之一的，应当在两个月内召开临时股东会会议： （一）董事人数不足本法规定人数或者公司章程所定人数的三分之二时； （二）公司未弥补的亏损达股本总额三分之一时； （三）单独或者合计持有公司百分之十以上股份的股东请求时； （四）董事会认为必要时； （五）监事会提议召开时； （六）公司章程规定的其他情形。

续表

第一百一十五条　召开股东会会议，应当将会议召开的时间、地点和审议的事项于会议召开二十日前通知各股东；临时股东会会议应当于会议召开十五日前通知各股东。 单独或者合计持有公司百分之一以上股份的股东，可以在股东会会议召开十日前提出临时提案并书面提交董事会。临时提案应当有明确议题和具体决议事项。董事会应当在收到提案后二日内通知其他股东，并将该临时提案提交股东会审议；但临时提案违反法律、行政法规或者公司章程的规定，或者不属于股东会职权范围的除外。公司不得提高提出临时提案股东的持股比例。 公开发行股份的公司，应当以公告方式作出前两款规定的通知。 股东会不得对通知中未列明的事项作出决议。
第一百一十七条　股东会选举董事、监事，可以按照公司章程的规定或者股东会的决议，实行累积投票制。 本法所称累积投票制，是指股东会选举董事或者监事时，每一股份拥有与应选董事或者监事人数相同的表决权，股东拥有的表决权可以集中使用。
第一百二十一条　股份有限公司可以按照公司章程的规定在董事会中设置由董事组成的审计委员会，行使本法规定的监事会的职权，不设监事会或者监事。 审计委员会成员为三名以上，过半数成员不得在公司担任除董事以外的其他职务，且不得与公司存在任何可能影响其独立客观判断的关系。公司董事会成员中的职工代表可以成为审计委员会成员。 审计委员会作出决议，应当经审计委员会成员的过半数通过。 审计委员会决议的表决，应当一人一票。 审计委员会的议事方式和表决程序，除本法有规定的外，由公司章程规定。 公司可以按照公司章程的规定在董事会中设置其他委员会。
第一百二十六条　股份有限公司设经理，由董事会决定聘任或者解聘。 经理对董事会负责，根据公司章程的规定或者董事会的授权行使职权。经理列席董事会会议。
第一百三十条　股份有限公司设监事会，本法第一百二十一条第一款、第一百三十三条另有规定的除外。 监事会成员为三人以上。监事会成员应当包括股东代表和适当比例的公司职工代表，其中职工代表的比例不得低于三分之一，具体比例由公司章程规定。监事会中的职工代表由公司职工通过职工代表大会、职工大会或者其他形式民主选举产生。 监事会设主席一人，可以设副主席。监事会主席和副主席由全体监事过半数选举产生。

续表

监事会主席召集和主持监事会会议；监事会主席不能履行职务或者不履行职务的，由监事会副主席召集和主持监事会会议；监事会副主席不能履行职务或者不履行职务的，由过半数的监事共同推举一名监事召集和主持监事会会议。 董事、高级管理人员不得兼任监事。 本法第七十七条关于有限责任公司监事任期的规定，适用于股份有限公司监事。
第一百三十二条　监事会每六个月至少召开一次会议。监事可以提议召开临时监事会会议。 监事会的议事方式和表决程序，除本法有规定的外，由公司章程规定。 监事会决议应当经全体监事的过半数通过。 监事会决议的表决，应当一人一票。 监事会应当对所议事项的决定作成会议记录，出席会议的监事应当在会议记录上签名。
第一百四十二条　公司的资本划分为股份。公司的全部股份，根据公司章程的规定择一采用面额股或者无面额股。采用面额股的，每一股的金额相等。 公司可以根据公司章程的规定将已发行的面额股全部转换为无面额股或者将无面额股全部转换为面额股。 采用无面额股的，应当将发行股份所得股款的二分之一以上计入注册资本。
第一百四十四条　公司可以按照公司章程的规定发行下列与普通股权利不同的类别股： （一）优先或者劣后分配利润或者剩余财产的股份； （二）每一股的表决权数多于或者少于普通股的股份； （三）转让须经公司同意等转让受限的股份； （四）国务院规定的其他类别股。 公开发行股份的公司不得发行前款第二项、第三项规定的类别股；公开发行前已发行的除外。 公司发行本条第一款第二项规定的类别股的，对于监事或者审计委员会成员的选举和更换，类别股与普通股每一股的表决权数相同。
第一百四十六条　发行类别股的公司，有本法第一百一十六条第三款规定的事项等可能影响类别股股东权利的，除应当依照第一百一十六条第三款的规定经股东会决议外，还应当经出席类别股股东会议的股东所持表决权的三分之二以上通过。 公司章程可以对需经类别股股东会议决议的其他事项作出规定。

续表

第一百五十二条　公司章程或者股东会可以授权董事会在三年内决定发行不超过已发行股份百分之五十的股份。但以非货币财产作价出资的应当经股东会决议。 董事会依照前款规定决定发行股份导致公司注册资本、已发行股份数发生变化的，对公司章程该项记载事项的修改不需再由股东会表决。
第一百五十七条　股份有限公司的股东持有的股份可以向其他股东转让，也可以向股东以外的人转让；公司章程对股份转让有限制的，其转让按照公司章程的规定进行。
第一百六十条　公司公开发行股份前已发行的股份，自公司股票在证券交易所上市交易之日起一年内不得转让。法律、行政法规或者国务院证券监督管理机构对上市公司的股东、实际控制人转让其所持有的本公司股份另有规定的，从其规定。 公司董事、监事、高级管理人员应当向公司申报所持有的本公司的股份及其变动情况，在就任时确定的任职期间每年转让的股份不得超过其所持有本公司股份总数的百分之二十五；所持本公司股份自公司股票上市交易之日起一年内不得转让。上述人员离职后半年内，不得转让其所持有的本公司股份。公司章程可以对公司董事、监事、高级管理人员转让其所持有的本公司股份作出其他限制性规定。 股份在法律、行政法规规定的限制转让期限内出质的，质权人不得在限制转让期限内行使质权。
第一百六十二条　公司不得收购本公司股份。但是，有下列情形之一的除外： （一）减少公司注册资本； （二）与持有本公司股份的其他公司合并； （三）将股份用于员工持股计划或者股权激励； （四）股东因对股东会作出的公司合并、分立决议持异议，要求公司收购其股份； （五）将股份用于转换公司发行的可转换为股票的公司债券； （六）上市公司为维护公司价值及股东权益所必需。 公司因前款第一项、第二项规定的情形收购本公司股份的，应当经股东会决议；公司因前款第三项、第五项、第六项规定的情形收购本公司股份的，可以按照公司章程或者股东会的授权，经三分之二以上董事出席的董事会会议决议。 公司依照本条第一款规定收购本公司股份后，属于第一项情形的，应当自收购之日起十日内注销；属于第二项、第四项情形的，应当在六个月内转让或者注销；属于第三项、第五项、第六项情形的，公司合计持有的本公司股份数不得超过本公司已发行股份总数的百分之十，并应当在三年内转让或者注销。 上市公司收购本公司股份的，应当依照《中华人民共和国证券法》的规定履行信息披露义务。上市公司因本条第一款第三项、第五项、第六项规定的情形收购本公司股份的，应当通过公开的集中交易方式进行。 公司不得接受本公司的股份作为质权的标的。

续表

第一百六十三条　公司不得为他人取得本公司或者其母公司的股份提供赠与、借款、担保以及其他财务资助，公司实施员工持股计划的除外。 为公司利益，经股东会决议，或者董事会按照公司章程或者股东会的授权作出决议，公司可以为他人取得本公司或者其母公司的股份提供财务资助，但财务资助的累计总额不得超过已发行股本总额的百分之十。董事会作出决议应当经全体董事的三分之二以上通过。 违反前两款规定，给公司造成损失的，负有责任的董事、监事、高级管理人员应当承担赔偿责任。
第一百七十九条　董事、监事、高级管理人员应当遵守法律、行政法规和公司章程。
第一百八十二条第一款　董事、监事、高级管理人员，直接或者间接与本公司订立合同或者进行交易，应当就与订立合同或者进行交易有关的事项向董事会或者股东会报告，并按照公司章程的规定经董事会或者股东会决议通过。
第一百八十三条　董事、监事、高级管理人员，不得利用职务便利为自己或者他人谋取属于公司的商业机会。但是，有下列情形之一的除外： （一）向董事会或者股东会报告，并按照公司章程的规定经董事会或者股东会决议通过； （二）根据法律、行政法规或者公司章程的规定，公司不能利用该商业机会。
第一百八十四条　董事、监事、高级管理人员未向董事会或者股东会报告，并按照公司章程的规定经董事会或者股东会决议通过，不得自营或者为他人经营与其任职公司同类的业务。
第一百八十八条　董事、监事、高级管理人员执行职务违反法律、行政法规或者公司章程的规定，给公司造成损失的，应当承担赔偿责任。
第一百九十条　董事、高级管理人员违反法律、行政法规或者公司章程的规定，损害股东利益的，股东可以向人民法院提起诉讼。
第二百零二条　股份有限公司经股东会决议，或者经公司章程、股东会授权由董事会决议，可以发行可转换为股票的公司债券，并规定具体的转换办法。上市公司发行可转换为股票的公司债券，应当经国务院证券监督管理机构注册。 发行可转换为股票的公司债券，应当在债券上标明可转换公司债券字样，并在公司债券持有人名册上载明可转换公司债券的数额。

续表

第二百一十条　公司分配当年税后利润时，应当提取利润的百分之十列入公司法定公积金。公司法定公积金累计额为公司注册资本的百分之五十以上的，可以不再提取。 公司的法定公积金不足以弥补以前年度亏损的，在依照前款规定提取法定公积金之前，应当先用当年利润弥补亏损。 公司从税后利润中提取法定公积金后，经股东会决议，还可以从税后利润中提取任意公积金。 公司弥补亏损和提取公积金后所余税后利润，有限责任公司按照股东实缴的出资比例分配利润，全体股东约定不按照出资比例分配利润的除外；股份有限公司按照股东所持有的股份比例分配利润，公司章程另有规定的除外。 公司持有的本公司股份不得分配利润。
第二百一十五条　公司聘用、解聘承办公司审计业务的会计师事务所，按照公司章程的规定，由股东会、董事会或者监事会决定。 公司股东会、董事会或者监事会就解聘会计师事务所进行表决时，应当允许会计师事务所陈述意见。
第二百一十九条　公司与其持股百分之九十以上的公司合并，被合并的公司不需经股东会决议，但应当通知其他股东，其他股东有权请求公司按照合理的价格收购其股权或者股份。 公司合并支付的价款不超过本公司净资产百分之十的，可以不经股东会决议；但是，公司章程另有规定的除外。 公司依照前两款规定合并不经股东会决议的，应当经董事会决议。
第二百二十四条　公司减少注册资本，应当编制资产负债表及财产清单。 公司应当自股东会作出减少注册资本决议之日起十日内通知债权人，并于三十日内在报纸上或者国家企业信用信息公示系统公告。债权人自接到通知之日起三十日内，未接到通知的自公告之日起四十五日内，有权要求公司清偿债务或者提供相应的担保。 公司减少注册资本，应当按照股东出资或者持有股份的比例相应减少出资额或者股份，法律另有规定、有限责任公司全体股东另有约定或者股份有限公司章程另有规定的除外。

续表

第二百二十七条　有限责任公司增加注册资本时，股东在同等条件下有权优先按照实缴的出资比例认缴出资。但是，全体股东约定不按照出资比例优先认缴出资的除外。 股份有限公司为增加注册资本发行新股时，股东不享有优先认购权，公司章程另有规定或者股东会决议决定股东享有优先认购权的除外。
第二百二十九条　公司因下列原因解散： （一）公司章程规定的营业期限届满或者公司章程规定的其他解散事由出现； （二）股东会决议解散； （三）因公司合并或者分立需要解散； （四）依法被吊销营业执照、责令关闭或者被撤销； （五）人民法院依照本法第二百三十一条的规定予以解散。 公司出现前款规定的解散事由，应当在十日内将解散事由通过国家企业信用信息公示系统予以公示。
第二百三十二条　公司因本法第二百二十九条第一款第一项、第二项、第四项、第五项规定而解散的，应当清算。董事为公司清算义务人，应当在解散事由出现之日起十五日内组成清算组进行清算。 清算组由董事组成，但是公司章程另有规定或者股东会决议另选他人的除外。 清算义务人未及时履行清算义务，给公司或者债权人造成损失的，应当承担赔偿责任。

五、设立步骤

（一）通常的设立步骤

确定股东，名称核准，确定注册地址，确定章程，注册登记。

目前我国公司设立登记一般分为名称申报、设立登记申请、联办事项办理（如公章刻制、发票申领、社保参保登记等）、寄递执照等步骤。这里我们以天津市市场主体一网通办平台为例（见图2－1、图2－2、图2－3）。

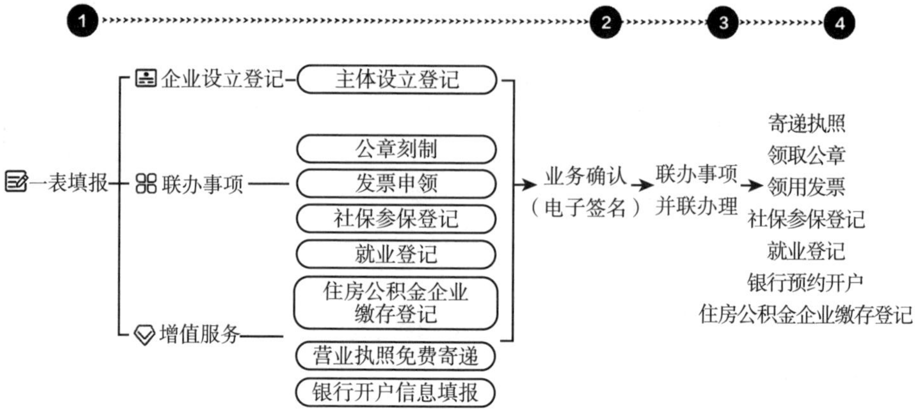

图 2-1　企业设立登记业务流程及内容详解

在主体设立登记之前，设立人需要就企业名称进行企业名称申报预查。其中名称中含地方行政区划的可直接在地方平台办理，而名称中含“中国”等字样或不冠行政区划的，则应当通过国家市场监管总局的网上办事系统预查。

具体而言，目前在办理公司名称预查时，名称登记主要有如下三种类型，分别为：“行政区划＋字号＋行业＋组织形式”“字号＋（行政区划）＋行业＋组织形式”“字号＋行业＋（行政区划）＋组织形式”。不难看出这与《企业名称登记管理规定》第 6 条中对企业名称的要求是基本一致的。需特别注意的是，对于冠以“中国”“中华”等字词的企业名称，则应当按照有关规定报市场监管总局预查批准后，才可在地方市场监管部门办理后续登记。

完成公司名称预审后，就需要根据公司组织形式，即有限责任公司，登记投资人基本信息，以及其他相关材料，所需文件有：（1）公司登记（备案）申请书：填写内容齐全，符合法定形式；（2）公司章程：内容齐全，符合法定形式；（3）股东、发起人的主体资格证明或自然人身份证明：内容真实有效；（4）法定代表人、董事、监事和经理的任职文件：内容填写齐全，符合法定形式；（5）住所使用相关文件：内容填写齐全，符合法定形式；（6）公司申请登记的经营范围中有法律、行政法规和国务院决定规定必须在登记前报经批准的项目，提交有关批准文件或者许可证件的复印件：内容真实有效。

图 2－2　注册信息

程序如下①：

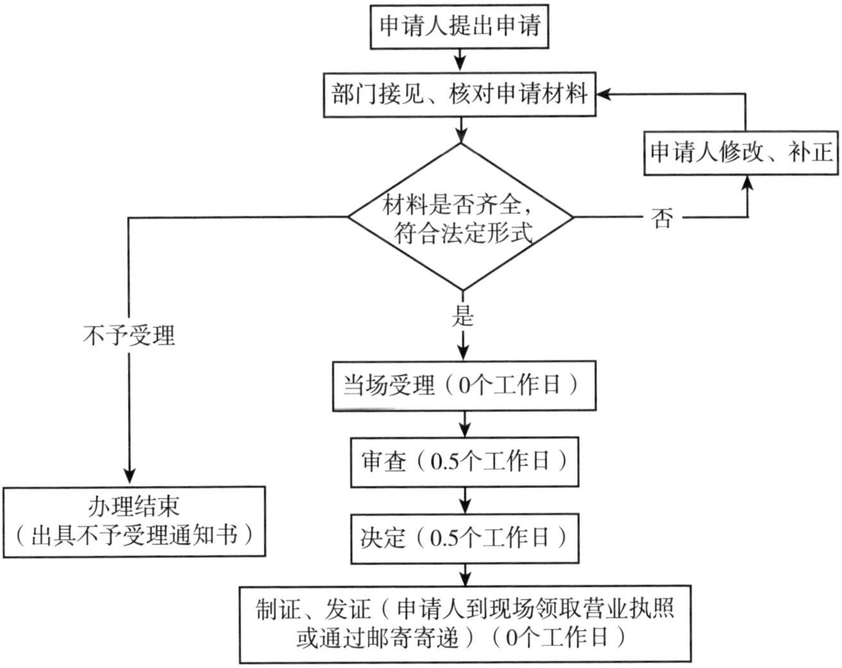

图 2－3　审核流程

---

① 承诺办结时限等于从受理到决定的时限。

（二）公司名称

对公司名称作出要求的规定汇总：

（1）《公司法》（2023 年修订）

（2）《企业名称登记管理规定》（2020 年修订）

（3）《市场主体登记管理条例》（2021 年修订）

（4）《市场主体登记管理条例实施细则》（2022 年公布）

（5）国务院办公厅《关于公司名称冠以“中国”等字样问题的通知》

（6）《企业名称登记管理实施办法》（2004 年修订，现已失效）：第 5 条至第 20 条

（7）国家工商行政管理局商标局《关于注册商标使用企业名称的复函》

（8）国家工商行政管理总局《关于企业名称核准权限有关问题的答复》

（9）国家工商行政管理局《关于〈企业名称登记管理规定〉有关问题的答复》

（10）国家工商行政管理总局《关于企业名称使用有关问题的答复》

（11）国家工商行政管理总局《关于对企业名称许可使用有关问题的答复》

（12）国家工商行政管理总局《关于禁止在企业名称中使用“八一”等涉及军队和武警部队字样的通知》

（13）国家工商行政管理总局《关于合伙企业名称登记有关问题的答复》

1. 公司名称概述

公司名称是指公司在生产经营过程中用以互相区分的固定称谓，是公司进行民事活动的符号。新《公司法》在第 6 条中新增了关于公司名称权的规定：公司应当有自己的名称。公司名称应当符合国家有关规定。公司的名称权受法律保护。该条的设置实现了与《民法典》《企业名称登记管理规定》等相关法律法规的衔接。此外，根据新《公司法》第 7 条，依法设立的有限责任公司，还应当在公司名称中标明有限责任公司的字样；依法设立的股份有限公司，必须在公司名称中标明股份有限公司或股份公司的字样。

2021 年出台的《市场主体登记管理条例》更是明确规定：公司名称应当符合国家有关规定。公司只能使用一个名称。经公司登记机关核准登记的公司名称受法律保护，对公司名称进行了细化规制。

2. 公司名称的基本要求

根据2020年《企业名称登记管理规定》第6条的规定，企业名称由行政区划名称、字号、行业或者经营特点、组织形式组成。跨省、自治区、直辖市经营的企业，其名称可以不含行政区划名称；跨行业综合经营的企业，其名称可以不含行业或者经营特点。

（1）行政区划名称

企业名称中的行政区划名称应当是企业所在地的县级以上地方行政区划名称。市辖区名称在企业名称中使用时应当同时冠以其所属的设区的市的行政区划名称。开发区、垦区等区域名称在企业名称中使用时应当与行政区划名称连用，不得单独使用。

企业名称冠以"中国""中华""中央""全国""国家"等字词，应当按照有关规定从严审核，并报国务院批准。使用外国投资者字号的外商独资或者控股的外商投资企业，企业名称中可以含有"（中国）"字样。公司有正当理由的，可以将地名作为字号，如"北京""天山"等。

（2）字号

字号是一个企业区别于其他企业的重要标志，即公司名称中的核心部分。例如，北京的"全聚德"、天津的"狗不理"、云南的"红塔山"等，其仅仅是所代表的商事主体名称中的核心部分，并非该商事主体的名称。字号应由两个以上的汉字组成。

企业名称可以使用自然人投资人的姓名作字号。企业有正当理由可以使用本地或异地地名作字号，但不得使用县以上行政区划名称作字号。企业法人名称中不得含有其他法人的名称，但国家市场监督管理总局另有规定的除外。

外商投资企业的中文名称中不得使用外文字母、汉语拼音，国内企业也不得以外文字母、字词作字号。企业字号一般不得使用行业字词。

（3）行业或经营特点

企业名称中的行业或者经营特点应当根据企业的主营业务和国民经济行业分类标准标明。国民经济行业分类标准中没有规定的，可以参照行业习惯或者专业文献等表述。企业经营业务按国民经济行业分类大类的，应当选择主要经济活动性质所属国民经济行业类别用语表述企业名称中的行业。

（4）组织形式

企业应当根据其组织结构或者责任形式，依法在企业名称中标明组织形式，即“有限责任公司”；控股企业可以在其名称的组织形式之前使用“集团”或者“（集团）”字样。

（5）其他注意事项

公司名称中不得含有有损国家和社会公共利益，可能对公众造成欺骗或误解的内容或文字，不得含有政党名称、党政军机关名称、群团组织名称及其简称和特定称谓和部队番号、外国国家和国际组织名称等。公司的名称不得与同一登记机关所辖区域内已登记的同行业公司的名称相同或者近似。

公司名称应当使用汉字，不得使用汉语拼音和阿拉伯数字，民族自治地方可以同时使用民族语言。公司使用外文名称的，由企业依据文字翻译原则自行翻译使用。

3. 公司分支机构与公司的名称

使用“总公司”名称的，该公司必须下设三个以上称为“公司”或“分公司”的分支机构。

分公司和其他分支机构的名称前须冠以其所从属的公司的名称。企业分支机构名称应当冠以其所从属企业的名称，并缀以“分公司”“分厂”“分店”等字词。有投资关系或者经过授权的企业，其名称中可以含有另一个企业的名称或者其他法人、非法人组织的名称。

六、前置审批

公司设立时的前置审批有两类：一类是设立公司本身所需的审批，指法律、行政法规规定设立公司必须报经批准的，应当在公司登记前依法办理的批准手续，例如设立国有公司应当有国资委或出资公司的批复文件。另一类是公司经营范围所需的审批，即公司的经营范围中属于法律、行政法规规定须经批准的项目，应当依法经过批准，例如公司经营范围中包括危险化学品经营，应取得危险化学品经营许可证。

根据 2021 年《市场监管总局关于调整企业登记前置审批事项目录的通知》（国市监注发〔2021〕17 号），企业的工商登记前置审批事项如表 2－2 所示。

表 2－2　企业的工商登记前置审批事项目录（2021 年）

序号	项目名称	实施部门	设定依据
1	证券公司设立审批	中国证券监督管理委员会	《证券法》
2	烟草专卖生产企业许可证核发	国家烟草专卖局	《烟草专卖法》 《烟草专卖法实施条例》
3	烟草专卖批发企业许可证核发	国家烟草专卖局或省级烟草专卖行政主管部门	《烟草专卖法》 《烟草专卖法实施条例》
4	营利性民办学校（营利性民办培训机构）办学许可	县级以上人民政府教育行政部门、县级以上人民政府人力资源社会保障部门	《民办教育促进法》
5	金融控股公司设立审批	中国人民银行	《国务院关于实施金融控股公司准入管理的决定》（国发〔2020〕12 号）、《金融控股公司监督管理试行办法》
6	民用爆炸物品生产许可	中华人民共和国工业和信息化部	《民用爆炸物品安全管理条例》
7	爆破作业单位许可证核发	省级、设区的市级人民政府公安部门	《民用爆炸物品安全管理条例》
8	民用枪支（弹药）制造、配售许可	中华人民共和国公安部、省级人民政府公安部门	《中华人民共和国枪支管理法》
9	制造、销售弩或营业性射击场开设弩射项目审批	省级人民政府公安部门	《国务院对确需保留的行政审批项目设定行政许可的决定》（国务院令第 671 号）、《公安部、国家工商行政管理局关于加强弩管理的通知》（公治〔1999〕1646 号）

续表

序号	项目名称	实施部门	设定依据
10	保安服务许可证核发	省级人民政府公安部门	《保安服务管理条例》
11	设立经营个人征信业务的征信机构审批	中国人民银行	《征信业管理条例》
12	卫星电视广播地面接收设施安装许可审批	国家广播电视总局	《卫星电视广播地面接收设施管理规定》、《关于进一步加强卫星电视广播地面接收设施管理的意见》（广发外字〔2002〕254 号）
13	设立出版物进口经营单位审批	国家新闻出版署	《出版管理条例》
14	设立出版单位审批	国家新闻出版署	《出版管理条例》
15	境外出版机构在境内设立办事机构审批	国家新闻出版署、国务院新闻办	《国务院对确需保留的行政审批项目设定行政许可的决定》（国务院令第 671 号）、《外国企业常驻代表机构登记管理条例》
16	境外电影机构在华设立办事机构审批	国家电影局、国务院新闻办	《国务院对确需保留的行政审批项目设定行政许可的决定》（国务院令第 671 号）、《外国企业常驻代表机构登记管理条例》
17	境外广播电视机构在华设立办事机构审批	国家广播电视总局、国务院新闻办	《国务院对确需保留的行政审批项目设定行政许可的决定》（国务院令第 671 号）、《外国企业常驻代表机构登记管理条例》
18	危险化学品经营许可	县级、设区的市级人民政府应急管理部门	《危险化学品安全管理条例》

续表

序号	项目名称	实施部门	设定依据
19	新建、改建、扩建生产、储存危险化学品（包括使用长输管道输送危险化学品）建设项目安全条件审查；新建、改建、扩建储存、装卸危险化学品的港口建设项目安全条件审查	设区的市级以上人民政府应急管理部门；港口行政管理部门	《危险化学品安全管理条例》
20	烟花爆竹生产企业安全生产许可	省级人民政府应急管理部门	《烟花爆竹安全管理条例》
21	外资银行营业性机构及其分支机构设立审批	中国银行保险监督管理委员会	《中华人民共和国银行业监督管理法》 《中华人民共和国外资银行管理条例》
22	外国银行代表处设立审批	中国银行保险监督管理委员会	《中华人民共和国银行业监督管理法》 《中华人民共和国外资银行管理条例》 《外国企业常驻代表机构登记管理条例》
23	中资银行业金融机构及其分支机构设立审批	中国银行保险监督管理委员会	《中华人民共和国银行业监督管理法》 《中华人民共和国商业银行法》
24	非银行金融机构（分支机构）设立审批	中国银行保险监督管理委员会	《中华人民共和国银行业监督管理法》 《金融资产管理公司条例》

续表

序号	项目名称	实施部门	设定依据
25	融资担保公司设立审批	省级人民政府确定的部门	《国务院对确需保留的行政审批项目设定行政许可的决定》（国务院令第671号）、《融资担保公司监督管理条例》、《融资性担保公司管理暂行办法》（银监会令2010年第3号）
26	外国证券类机构设立驻华代表机构核准	中国证券监督管理委员会	《国务院对确需保留的行政审批项目设定行政许可的决定》（国务院令第671号）、《外国企业常驻代表机构登记管理条例》、《证券公司监督管理条例》、《国务院关于管理外国企业常驻代表机构的暂行规定》（国发〔1980〕272号）
27	设立期货专门结算机构审批	中国证券监督管理委员会	《期货交易管理条例》（国务院令第676号）
28	设立期货交易场所审批	国务院或中国证券监督管理委员会	《期货交易管理条例》（国务院令第676号）
29	证券交易所设立审核、证券登记结算机构设立审批	国务院、中国证券监督管理委员会	《中华人民共和国证券法》
30	专属自保组织和相互保险组织设立审批	中国银行保险监督管理委员会	《国务院对确需保留的行政审批项目设定行政许可的决定》（国务院令第671号）
31	保险公司及其分支机构设立审批	中国银行保险监督管理委员会	《中华人民共和国保险法》 《中华人民共和国外资保险公司管理条例》

续表

序号	项目名称	实施部门	设定依据
32	外国保险机构驻华代表机构设立审批	中国银行保险监督管理委员会	《中华人民共和国保险法》、《国务院对确需保留的行政审批项目设定行政许可的决定》（国务院令第671号）、《外国企业常驻代表机构登记管理条例》
33	快递业务经营许可	国家邮政局或省级邮政管理机构	《中华人民共和国邮政法》
34	经营劳务派遣业务许可	省、市、县级人民政府人力资源社会保障部门	《中华人民共和国劳动合同法》
35	使用“交易所”字样的交易场所审批	国务院或国务院金融管理部门、省级人民政府	《防范和处置非法集资条例》、《国务院关于清理整顿各类交易场所切实防范金融风险的决定》（国发〔2011〕38号）

七、分公司和子公司

尽管“分公司”与“子公司”在表述上仅有一字之差，法律规定中的二者责任却截然不同。

（一）分公司

《公司法》第13条第2款规定，公司可以设立分公司。设立分公司，应当向公司登记机关申请登记，领取营业执照。分公司不具有法人资格，其民事责任由公司承担。据此可以归纳出分公司的特点，具体如下：

1. 分公司没有自己的独立财产，财产属于总公司。
2. 分公司经营活动所有后果由总公司承担。
3. 分公司不独立承担民事责任。
4. 分公司名称中一般带有分公司字样。

（二）子公司

《公司法》第13条第1款规定，公司可以设立子公司，子公司具有法人资格，依法独立承担民事责任。

子公司拥有自己的财产、公司章程和董事会，并以自己的名义独立开展经营活动，并独立承担经营后果和法律责任：

1. 子公司受母公司的实际控制，母子公司之间的控制关系是基于股权占有或控制协议。

2. 母公司、子公司各为独立的法人。子公司以自己的名义独立开展生产、经营活动，并对此承担经营后果和法律责任。

（三）案例延伸

1. 分公司财产被执行或列为共同被告

【案例】鹤壁市正鑫淇盛环保建材有限公司与贵州东岱建设工程有限公司豫北分公司、贵州东岱建设工程有限公司等买卖合同纠纷一审民事判决书

【案号】（2023）豫0603民初341号

【基本案情】2022年3月至4月，被告莫某兵以委托代理人身份，以贵州东岱建设工程有限公司豫北分公司鹤壁新都汇小区项目经理部名义，代理被告贵州东岱豫北分公司与原告签署《干混砂浆购销合同》《预拌混凝土购销合同》各一份，由原告向被告贵州东岱豫北分公司承建的鹤壁新都汇小区供应干混砂浆和预拌混凝土，经双方对账原告累计供应干混砂浆1050.26吨，价款231057.2元；累计供应预拌混凝土4615.82立方米，价款652752.11元。原告供应货物由被告莫某兵、王某飞签收、对账，但原告至今未收到被告货款。

【争议焦点】分公司不具备法人资格，其法律责任是否当然性地由母公司承担？何种情况下分公司可以自身名义承担法律责任？通常来说，分公司只能以总公司分支机构的名义从事经营活动，且分公司的人事、业务、财产受总公司的直接控制，在总公司的经营范围内从事经营活动。由于分公司没有独立的财产，因此其经营的债务由总公司负责清偿。

【裁判要旨】法院认为，关于本案《干混砂浆购销合同》《预拌混凝土购销合同》两份合同的主体，该两份合同的甲方均加盖了贵州东岱建设工程有限公司豫北分公司鹤壁新都汇小区项目经理部的印章，合同均载明被告莫某兵为甲方联系人，被告贵州东岱豫北分公司陈述被告莫某兵系其公司员工，其公司将上述印章交给被告莫某兵，且根据双方对账情况，合同供货时间均发生在被告贵州东岱

豫北分公司登报印章作废之前，故此上述购销合同的甲方应为被告贵州东岱豫北分公司，而被告贵州东岱豫北分公司其不具备法人资格，当事人又均未举证证明被告贵州东岱豫北分公司有一定的财产，故由此产生的民事责任应由法人即被告贵州东岱公司承担。

2. 子公司不承担责任

【案例】深圳市迈康信息技术有限公司与北京太和乾承健康管理有限公司等分期付款买卖合同纠纷一审民事判决书

【案号】（2022）京0108民初43891号

【基本案情】迈康公司与太和妇产医院签署《HPV疫苗服务协议》，约定迈康公司从太和妇产医院采购100套HPV9价宫颈癌疫苗接种服务套餐（每套疫苗3针）在迈康公司平台销售，每套单价为5080元，共计508000元。迈康公司依约向太和妇产医院的子公司太和乾承公司支付508000元，后太和妇产医院仅提供28套疫苗首针接种服务，余72套无法提供。迈康公司诉至法院，要求确认案涉协议解除、太和妇产医院退还款项460586元、太和乾承公司共同（连带）承担460586元。

【争议焦点】法院认为，鉴于案涉合同当事人对于合同的履行、解除均无异议，本案争议焦点问题系太和乾承公司作为子公司应否对其唯一股东太和妇产医院的案涉债务承担共同（连带）清偿责任。

【裁判要旨】本案中，股东的债权人虽能证明公司代唯一股东收取了合同款508000元，但不足以证明股东与公司财务混同不可分，亦未证明股东不能清偿案涉债务，严重损害债权人利益，故法院对于其要求适用“逆向人格否认”的诉请予以驳回，子公司不承担连带赔偿责任。

八、一人公司

（一）一人公司的特殊风险

一人公司（全称一人有限责任公司）是指只有一个自然人股东或者一个法人股东的有限责任公司，可以说是有限责任公司类型中风险最高的一种公司类型。一人公司的风险主要是基于新《公司法》第23条规定“只有一个股东的公司，股东不能证明公司财产独立于股东自己的财产的，应当对公司债务承担连带责任”。在这一规定下，诉讼中的举证责任发生倒置，通常意义上公司债权人要求公司股东承担连带责任需要根据《公司法》及相关司法解释的规定去举证证明公司股东存在滥用公司独立人格的行为，这一举证对于债权人这一公司的外部主体来说尤为困难，因此审判实践中判决支持因滥用公司独立人格而需股东对公司债务承担连带责任的案件屈指可数。而在一人公司的场景下，公司债权人的举证责任大大减轻，公司股东需要去主动证明其个人财产独立于公司财产，无法证明的，则其当然性承担连带责任。

对一人公司的限制还包括：一个自然人只能投资设立一个一人有限责任公司，该一人有限责任公司不能投资设立新的一人有限责任公司。

那么法律上之所以对一人公司做出这种安排，是基于一人公司的法人治理结构，其不设（无法设立）股东会，股东对公司的控制会更为完整。但亦有很多投资人是不清楚该种法律责任而选择了设立一人公司，最终仅仅因为这种注册形式而导致不利法律后果。

（二）案例延伸

【案例】邵某与云南通海昆通工贸有限公司、通海兴通达工贸有限公司民间借贷纠纷案

【案号】（2015）民一终字第 260 号

【基本案情】为解决昆通公司［股东为岳某宽（丈夫）和张某芬（妻子）；法定代表人为岳某 1（系岳某宽与张某芬的儿子）；岳某 2 为监事；孔某菠为财务人员；杨某华为工作人员］被人民法院冻结资产、账户，被税务机关扣留税控机而不能经营等问题，2009 年 8 月 27 日设立了兴通达公司［岳某 2 为股东；杨某华为监事；孔某菠为财务人员］用于筹集资金，以恢复昆通公司的生产经营。昆通公司通过岳某 2、罗某东等代为持股的方式成为兴通达公司的股东。

2011 年 3 月 29 日，邵某与兴通达公司签订了《借款协议（一）》与《借款协议（二）》，约定邵某向兴通达公司提供本金分别为 2920 万元和 1716 万元的借款。昆通公司的法定代表人岳某 1 在《借款协议（一）》与《借款协议（二）》上签名。邵某按照约定向兴通达公司提供了约定的借款，兴通达公司到期未按照约定履行还本付息义务。

经查：兴通达公司向邵某所借款项全部用于昆通公司的设备改造及生产以及偿还昆通公司债务。

另查明：2009年7月18日和2009年9月20日昆通公司与兴通达公司订立的两份租赁合同约定，昆通公司将其“公司内货场以南的11间房屋及300平方米的货场和第二层料场”以及“公司大门左侧房屋三间”出租给兴通达公司，租金为每年各3000元（畸低）。

还查明：兴通达公司所从事的经营活动与昆通公司相同，与昆通公司之间的纳税经税务部门批准实行平进平出。

【争议焦点】本案的争议焦点为，昆通公司是否应当就案涉债务承担连带责任。

【裁判要旨】依据《公司法》第20条第3款的规定，认定公司滥用法人人格和有限责任的法律责任，应综合多种因素作出判断。在实践中，公司设立的背景，公司的股东、控制人以及主要财务人员的情况，该公司的主要经营业务以及公司与其他公司之间的交易目的，公司的纳税情况以及具体债权人与公司签订合同时的背景情况和履行情况等因素，均应纳入考察范围。

综合上述多个证据，可以认定，兴通达公司的设立目的是通过兴通达公司恢复昆通公司的生产经营，昆通公司通过岳某2、罗某东等持股的方式成为兴通达公司的股东，两公司在财务人员、工作人员、经营场所、生产经营等方面存在高度混同的现象。昆通公司通过此种方式设立兴通达公司并利用了兴通达公司的法人独立地位和股东有限责任，损害了邵某作为债权人的利益。根据《公司法》第20条第3款的规定，昆通公司应当对以兴通达公司的名义向邵某的借款债务承担连带责任。

【案例】杭州凯成纳米科技有限公司等与陈某华房屋租赁合同纠纷再审民事判决书

【案号】（2016）最高法民再318号

【基本案情】上岛公司系股东为陈某华的一人有限公司，上岛公司提交的审计报告中虽有上岛公司财务报表已经按照企业会计准则和《企业会计制度》的规定编制，在所有重大方面公允反映了该公司当年度的经营成果的表述。但是，根据本案事实，上岛公司租赁案涉房屋后，对该房屋投入了300万元并利用该房屋经营上岛咖啡白龙南店，而对该投入及经营状况，上述审计报告中均未有反映，且审计报告中亦明确表述对审计的部分内容有保留意见。

【争议焦点】本案争议焦点为陈某华应否对上岛公司所负本案债务承担连带责任。

上岛公司系股东为陈某华的一人有限公司，根据《公司法》第 63 条“一人有限责任公司的股东不能证明公司财产独立于股东自己的财产的，应当对公司债务承担连带责任”规定，陈某华应当举证证明自己的财产与上岛公司的财产相互独立，否则其应当对上岛公司应负本案的债务承担连带责任。

【裁判要旨】本案二审中，陈某华与上岛公司共同提交了上岛公司企业法人营业执照、该公司验资报告书等证据，拟证明上岛公司设立时，陈某华已将该公司注册资金全部投资到位，之后又于 2006 年投资 300 万元开办了上岛咖啡白龙南路店，上岛公司的财产独立于陈某华的个人财产。上述证据仅为有关陈某华对上岛公司注册资金投资到位的证据，不属于证明上岛公司经营中与陈某华个人财产是否独立的证据，原审判决认定上述证据不能证明上岛公司的财产独立于陈某华自己的财产正确。

虽然陈某华及上岛公司提交了该公司 2002 年度至 2009 年度的审计报告，但审计报告中对案涉房屋 300 万元的装修投入和上岛咖啡西餐厅的经营情况未能如实反映，审计单位也对多年度的审计报告表述了有关保留意见。最高人民法院认为，即使会计报告和结论本身具有合法性，但上述证据仍不能证明上岛公司的财产独立于陈某华自己的财产。根据本案事实，上岛公司租赁案涉房屋后，对该房屋投入了 300 万元并利用该房屋经营上岛咖啡白龙南店，而对该投入及经营状况，上述审计报告中均未有反映，且审计报告中亦明确表述对审计的部分内容有保留意见。因此，上述审计报告没有全面反映上岛公司的实际经营及财务状况，凯成公司据此主张上述审计报告不能完整、真实地证明上岛公司的财务状况，不能证明上岛公司的财产独立于其股东陈某华个人的财产，有事实依据。

原审判决认定上岛咖啡白龙南店的装修经营及投入情况未在上述审计报告中体现符合实际情况，并依据上述审计报告认定上岛公司的财产独立于陈某华自己的财产，陈某华不应当对上岛公司应负的本案债务承担连带责任，认定事实缺乏证据证明，适用法律不当，本院予以纠正。

（三）集团公司（法人独资的一人公司）

如果一人公司的股东本身是一个公司，则有限责任公司的注册类型为法人独资，该股东通常即是我们日常称为“集团公司”的经营实体，集团公司直接投资的子公司即是一人公司，子公司再直接投资的孙公司亦是一人公司，实践中这类公司架构较为常见，以山东省某国有独资公司为例，其直接投资及间接投资的一人子公司超过12个（见图2-4）。

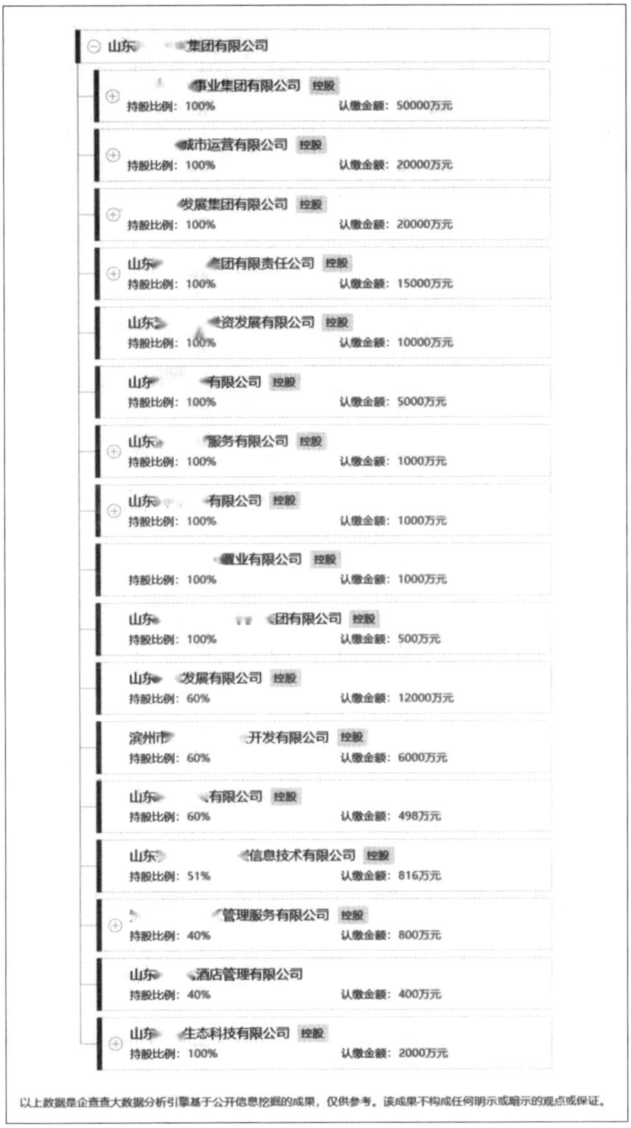

图2-4　一人子公司数量

从现有审判实践来看，法人独资的一人公司股东承担连带责任的案例较少。

（四）一人公司的运营建议

按照《公司法》要求，一人公司应当在每个会计年度终了时编制财务会计报告，并经会计师事务所审计。在审判实践中，一人公司的股东能否提供经审计的年度会计报告是诉讼证据的核心焦点，一般来说，股东能够提供审计报告且无其他明显侵占公司资金或资产的情形，则能够认定为证明股东个人财产独立于公司财产，据此对公司债务无须承担连带责任，相反如股东不能提供审计报告，则可能因违反公司法的前述规定而直接被判决对公司债务承担连带责任。

第二节 法人治理机构

为便于理解，本节所述适用主体均为有限责任公司，股份有限公司相关内容详见本章第六节。

一、法人治理机构的原理（见图 2－5）

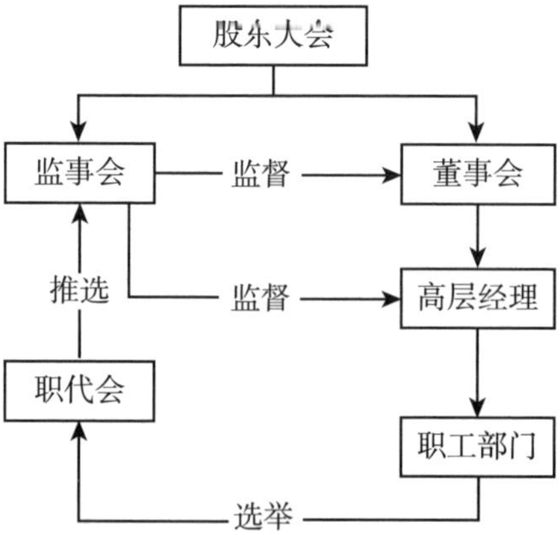

图 2－5　法人治理机构原理

二、股东会

（一）股东会的职权

根据《公司法》第59条规定，股东会行使下列职权：

（1）选举和更换董事、监事，决定有关董事、监事的报酬事项；

（2）审议批准董事会的报告；

（3）审议批准监事会的报告；

（4）审议批准公司的利润分配方案和弥补亏损方案；

（5）对公司增加或者减少注册资本作出决议；

（6）对发行公司债券作出决议；

（7）对公司合并、分立、解散、清算或者变更公司形式作出决议；

（8）修改公司章程；

（9）公司章程规定的其他职权。

股东会可以授权董事会对发行公司债券作出决议。

对本条第一款所列事项股东以书面形式一致表示同意的，可以不召开股东会会议，直接作出决定，并由全体股东在决定文件上签名或者盖章。需要注意的是：

第一，上述八项职权专属于公司股东会所有，董事会不能擅自行使应由股东会的职权；

第二，上述八项职权之外，公司章程可以另行规定其他职权属于股东会所有。

（二）股东会的召集程序

1. 被公司法赋予召集有限公司股东会会议的权利的人

（1）董事会

《公司法》第63条第1款规定，股东会会议由董事会召集，董事长主持；董事长不能履行职务或者不履行职务的，由副董事长主持；副董事长不能履行职务或者不履行职务的，由半数以上董事共同推举一名董事主持。

（2）监事会或者不设监事会的公司的监事

《公司法》第63条第2款规定，董事会不能履行或者不履行召集股东会会议职责的，由监事会召集和主持；监事会不召集和主持的，代表十分之一以上表决权的股东可以自行召集和主持。

（3）少数股东

《公司法》第 62 条规定，股东会会议分为定期会议和临时会议。定期会议应当依照公司章程的规定按时召开。代表十分之一以上表决权的股东，三分之一以上的董事或者监事会提议召开临时会议的，应当召开临时会议。

2. 股东会会议的召集时期

（1）定期会议，依章程规定其召集时期，一般每年召开一次。

（2）临时会议，必要时召开。

下列人员提议召开临时会议的，应当召开临时会议：

第一，代表十分之一以上表决权的股东；

第二，三分之一以上的董事；

第三，监事会或者不设监事会的公司的监事。

3. 股东会会议的召集程序

一般召集程序：

（1）通知期：20 天。

《公司法》第 115 条第 1 款规定，召开股东会会议，应当将会议召开的时间、地点和审议的事项于会议召开二十日前通知各股东；临时股东会会议应当于会议召开十五日前通知各股东。

（2）通知内容：会议召开的审议的事项、时间、地点、目的。

意在满足股东对召集股东会会议的最基本的了解，保证股东更好地行使决议权。

特殊程序：

《公司法》第 59 条第 3 款规定，对本条第一款所列事项股东以书面形式一致表示同意的，可以不召开股东会会议，直接作出决定，并由全体股东在决定文件上签名或者盖章。

第 24 条规定，公司股东会、董事会、监事会召开会议和表决可以采用电子通信方式，公司章程另有规定的除外。

（三）股东会的议案

《公司法》第 67 条规定，有限责任公司设董事会，本法第七十五条另有规定的除外。

董事会行使下列职权：

……

（2）执行股东会的决议；

（3）决定公司的经营计划和投资方案；

（4）制订公司的利润分配方案和弥补亏损方案；

（5）制订公司增加或者减少注册资本以及发行公司债券的方案；

（6）制订公司合并、分立、解散或者变更公司形式的方案；

……

第78条规定，监事会行使下列职权：

……

（4）提议召开临时股东会会议，在董事会不履行本法规定的召集和主持股东会会议职责时召集和主持股东会会议；

（5）向股东会会议提出提案；

……

也就是说，股东会要审议的议案，是由董事会或监事会事先制定并审议提交的议案。

（四）股东会的决议要求

《公司法》第65条规定，股东会会议由股东按照出资比例行使表决权；但是，公司章程另有规定的除外。

第66条规定，股东会的议事方式和表决程序，除本法有规定的外，由公司章程规定。

股东会作出决议，应当经代表过半数表决权的股东通过。

股东会作出修改公司章程、增加或者减少注册资本的决议，以及公司合并、分立、解散或者变更公司形式的决议，应当经代表三分之二以上表决权的股东通过。

1. 原则上，凡股东会职权范围内的事项，股东会会议均应以决议的方式作出决定。

普通决议：简单多数；特别决议：绝对多数。

2. 股东会会议记录。

（1）股东会应对所议事项的决定作出会议记录，出席的股东应对会议记录签名；

（2）股东会会议记录有证实会议决定的效力。

三、董事会/执行董事（见表 2－3）

表 2－3　法人治理结构的三会对比

分类	职权	召集流程	决议要求
股东会	第五十九条　股东会行使下列职权： （一）选举和更换董事、监事，决定有关董事、监事的报酬事项； （二）审议批准董事会的报告； （三）审议批准监事会的报告； （四）审议批准公司的利润分配方案和弥补亏损方案； （五）对公司增加或者减少注册资本作出决议； （六）对发行公司债券作出决议； （七）对公司合并、分立、解散、清算或者变更公司形式作出决议； （八）修改公司章程； （九）公司章程规定的其他职权。 股东会可以授权董事会对发行公司债券作出决议。 对本条第一款所列事项股东以书面形式一致表示同意的，可以不召开股东会会议，直接作出决定，并由全体股东在决定文件上签名或者盖章。	一般召集程序： （1）通知期：20 天。 《公司法》第一百一十五条第一款　召开股东会会议，应当于会议召开二十日前通知全体股东；但是，公司章程另有规定或者全体股东另有约定的除外。 （2）通知内容：会议召开的审议事项、时间、地点、目的。 意在满足股东对召集股东会会议的最基本的了解，保证股东更好地行使决议权。 特殊程序： 《公司法》第五十九条第三款　对本条第一款所列事项股东以书面形式一致表示同意的，可以不召开股东会会议，直接作出决定，并由全体股东在决定文件上签名或者盖章。 第二十四条　公司股东会、董事会、监事会召开会议和表决可以采用电子通信方式，公司章程另有规定的除外。	1. 原则上，凡股东会职权范围内的事项，股东会会议均应以决议的方式作出决定。 普通决议：简单多数；特别决议：绝对多数。 2. 股东会会议记录 （1）股东会应对所议事项的决定作出会议记录，出席的股东应对会议记录签名； （2）股东会会议记录有证实会议决定的效力。

续表

分类	职权	召集流程	决议要求
董事会	第六十七条　有限责任公司设董事会，本法第七十五条另有规定的除外。 董事会行使下列职权： （一）召集股东会会议，并向股东会报告工作； （二）执行股东会的决议； （三）决定公司的经营计划和投资方案； （四）制订公司的利润分配方案和弥补亏损方案； （五）制订公司增加或者减少注册资本以及发行公司债券的方案； （六）制订公司合并、分立、解散或者变更公司形式的方案； （七）决定公司内部管理机构的设置； （八）决定聘任或者解聘公司经理及其报酬事项，并根据经理的提名决定聘任或者解聘公司副经理、财务负责人及其报酬事项； （九）制定公司的基本管理制度； （十）公司章程规定或者股东会授予的其他职权。 公司章程对董事会职权的限制不得对抗善意相对人。	1. 公司法没有作出具体规定； 2. 由公司章程自行规定召集方法； 3. 召集董事会会议的通知时间应有利于董事事先做好议事准备，有利于更多的董事出席董事会会议。	1. 根据《公司法》第73条的规定，董事会的议事方式和表决程序，除公司法有规定的以外，由公司章程规定； 2. 董事会决议的表决采用一人一票； 3. 董事会应对所议事项的决定作成会议记录。会议记录应载明所议事项及结果，由出席会议的董事签名。

续表

分类	职权	召集流程	决议要求
监事会	第七十八条　监事会行使下列职权： （一）检查公司财务； （二）对董事、高级管理人员执行职务的行为进行监督，对违反法律、行政法规、公司章程或者股东会决议的董事、高级管理人员提出解任的建议； （三）当董事、高级管理人员的行为损害公司的利益时，要求董事、高级管理人员予以纠正； （四）提议召开临时股东会会议，在董事会不履行本法规定的召集和主持股东会会议职责时召集和主持股东会会议； （五）向股东会会议提出提案； （六）依照本法第一百八十九条的规定，对董事、高级管理人员提起诉讼； （七）公司章程规定的其他职权。	1. 监事会每年度至少召开一次会议； 2. 监事还可以提议召开临时监事会会议。	1. 监事会决议应当经半数以上监事通过； 2. 监事会应当对所议事项的决定作成会议记录，出席会议的监事应当在会议记录上签名； 3. 监事会的议事方式和表决程序，除本法有规定的外，由公司章程规定。
总经理	第七十四条第二款　经理对董事会负责，根据公司章程的规定或者董事会的授权行使职权。经理列席董事会会议。		

（一）董事会的产生

《公司法》第59条规定，股东会行使下列职权：

（一）选举和更换董事、监事，决定有关董事、监事的报酬事项；……

第67条第1款规定，有限责任公司设董事会，本法第七十五条另有规定的除外。

第68条第1款规定，有限责任公司董事会成员为三人以上，其成员中可以有公司职工代表。职工人数三百人以上的有限责任公司，除依法设监事会并有公司职工代表的外，其董事会成员中应当有公司职工代表。董事会中的职工代表由公司职工通过职工代表大会、职工大会或者其他形式民主选举产生。

第173条规定，国有独资公司的董事会依照本法规定行使职权。

国有独资公司的董事会成员中，应当过半数为外部董事，并应当有公司职工代表。

董事会成员由履行出资人职责的机构委派；但是，董事会成员中的职工代表由公司职工代表大会选举产生。

总结上述法律规定，我们可得：

1. 一般董事，由股东会选举产生。

2. 董事会中的职工代表由公司职工通过职工代表大会、职工大会或者其他形式民主选举产生。

3. 国有独资公司的董事会成员中，应当过半数为外部董事，并应当有公司职工代表。

（二）董事会的职权

现行《公司法》规定，董事会的职权包括：

1. 负责召集股东会，并向股东会报告工作。

2. 决定事项：

（1）决定公司的经营计划和投资方案；

（2）决定公司内部管理机构的设置；

（3）决定聘任或者解聘公司经理及其报酬事项，并根据经理的提名决定聘任或者解聘公司副经理、财务负责人及其报酬事项。

3. 制订或拟定方案，提请股东会批准：

（1）制订公司的利润分配方案和弥补亏损方案；

（2）制订公司增加或者减少注册资本的方案以及发行公司债券的方案；

（3）制订公司合并、分立、解散或者变更公司形式的方案；

（4）制订公司的基本管理制度。

4. 选举或者更换董事长。

5. 董事会设董事长一人，可以设副董事长。董事长、副董事长的产生办法由公司章程规定。

6. 公司章程规定的其他职权。

（三）董事会的召集程序

1. 召集人

董事会会议由董事长召集和主持；董事长不能履行职务或者不履行职务的，由副董事长召集和主持；副董事长不能履行职务或者不履行职务的，由半数以上董事共同推举一名董事召集和主持。

2. 召集时期

（1）公司的定期会议由公司章程规定；通常每半年至少召开一次；

（2）董事会的临时会议，在必要时召开；“必要”由公司章程规定。

3. 召集程序

（1）公司法没有作出具体规定；

（2）由公司章程自行规定召集方法；

（3）召集董事会会议的通知时间应有利于董事事先做好议事准备，有利于更多的董事出席董事会会议。

（四）董事会的决议要求

1. 根据《公司法》的规定，董事会的议事方式和表决程序，除公司法有规定的以外，由公司章程规定；

2. 董事会决议的表决采用一人一票；

3. 董事会应对所议事项的决定作成会议记录。会议记录应载明所议事项及结果，由出席会议的董事签名；

4. 董事会决议的瑕疵：

指董事会决议违反法律、行政法规和公司章程。

法律后果：

（1）董事会决议无效

董事会的决议内容违反法律、行政法规的无效。

①如果对于董事会决议的效力产生争议，利害关系人可以公司为被告向人民法院提起诉讼；

②人民法院作出董事会决议无效的判决，该决议自始无效；

③董事会决议被人民法院宣告无效、撤销或者确认不成立的，公司应当向公司登记机关申请撤销根据该决议已办理的登记。

（2）董事会决议的撤销

公司股东会、董事会的会议召集程序、表决方式违反法律、行政法规或者公司章程，或者决议内容违反公司章程的，股东可以自决议作出之日起六十日内，请求人民法院撤销。

（五）董事长

1. 有限责任公司设董事会的，董事会设董事长一人。同时，规模较小或者股东人数较少的有限责任公司，可以不设董事会，设一名董事；

2. 依公司章程规定，可以担任公司法定代表人；

3. 董事长的职权：

（1）主持股东会会议，召集和主持董事会会议；

（2）检查董事会决议的实施情况；

（3）在章程规定的情况下，对外代表公司；

（4）公司章程规定的其他职权。

四、监事会/监事

（一）监事会的职权

1. 监事会的地位

（1）设置规则

《公司法》规定，有限责任公司设监事会，或可在董事会中设置由董事组成的审计委员会，规模较小或股东人数较少时，可设1名监事；全体股东一致同意可不设监事。

（2）公司的监督机关。

专司并且仅有监督职能：检查公司财务，对公司董事、经理执行职务的行为进行监督。

（3）监事会由全体监事组成。

以监事会的名义行使监督权：在设置监事会的公司中，监事非由监事会授权不能单独行使监督公司财务和董事、经理执行职务的职权。

2. 监事会的职权

（1）检查公司财务；

（2）对董事、高级管理人员执行公司职务的行为进行监督，对违反法律、行政法规、公司章程或者股东会决议的董事、高级管理人员提出解任的建议；

（3）当董事、高级管理人员的行为损害公司的利益时，要求董事、高级管理人员予以纠正；

（4）提议召开临时股东会会议，在董事会不履行本法规定的召集和主持股东会会议职责时召集和主持股东会会议；

（5）向股东会会议提出提案；

（6）依照《公司法》的规定，对董事、高级管理人员提起诉讼；

（7）公司章程规定的其他职权。

（二）监事会的召集程序

召开方式：

（1）监事会每年度至少召开一次会议；

（2）监事还可以提议召开临时监事会会议。

（三）监事会的决议要求

（1）监事会决议应当经半数以上监事通过；

（2）监事会应当对所议事项的决定作成会议记录，出席会议的监事应当在会议记录上签名；

（3）监事会的议事方式和表决程序，除本法有规定的外，由公司章程规定。

（四）监事

《公司法》第76条规定，有限责任公司设监事会，本法第六十九条、第八十三条另有规定的除外。

监事会成员为三人以上。监事会成员应当包括股东代表和适当比例的公司职工代表，其中职工代表的比例不得低于三分之一，具体比例由公司章程规定。监事会中的职工代表由公司职工通过职工代表大会、职工大会或者其他形式民主选举产生。

监事会设主席一人，由全体监事过半数选举产生。监事会主席召集和主持监事会会议；监事会主席不能履行职务或者不履行职务的，由过半数的监事共同推举一名监事召集和主持监事会会议。

董事、高级管理人员不得兼任监事。

《公司法》第77条规定，监事的任期每届为三年。监事任期届满，连选可以连任。

监事任期届满未及时改选，或者监事在任期内辞任导致监事会成员低于法定人数的，在改选出的监事就任前，原监事仍应当依照法律、行政法规和公司章程的规定，履行监事职务。

（五）监事职权与监事会职权区别

监事会由全体监事组成。

以监事会的名义行使监督权：在设置监事会的公司中，监事非由监事会授权不能单独行使监督公司财务和董事、经理执行职务的职权。

五、总经理

（一）产生方式

《公司法》第74条规定，有限责任公司可以设经理，由董事会决定聘任或者解聘。

经理对董事会负责，根据公司章程的规定或者董事会的授权行使职权。经理列席董事会会议。

（二）地位

（1）有限公司可以设经理；

（2）经理是公司日常经营管理的总负责人；

（3）经理依章程规定，可以担任公司的法定代表人。

六、其他影响公司控制权的因素

通过运用法人治理结构实现对公司运营的控制是较为理想的情况，实践中公司的控制权是一个远远超出法律规定和文本范围的话题，总结过往笔者所服务的企业案例，下列这些途径亦可在一定程度上实现对公司的控制权。需要特别说明的是，控制权行使应框定在法律规定的范围内，否则可能涉嫌违法。

（一）法定代表人

《民法典》第 61 条规定，法定代表人以法人名义从事的民事活动，其法律后果由法人承受。因此法定代表人当然地代表公司，法定代表人签字与公章具有同样的效力，故担任法定代表人本身是一个有效的直接控制途径。事实上很多国家的公司均没有公章一说，而直接以公司授权代表人签字来代表公司。

（二）公章

虽然理论上存在表见代理的争论，但大量审判案例表明，公司印章是最能代表公司意志的实体物，除非有证据证明员工盗用单位的公章或擅自使用单位公章，否则载有公司公章的文件将视为公司认可，因此掌控公章是一个实际的控制途径。

2020 年 4 月 26 日，当当网联合创始人李国庆发布《告当当全体员工书》称，已于 4 月 24 日依法召开临时股东会，李国庆当选董事长与总经理，全面接管公司，联合创始人俞渝无权在当当公司行使任何职权。同日早间，李国庆伙同 5 人，闯入当当网办公区，抢走几十枚公章、财务章。

但当日下午，当当网针对媒体发表声明称：当当网以及关联公司公章、财务专用章失控期间，任何人使用该公章、财务专用章签订的任何合同、协议以及具有合同性质的文件或其他任何书面文件，公司将不予承认。公章、财务章、财务部门章即日作废。

公司证照印鉴作为公司的主体身份证明文件，是公司的“信物”，在公司控制权争夺战中具有标志性意义。特别是在公司治理结构不完善的公司，得到公司的证照印鉴，可能就意味着公司控制权争夺战的阶段性“胜利”，所以其重要性不言而喻，也是公司控制权争夺战中的“兵家必争之地”。

公司证照作为公司财产和经营活动中进行意思表示的手段，应当由公司法定代表人进行管理，除非章程或其他文件对此另有约定。在法定代表人发生变更后，原法定代表人应当及时移交。

（三）证照

证照作为公司主体的身份证明，当然地代表公司。实践中办理公司印章、公司账户以及其他流程等事项均需要公司证照，所以掌控公司证照一定程度上亦可控制公司。

（四）资金支付系统

掌控公司资金支付系统是实际控制企业资金的主要途径，实践中，创始人也往往通过掌控公司银行账户的具体信息及操作系统来实现控制权。

（五）文件资料

公司作为市场主体，运营会产生大量的合同、财务凭证及其他文件资料，公司的对外行为也应当以前述文件资料作为支撑，因此对公司的系统管理和控制亦依赖这些文件资料。

（六）管理制度

前述罗列了实际控制的若干途径，但作为创始人不可能事事亲为，因此建立符合运营需求的管理制度既是公司发展的支撑，也是实现控制权的有效途径。

第三节 股东身份的取得（股东义务）

为便于理解，本节所述适用主体均为有限责任公司，股份有限公司相关内容详见本章第六节。

一、出资是股东义务的核心

股东身份的取得是基于什么？是基于公司的《股东名册》，公司的工商登记文件，还是基于公司章程？让我们先梳理现行法律规定：

第一，股东名册是股东身份证明，根据《公司法》第56条第1款规定，记载于股东名册的股东，可以依股东名册主张行使股东权利，即股东名册当然性地证明了股东身份。根据本法第56条第1款，有限责任公司应当置备股东名册，记载下列事项：(1) 股东的姓名或者名称及住所；(2) 股东认缴和实缴的出资额、出资方式和出资日期；(3) 出资证明书编号；(4) 取得和丧失股东资格的日期；从实践来看，有限责任公司除在工商登记时会提交股东名册外，单独置备股东名册的情形并不常见。

第二，有限责任公司的设立条件之一是“股东共同制定公司章程”，同时《公司法》第46条规定，“有限责任公司章程应当载明下列事项：……（四）股东的姓名或者名称”，因此公司章程亦是股东身份的有效证明。

如前所述，无论是股东名册还是公司章程，均是股东身份的有效证明，其中工商登记因其公信力证明效力最高，但身份证明是一种事后证明，并未解决股东身份取得这一前置问题。笔者认为，股东身份的取得是基于其对公司认缴出资的本质，出资（认缴出资）是股东的核心义务，履行了该等义务方才能取得股东身份。首先，股东身份相对于公司而言，所产生的是股东权利和股东义务，而股东权利的实现需要公司载体的正常运行，在现代经济体系中，资金占有生产要素中的首要地位，有了资金可以获得其他生产要素，具体到公司中，公司资金的首次来源就是股东对公司的出资，虽然现行法律规定下，出资方式的多样性和认缴期限的宽松度大大解绑了股东的出资压力，但实践中确保公司运转起来的资金还是依靠股东的实际出资。其次，股东身份相对于其他外部主体而言，其与公司之间建立连接的不同之处亦是出于出资，外部主体对公司提供的资金形成借贷关系，双方依据合同规则进行处理，而股东在认缴范围内提供的资金就成为公司的财产，因而享有了对公司运营的各项权利。最后，股东身份在股东内部之间亦以出资作为核心区别，出资是股东身份话语权的关键，股东权利中的表决权、利润分配权乃至对公司的其他控制权均与出资比例直接相关。

二、出资方式

（一）出资正面清单（见表2－4）

表2－4　出资正面清单

分类	出资方式	举例
《公司法》规定的出资方式	货币	来源合法的资金
	实物	机器设备、原料、零部件、货物、建筑物和厂房等作为出资
	知识产权	商标权、专利权和著作权
	土地使用权	以土地使用权作价后向公司出资而使公司取得土地使用权或订约合同
	股权	应当权属清楚、权能完整，依法可以评估、转让，符合公司章程规定
	债权	应当权属清楚、权能完整，依法可以评估、转让，符合公司章程规定
	其他资产	产权清晰、资产价值有评估、资产转让有手续
其他生产要素	信息	市场信息
	管理	人力资源管理、财务管理
	劳务	劳动服务
	技术	微电子技术

《公司法》第48条第1款规定，股东可以用货币出资，也可以用实物、知识产权、土地使用权、股权、债权等可以用货币估价并可以依法转让的非货币财产作价出资；但是，法律、行政法规规定不得作为出资的财产除外。

《市场主体登记管理条例实施细则》第13条第1款规定，申请人申请登记的市场主体注册资本（出资额）应当符合章程或者协议约定。

市场主体注册资本（出资额）以人民币表示。外商投资企业的注册资本（出资额）可以用可自由兑换的货币表示。

依法以境内公司股权或者债权出资的，应当权属清楚、权能完整，依法可以评估、转让，符合公司章程规定。

第一，应当明确可作为出资的资产类型，根据《公司法》，可以用货币出资，也可以用实物、知识产权、土地使用权、股权、债权等非货币财产作价出资，非货币出资的要求是“可以用货币估价并可以依法转让”。

第二，公司设立之初，必然要用到大量货币对各项事务进行支付，因此，货币资金是股东采用的最普遍、最直接的出资方式，货币出资的重点是资金来源应合法，这也是未来公司上市审核的重点法律问题之一。目前认缴制下工商登记部门不会要求提供验资报告，作为股东出资的有力证明，股东在向公司账户转账时应备注用途或摘要为“股东出资”“实缴注册资本”等字样，亦可委托专业机构出具验资报告。

第三，股东采用其他资产进行出资时，应做到：（1）产权清晰，即有能证明出资资产属于股东的有效文件，例如权利证书。（2）资产价值有评估，即用于出资资产的价值，应有评估报告予以证明。实物资产往往面临市场价值波动甚至贬值的风险，评估报告能够证明在出资这个节点时股东已尽到足额的出资义务，避免因资产价值变动而导致股东出资不实的风险。（3）资产转让有手续，即股东将用于出资的资产转移给了公司由公司成为资产的所有权人，不动产应办理产权转让，动产应办理交付文件，知识产权应办理转让手续，需要说明的是，具体转移方式应根据资产类型和法律规定确定，如未办理符合法律规定的转移手续，仍面临出资瑕疵风险。

（二）出资负面清单

《市场主体登记管理条例》第 13 条规定，除法律、行政法规或者国务院决定另有规定外，市场主体的注册资本或者出资额实行认缴登记制，以人民币表示。出资方式应当符合法律、行政法规的规定。公司股东、非公司企业法人出资人、农民专业合作社（联合社）成员不得以劳务、信用、自然人姓名、商誉、特许经营权或者设定担保的财产等作价出资。

租赁权、劳务、信用、自然人姓名、商誉以及特许经营权等不能作为出资资产。如使用了负面清单里的出资方式，需要重新出资或承担连带责任，以下通过一则案例来看。

【案例】深圳市前海某管理有限公司、魏某劳动争议二审民事判决书

【案号】（2020）粤 03 民终 23184 号

【基本案情】某公司于2017年2月21日成立，公司形式为有限责任公司。2018年10月8日，某公司并购深圳某诊所，魏某以自己持有的深圳某诊所股权取得某公司的少数股权，并且魏某与某公司签订《并购协议书》，约定魏某以劳务出资，取得某公司的另一部分股权。之后，双方发生劳动争议，经劳动仲裁，某公司不服仲裁裁决，向法院提起诉讼。

【争议焦点】人力出资属于履行出资义务吗，劳务出资是否有效？

【判决】对于某公司主张魏某系人力出资，魏某任职属于履行出资义务，双方之间不构成劳动关系的说法，一审法院认为某公司系有限责任公司，根据法律规定，有限责任公司股东不能以劳务作价进行出资，故双方签订的《并购协议书》中关于劳务出资的事项违反法律强制性规定无效，魏某不能以劳务作价出资获得某公司股东身份。魏某以股权作价出资获得某公司少数股权，魏某确系某公司的股东，但小股东身份并不影响魏某与某公司建立劳动关系。因此，确认双方之间存在劳动关系。某公司不服，上诉至二审法院，二审法院维持原判。

三、出资期限

《公司法》第56条规定，有限责任公司应当置备股东名册，记载下列事项：(1) 股东的姓名或者名称及住所；(2) 股东认缴和实缴的出资额、出资方式和出资日期；(3) 出资证明书编号；(4) 取得和丧失股东资格的日期。第47条规定，有限责任公司的注册资本为在公司登记机关登记的全体股东认缴的出资额。全体股东认缴的出资额由股东按照公司章程的规定自公司成立之日起五年内缴足。但前述期限利益存在例外，如发生法定的加速到期情形，则股东应立即实缴出资，不再受出资期限的限制，公司不能清偿到期债务的，公司或者已到期债权的债权人有权要求已认缴出资但未届出资期限的股东提前缴纳出资。

四、认缴制下的出资义务

（一）加速到期

通常来说，股东的出资期限由股东共同协商并在公司章程中确定，未到出资期限时股东无须履行出资义务，但根据现行法律规定，股东出资义务加速到期主要包括三种情形：

1. 依据《企业破产法》之规定，在破产程序中股东出资加速到期，股东应在管理人要求的时间内出资完毕。①

最高人民法院《关于适用〈中华人民共和国企业破产法〉若干问题的规定（二）》［以下简称《破产法解释（二）》］第 20 条第 1 款规定，管理人代表债务人提起诉讼，主张出资人向债务人依法缴付未履行的出资或者返还抽逃的出资本息，出资人以认缴出资尚未届至公司章程规定的缴纳期限或者违反出资义务已经超过诉讼时效为由抗辩的，人民法院不予支持。结合《公司法》的规定来看，此处“依法缴付未履行的出资”包含两种情形：（1）出资已届出资期限，但出资人尚未缴付的情况；（2）出资未届出资期限，但因法院受理破产而导致的加速到期情形。

对于第一种情形，根据最高人民法院《关于适用〈中华人民共和国公司法〉若干问题的规定（三）》［以下简称《公司法司法解释（三）》］第 13 条第 2 款规定，公司债权人请求未履行或者未全面履行出资义务的股东在未出资本息范围内对公司债务不能清偿的部分承担补充赔偿责任的，人民法院应予支持。这里的未履行或者未全面履行出资义务的股东，其责任范围是未出资本息范围内，即包含相应未出资的利息。通说认为，此处包含利息的原因是，出资期限届满的股东未按期缴纳出资，违反公司章程，构成违约，应当承担违约责任。

对于第二种情形，目前最高人民法院及各地制定的司法文件中，均未对因破产导致股东出资加速到期情况下，股东未缴出资是否应当支付利息的问题进行明确。

2. 依据《公司法》司法解释之规定，在公司解散清算时，股东出资加速到期，股东应在清算组要求的时间内出资完毕。

《公司法司法解释（三）》第 13 条第 2 款规定，公司债权人请求未履行或者未全面履行出资义务时的补充责任，而对于“未履行或者未全面履行出资义务”，其中出资义务是否包含未到期限的出资，在司法实践中存在争议。

海南省第二中级人民法院在审理的蔡某钧与山东高速海南发展有限公司、广州市澳森石油化工有限公司、海南迪孚能源有限公司、黄某买卖合同纠纷案中认为：根据《公司法》第 3 条第 2 款“有限责任公司的股东以其认缴的出资额为限

---

① 参见王乃哲：《破产加速到期下股东未缴出资逾期履行利息问题初探》，载 https：//law. wkinfo. com. cn/professional - articles/detail/NiAwMDAxODQMTE，最后访问日期：2024 年 3 月 15 日。

对公司承担责任；股份有限公司的股东以其认购的股份为限对公司承担责任”规定，蔡某钧应以其认缴出资额为限对公司承担责任，不论是实缴出资还是应缴出资，故蔡某钧的出资义务尚未到缴纳期限的抗辩理由不能成立。

另外，根据《公司法司法解释（三）》第 13 条第 2 款“公司债权人请求未履行或者未全面履行出资义务的股东在未出资本息范围内对公司债务不能清偿的部分承担补充赔偿责任的，人民法院应予支持；未履行或者未全面履行出资义务的股东已经承担上述责任，其他债权人提出相同请求的，人民法院不予支持”的规定，一审判决蔡某钧、黄某在未出资范围内对广州澳森公司、海南迪孚公司就上述款项不能清偿的部分债务承担补充赔偿责任，该责任的法律后果是先由广州澳森公司、海南迪孚公司就上述款项进行清偿，对于不能清偿部分，由股东蔡某钧、黄某在未出资范围内承担责任。该项判决符合法律规定和公司法的立法宗旨，应予维持。

3. 依据《全国法院民商事审判工作会议纪要》（以下简称《九民纪要》）之规定，在公司作为被执行人的案件中，如人民法院穷尽执行措施无财产可供执行时，债权人有权要求已认缴出资但未届缴资期限的股东提前缴纳出资。

2019 年《九民纪要》明确：公司资本认缴制背景下，股东享有的出资期限利益受法律保护，原则上不能要求股东提前履行出资义务。但是，在两种例外情形下该原则亦可得突破：一是公司作为被执行人的案件，人民法院穷尽执行措施无财产可供执行，已具备破产原因，但不申请破产的；二是在公司债务产生后，公司股东（大）会决议或以其他方式延长股东出资期限的。至此，意味着在公司存续状态下股东出资义务应否加速到期这一问题，最高审判机关采取的是“原则否定——例外肯定”的立场，将股东出资期限利益保护置于债权人利益保护之上。

在中建华夏建设集团股份有限公司、江西新农创抚昌实业有限公司合同纠纷［（2021）最高法民申 1080 号民事裁定书］一案中，最高人民法院的裁判思路即体现了上述纪要会议精神的严格贯彻。在该案审理中，针对债权人提出的要求债务人公司的股东对公司债务承担补充清偿责任的再审申请，法官认为：本案债权人并没有证据证明债务人公司作为被执行人的案件，人民法院穷尽执行措施无财产可供执行，已具备破产原因，但不申请破产或者发生案涉债务后，债务人公司以股东（大）会决议或以其他方式延长股东出资期限，因此债权人要求出资期限为 2038 年的股东提前履行出资义务的主张不应得到支持。

（二）注册资本额的确定

根据前瞻产业研究院统计数据（见图2－6），截至2022年3月，注册资本在500万元以下的有限责任公司占比约77.88%，注册资本在100万元以下公司有3403万家，占比45.39%；100万—500万元的公司有2436万家，占比32.49%；500万—1000万元的公司有774万家，占比10.33%；1000万—3000万元的公司有635万家，占比8.47%；3000万—5000万元的公司有72万家，占比0.96%；5000万—1亿元的公司有109万家，占比1.45%；注册资本在1亿元及以上的公司有68万家，占比0.91%。

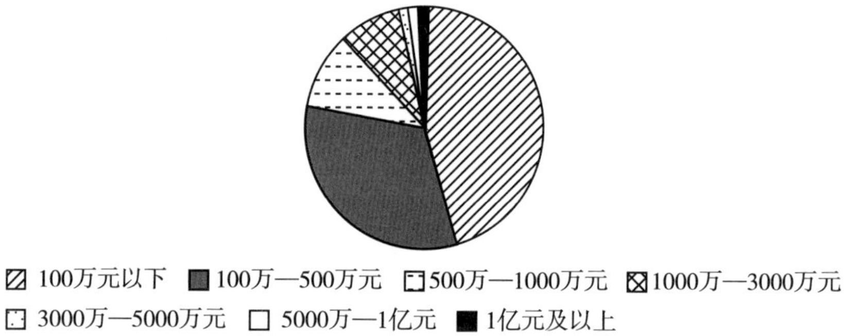

图2－6　截至2022年3月的注册资本金额占比图示

注册资本数额过大的风险，在于其将成为股东的潜在负债。前述明晰了股东的出资义务，因此虽然现行法律规定下注册资本由实缴制改为认缴制，公司股东虽无直接的支付义务，但如前所述，注册资本的数字有多大，就决定了作为股东的应当出资金额，亦决定了公司股东的潜在负债有多大。

注册资本数额过小的弊端，除了商业信誉上可能产生的负面影响外，还体现在注册资本不能如实反映股东对公司的资本性投入，未来在公司增值发生股权转让时，股东的所得税负将较高。

根据启信宝截至2022年3月的统计数据（见图2－7），4656家上市公司的股本（注册资本）明显较高（见图2－7），这与上市发行要求的股本相关，亦与上市增发股份相关，需要说明的是，研读上市公司的招股说明书会发现，多数上市公司的注册资本也不是一蹴而就，而是多次增资完成的。因此注册资本应当是一个动态调整的数额，与公司业务相匹配控制在合理区间内。

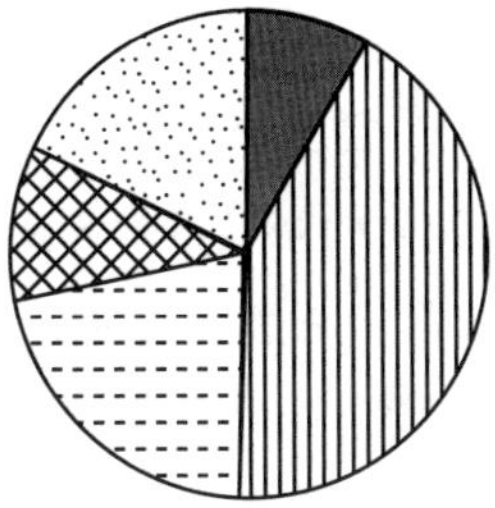

图2-7　上市公司的股本金额

总结来看，注册资本的数额既不是越大越好，也不是越小越好。注册资本应当是一个动态调整的数额，与公司业务相匹配控制在合理区间内。目前有限责任公司500万元以内的注册资本占比最大，约为77%。创始人应根据对公司的投资情况进行增资或减资的相应调整，确保注册资本数额始终属于合理水平（见表2-5）。

表2-5　股东出资义务自查表

序号	检查项	OK情形	不OK情形	备注
1	注册资本	合理区间	虚高	根据公司发展规模动态合理调整
2	出资期限	尚未到期 且无加速到期情形	已到期 存在加速到期风险	
3	出资方式	资产形态OK 货币出资有留痕 非货币出资有评估 非货币出资已转让	资产形态不OK 货币出资有瑕疵 非货币出资有瑕疵	
4	出资来源	有合理来源	无合理来源	上市关注点

五、股东义务：一作为+两不伸手

股东身份要求股东将公司作为一个独立的主体来对待，即公司的资产属于公司（而非股东），公司的业务属于公司（而非股东）。由此股东的核心义务可以总结为“一作为+两不伸手”。

（一）一作为

“一作为”简单说就是指股东要出资到位，股东投资是公司运营的基础，因此向公司缴纳注册资本金可以说是股东最根本的义务，如不能出资或者出资瑕疵（例如过桥资金出资、出资后以其他方式抽逃等），一方面，如果章程有特别约定则不能获得未出资部分的股东权利；另一方面，作为股东仍要在出资范围内对公司承担法律责任，情节严重时可能还会涉嫌构成虚假出资罪、抽逃出资罪。

（二）两不伸手

“两不伸手”是指股东不能侵害公司利益，简单总结就是，股东不能对公司资金伸手，不能对公司业务伸手，这就要求股东将公司作为一个独立的主体来对待，即便你是创始人，也不能随意从公司账户支钱，更不能使用公司资金来满足个人消费，你与公司的所有账务往来都要建立在一个平等透明的框架里，并且要充分反映在双方的财务报表中。

谈到股东对公司资金不伸手的义务，注意两类雷区：

1. 雷区第一类：随意支取

这一点上并不单指股东随意将公司资金转入自己的个人账户，也包括股东未经任何程序或说明直接向公司投入资金。这种情形的出现实际上与创始人对公司的感情直接相关，创始人往往为了公司发展呕心沥血，财务支持更是在所不辞，所以往往容易陷入一个误区，即公司业务需要一笔钱，创始人立刻转入一笔，有时甚至会直接转账到公司业务的第三方账户，而未对其进行任何说明；公司资金流较好时，创始人又会想当然地转出一部分至个人账户。

实践中还有一种情形，即公司为了少交税或方便使用等，会开立一个个人账户，个人账户作为公司的“隐形”收支账户进行操作。这种操作当然违反了财务管理和税务管理的规定，公司甚至公司负责人都可能因此要承担法律责任，但这种情形并不属于股东侵害公司利益，不会导致股东的赔偿责任。

2. 雷区第二类：公（司）私（股）不分

主要表现就是公司与股东个人消费与收益混杂分不清，创始人个人及其家庭的开支拿到公司来入账，例如：孩子出国留学费用，家里的水电费，客情支出，旅游支出，都进入公司财务处理。再比如公司出资购买房屋，权利人登记为股东，实则房屋仍为公司生产经营所用，房子出租收入仍进入公司。

六、股东责任纠纷大数据

总结股东责任纠纷的类型，股东责任可划分为如下四类（见图2-8）。

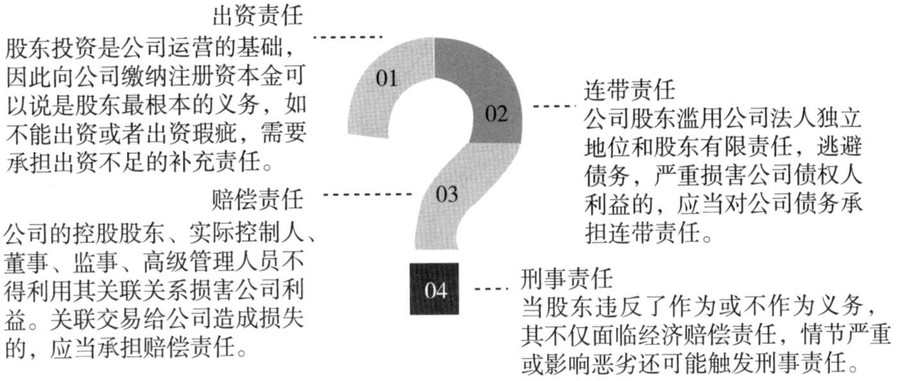

图2-8　股东责任分类

通过公开途径检索，股东责任纠纷的审判情况如下：

（一）案由：股东出资纠纷

本次检索获取了以股东出资纠纷为案由，2023年6月30日前共24661篇裁判文书。

1. 整体情况分析

从图2-9的年份分布可以看到当前条件下股东出资纠纷案例数量的变化趋势。

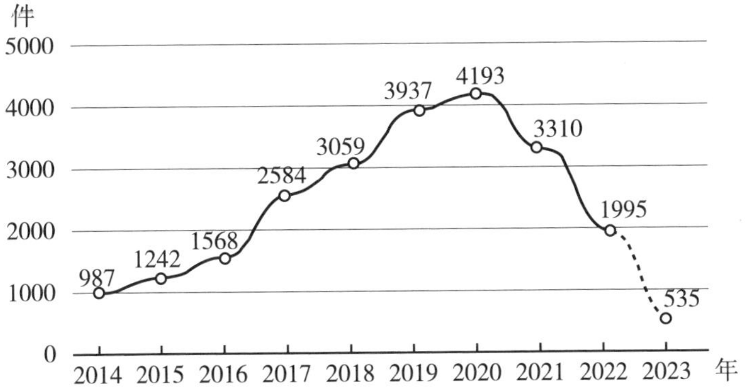

图2-9　股东出资案件数量时间分布

2. 行业分布

从图2－10可以看到，股东出资纠纷当前的行业分布主要集中在制造业，批发和零售业，租赁和商务服务业，房地产业，科学研究和技术服务业。

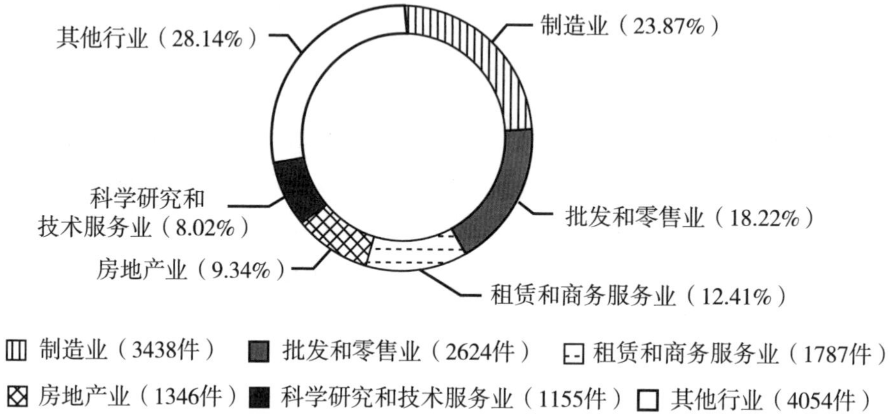

图2－10　股东出资案件数量行业分布

3. 裁判结果

（1）一审裁判结果

从图2－11可以看到，当前条件下全部/部分支持的有5077件，占比为32.95%；撤回起诉的有4531件，占比为29.41%；其他的有2731件，占比为17.73%。

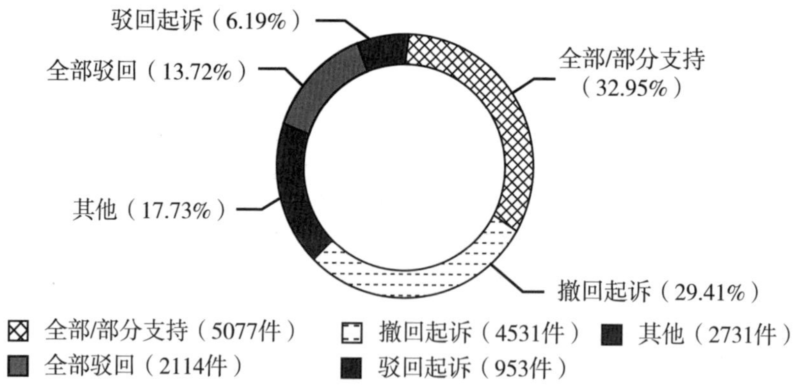

图2－11　股东出资纠纷一审裁判结果

(2) 二审裁判结果

从图 2 - 12 可以看到，当前条件下维持原判的有 3423 件，占比为 59.41%；改判的有 818 件，占比为 14.2%；撤回上诉的有 749 件，占比为 13%。

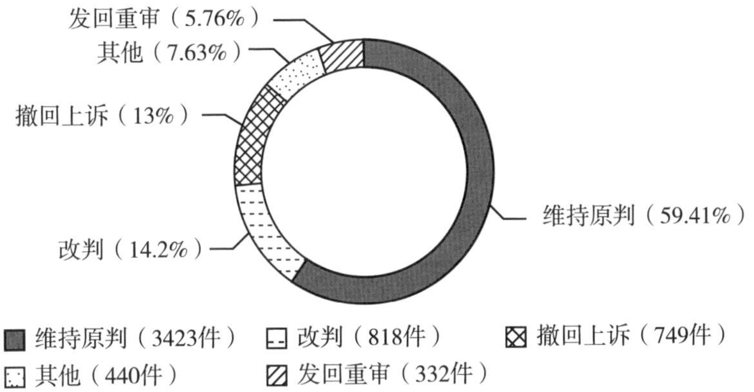

图 2 - 12　股东出资纠纷二审裁判结果

4. 标的额可视化

从图 2 - 13 可以看到，标的额为 10 万元至 50 万元的案件数量最多，有 4546 件，100 万元至 500 万元的案件有 3426 件，10 万元以下的案件有 2272 件，50 万元至 100 万元的案件有 1593 件，500 万元至 1000 万元的案件有 931 件。

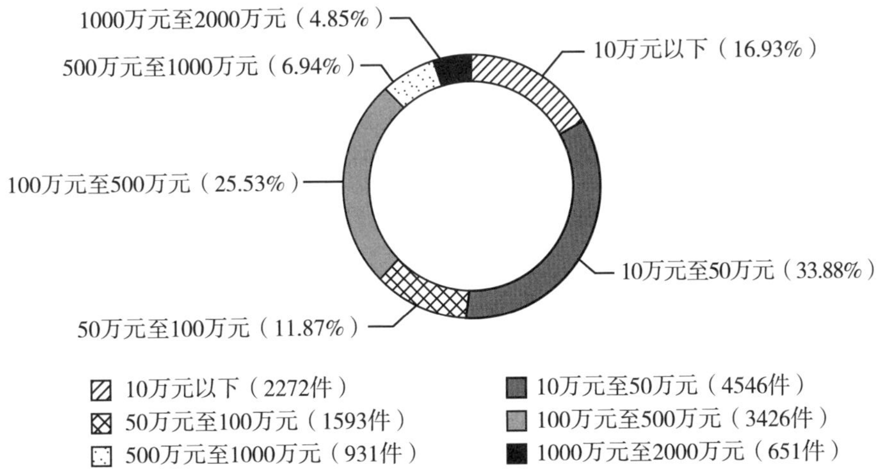

图 2 - 13　股东出资纠纷标的额分布

（二）案由：损害公司利益责任纠纷

本次检索获取了以损害公司利益责任纠纷为案由，2023 年 6 月 30 日前共 25152 篇裁判文书。

1. 整体情况分析

从图 2－14 可以看到当前条件下损害公司利益责任纠纷案例数量的变化趋势。

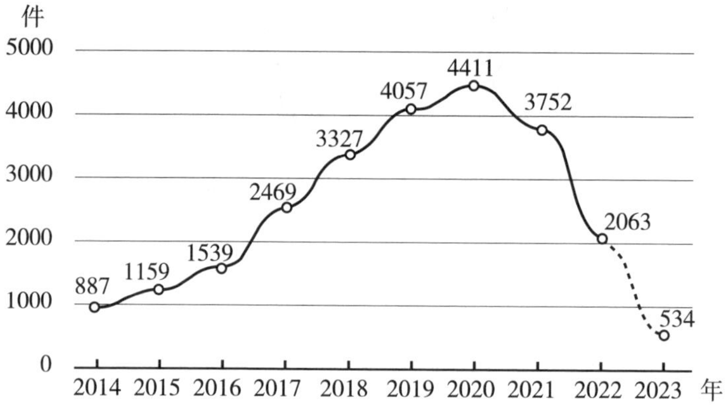

图 2－14　损害公司利益责任案件时间分布

2. 行业分布

从图 2－15 可以看到，损害公司利益责任纠纷当前的行业分布主要集中在制造业，批发和零售业，房地产业，租赁和商务服务业，科学研究和技术服务业。

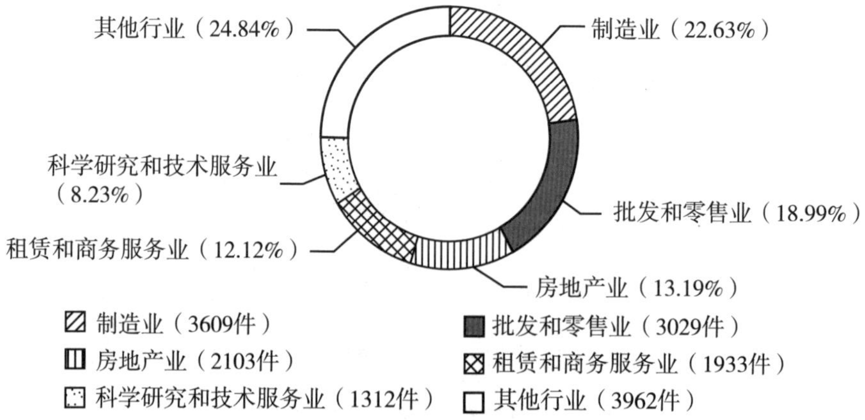

图 2－15　损害公司利益责任案件行业分布

3. 裁判结果

（1）一审裁判结果

从图 2－16 可以看到，当前条件下撤回起诉的有 5095 件，占比为 31.74%；全部/部分支持的有 3401 件，占比为 21.19%；其他的有 3081 件，占比为 19.19%。

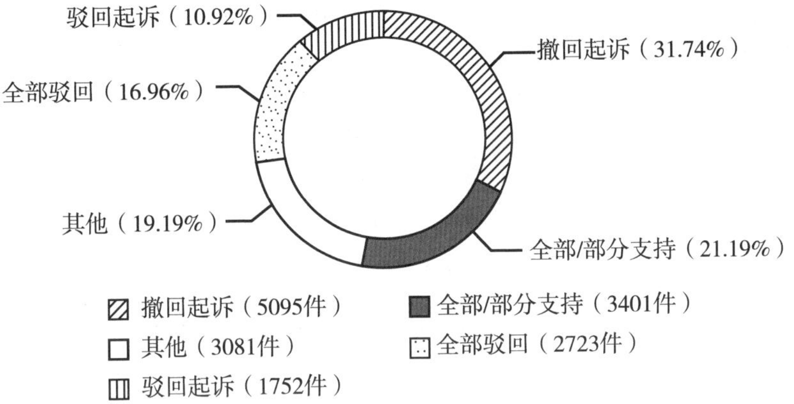

图 2－16　损害公司利益责任案件一审裁判结果

（2）二审裁判结果

从图 2－17 可以看到，当前条件下维持原判的有 4210 件，占比为 63.63%；改判的有 798 件，占比为 12.06%；撤回上诉的有 677 件，占比为 10.23%。

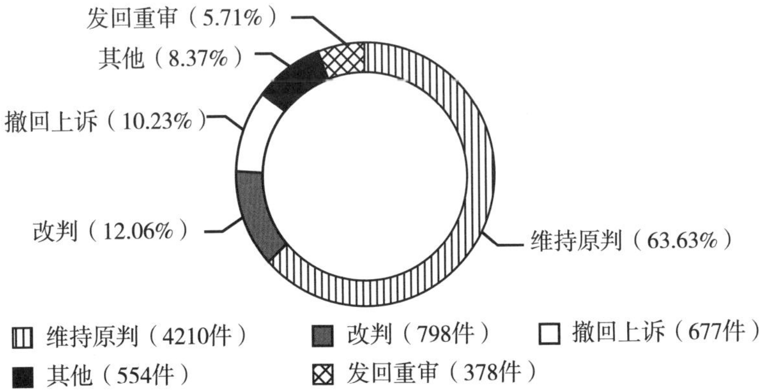

图 2－17　损害公司利益责任案件二审裁判结果

（3）再审裁判结果

从图 2－18 可以看到，当前条件下驳回再审申请的有 677 件，占比为 70.97%；提审/指令审理的有 143 件，占比为 14.99%；改判的有 67 件，占比为 7.02%。

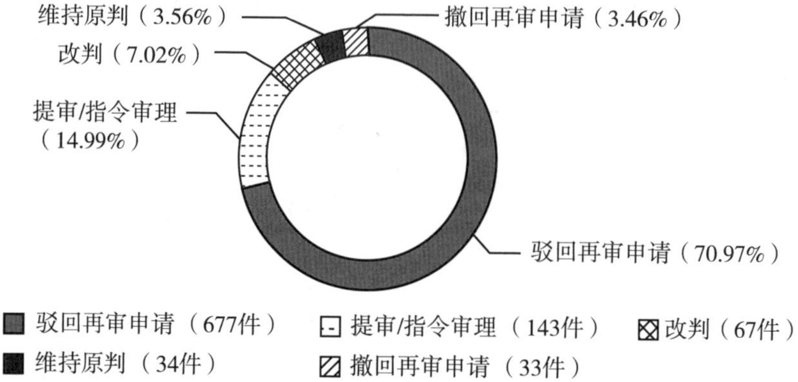

图 2－18　损害公司利益责任案件再审裁判结果

4. 标的额可视化

从图 2－19 可以看到，标的额为 10 万元至 50 万元的案件数量最多，有 4290 件，100 万元至 500 万元的案件有 3490 件，10 万元以下的案件有 2444 件，50 万元至 100 万元的案件有 1677 件，500 万元至 1000 万元的案件有 986 件。

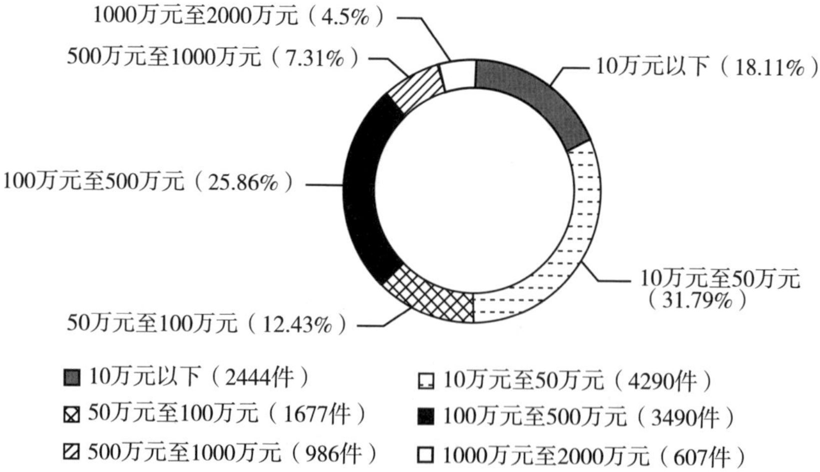

图 2－19　损害公司利益责任案件标的额分布

（三）案由：损害公司债权人利益责任纠纷

本次检索获取了以损害公司债权人利益责任纠纷为案由，2023 年 6 月 30 日前共 34246 篇裁判文书。

1. 整体情况分析

从图 2 – 20 可以看到当前条件下损害公司债权人利益责任纠纷案例数量的变化趋势。

从地域分布来看，当前损害公司债权人利益责任纠纷案例主要集中在广东省、北京市、上海市，分别占 24.36%、21.26%、21.8%。其中广东省的案件量最多，达到 6126 件。

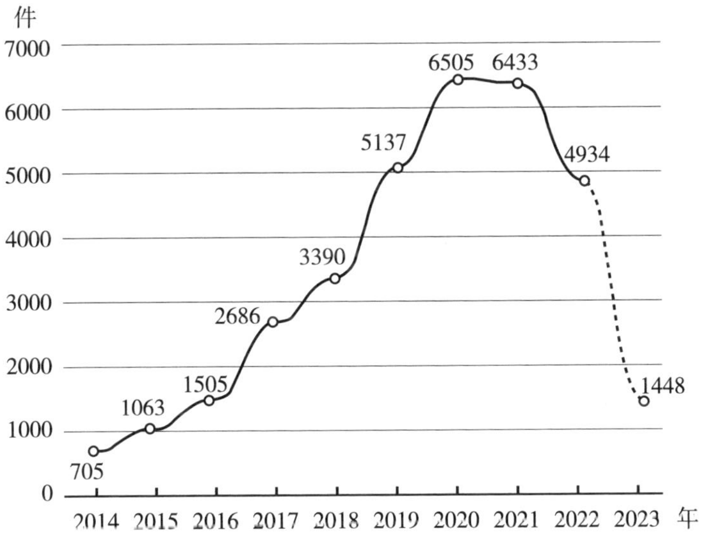

图 2 – 20　损害公司债权人利益责任案件数量

2. 案由分布

从图 2 – 21 可以看到，损害公司债权人利益责任纠纷当前最主要的案由是股东损害公司债权人利益责任纠纷，有 27198 件，占一半以上，其次是其他损害公司债权人利益责任纠纷，实际控制人损害公司债权人利益责任纠纷。

应当注意的是，损害公司债权人利益责任纠纷其自身亦具有相当数量的案例。

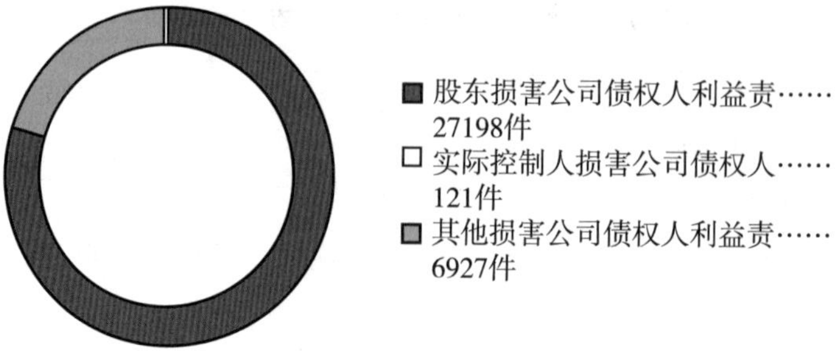

图 2－21　损害公司债权人利益责任案件案由分类

3. 行业分布

从图 2－22 可以看到，损害公司债权人利益责任纠纷当前的行业分布主要集中在制造业，批发和零售业，租赁和商务服务业，建筑业，金融业。

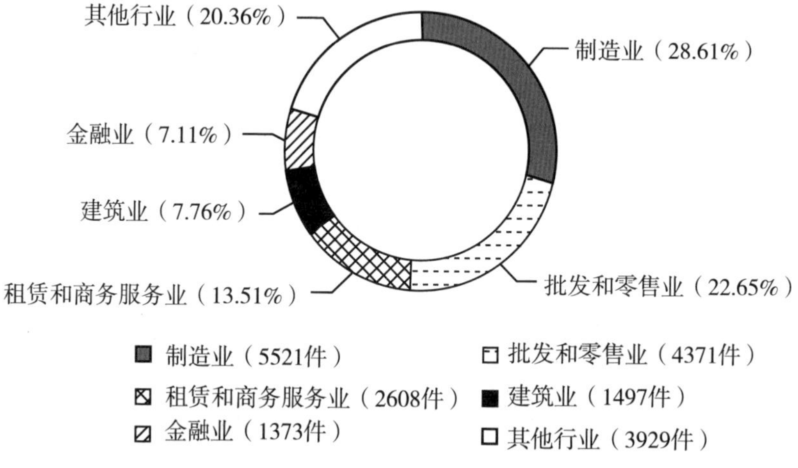

图 2－22　损害公司债权人利益责任案件行业分布

4. 裁判结果

（1）一审裁判结果

从图 2－23 可以看到，当前条件下全部/部分支持的有 9837 件，占比为 42.6%；撤回起诉的有 5585 件，占比为 24.19%；其他的有 4866 件，占比为 21.07%。

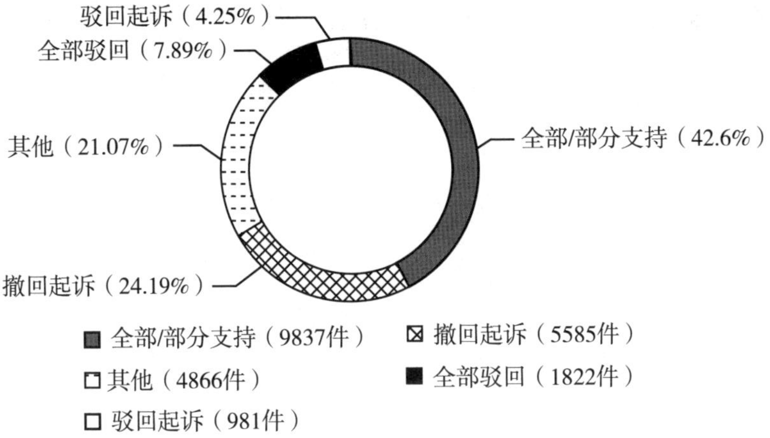

图 2－23　损害公司债权人利益责任案一审裁判结果

（2）二审裁判结果

从图 2－24 可以看到，当前条件下维持原判的有 4365 件，占比为 61. 88%；改判的有 873 件，占比为 12. 38%；撤回上诉的有 882 件，占比为 12. 5%。

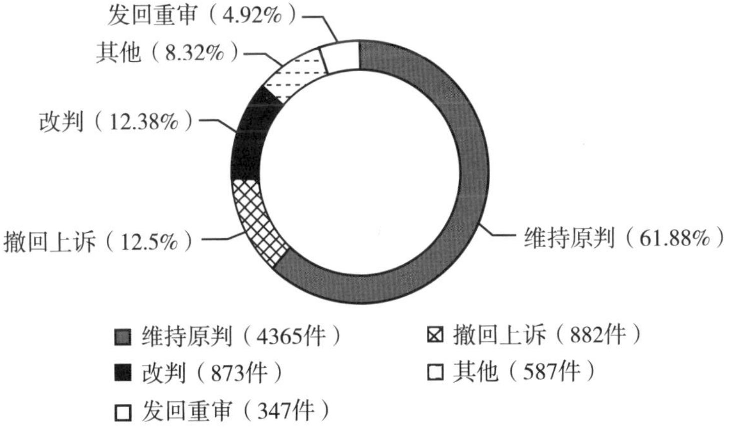

图 2－24　损害公司债权人利益责任案二审裁判结果

5. 标的额可视化

从图 2－25 可以看到，标的额为 10 万元以下的案件数量最多，有 6361 件，10 万元至 50 万元的案件有 5741 件，100 万元至 500 万元的案件有 3330 件，50 万元至 100 万元的案件有 2084 件，500 万元至 1000 万元的案件有 817 件。

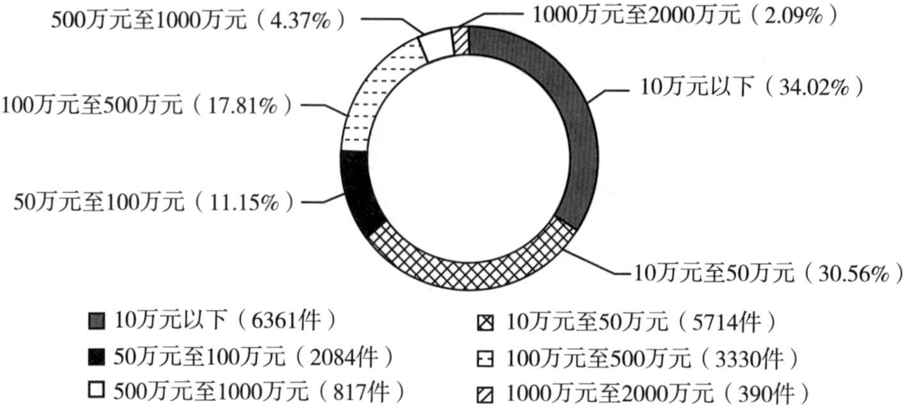

图 2－25　损害公司债权人利益责任案标的额分析

（四）相关刑事责任

1. 罪名：虚报注册资本

从图 2－26 可以看到当前虚报注册资本案例数量的变化趋势。

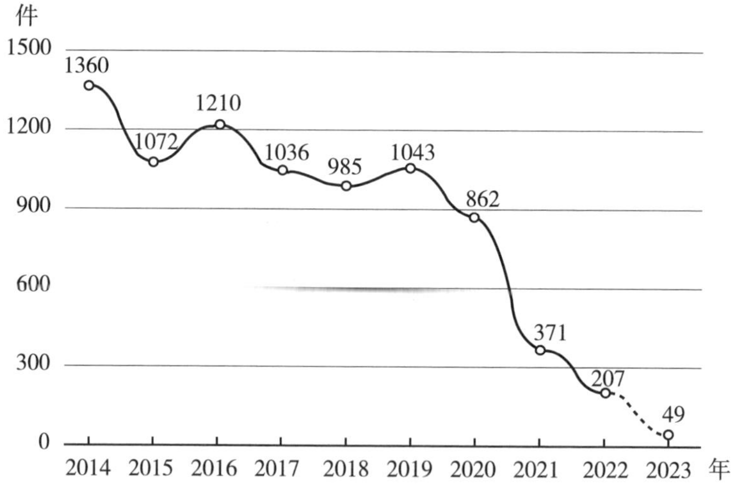

图 2－26　虚报注册资本案

2. 罪名：虚假出资、抽逃出资

从图 2－27 可以看到当前虚假出资、抽逃出资案例数量的变化趋势。

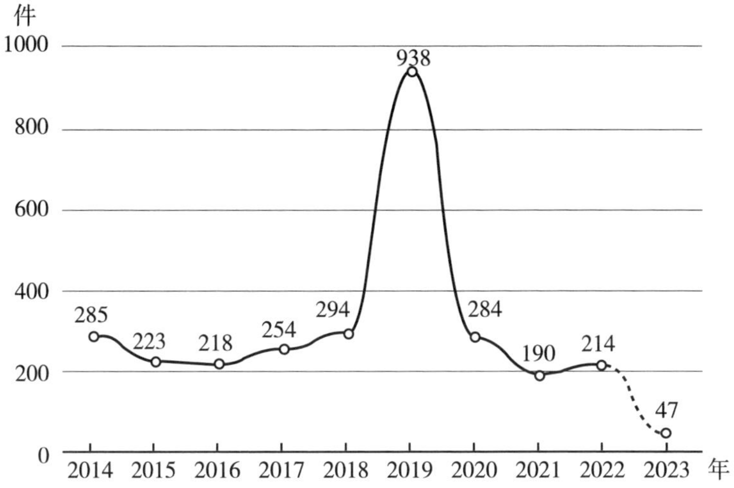

图 2－27　虚假出资、抽逃出资案

3. 罪名：妨害清算

从图 2－28 可以看到当前妨害清算案例数量的变化趋势。

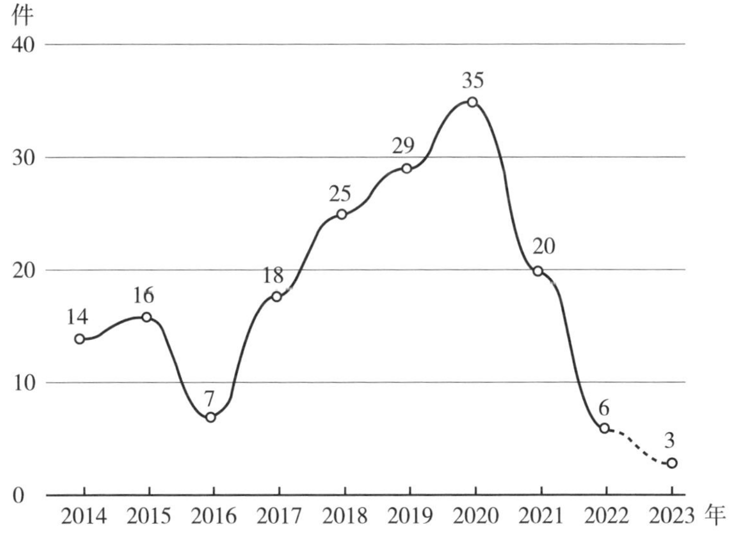

图 2－28　妨害清算案

4. 罪名：虚假破产

从图 2－29 可以看到当前虚假破产案例数量的变化趋势。

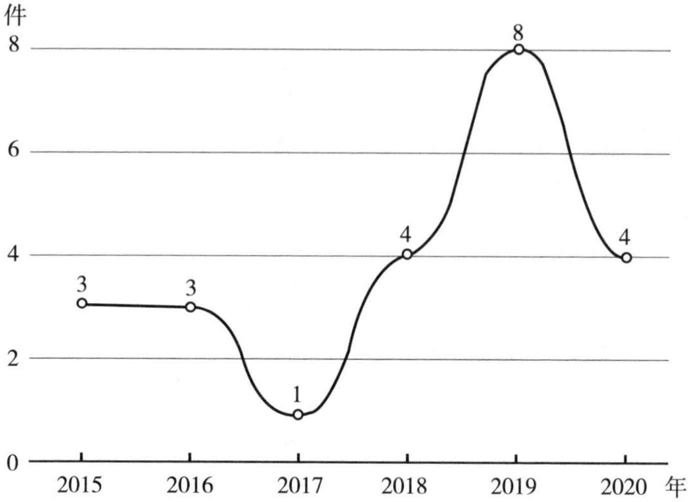

图 2－29　虚假破产案

5. 罪名：职务侵占（股东）

从图 2－30 可以看到当前股东职务侵占案例数量的变化趋势。

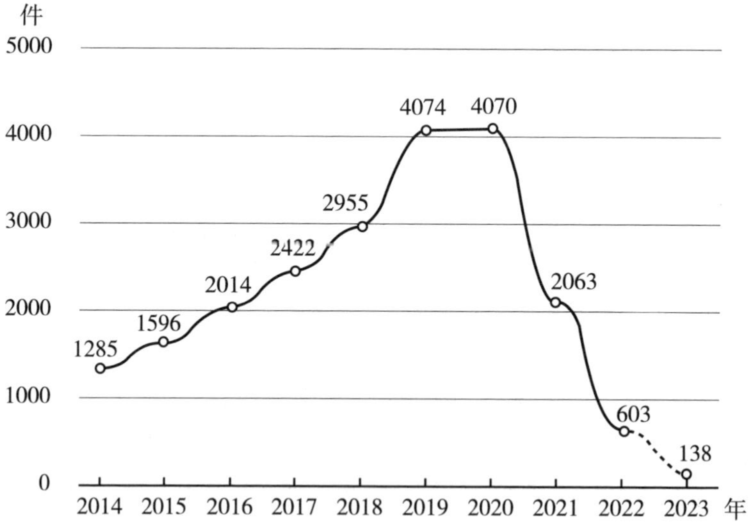

图 2－30　职务侵占案

第四节

股东权利（对公司）

从现行公司法法律规定来看，股东权利可以从管理权益和经济权益两个角度进行总结：

一、管理权益

管理权益可总结为知情权、董事委派权、股东会表决权和监督权。

（一）知情权

知情权也称信息权，新《公司法》第57条规定，股东的知情权行使方式包括查阅和复制相关文件，知情权的范围包括公司章程、股东会会议记录、董事会会议决议、监事会会议决议、财务会计报告、会计账簿和会计凭证，比较特殊的是会计账簿和会计凭证只能查阅，不能复制，而且公司如果认为股东查阅会计账簿可能损害公司合法利益，可拒绝提供查阅。在股权融资场合，为清晰地了解公司运营情况，投资方往往不仅要求公司主动提供前述相关文件，并且会明确具体期限，例如要求在每季度结束后15日提交公司季度财务报告。

【案例】盂县某工业有限公司诉某运销集团二景某煤业有限公司股东知情权纠纷案

【案号】（2022）晋0322民初1166号

【基本案情】2010年3月26日由被告二景公司作为整合牵头主体，与原告即牛村公司兼并重组共同组建成立了被告和谐公司，重组完成后，二景公司占股51%，牛村公司占股49%。庭审中原告陈述被告公司兼并重组以来，作为控股人二景公司严重违反《公司法》的相关规定，剥夺了原告公司的参与经营权、知情权、分红权；公司经营起初，被告公司每年例行召开股东会和董事会，仅对被告的投资状况公布数字，未对公司的资产损益、财务情况等予以详细公布；2018年10月至2022年被告公司从未召开过股东会及董事会；为此，2019年始原告多次书面请求、口头诉求向被告提出召开股东会、提供财务报表、合理进行分红的要求，但被告未予回复。2022 年 6 月 18 日，原告向被告公司董事长姜某红书面送达了查阅公司会计账簿申请书，向被告提出被告公司成立以来包括查阅股东会议记录、董事会会议决议、监事会会议决议和财务会计报告以及会计账簿和会计凭证等多项内容的查阅申请。原告陈述至今未收到被告回复。被告对此不予认可，被告辩称从 2018 年始原告公司的 30 多名职工先后入职被告公司，本案原告的诉讼代理人李某杰和法定代表人王某财均在被告公司任职，李某杰担任的是财务部税务会计工作，熟知被告公司的财务情况，故不存在股东知情权受损，且被告公司定期将“三表”给原告公司查阅。

【争议焦点】被告是否侵犯了原告作为股东查阅股东会议记录等多项股东应当享有的权利?

【裁判要旨】《公司法》（2018 年修正）第 33 条规定：“股东有权查阅、复制公司章程、股东会会议记录、董事会会议决议、监事会会议决议和财务会计报告。股东可以要求查阅公司会计账簿。股东要求查阅公司会计账簿的，应当向公司提出书面申请，说明目的。公司有合理根据认为股东查阅会计账簿有不正当目的，可能损害公司合法利益的，可以拒绝提供查阅，并应当自股东提出书面请求之日起十五日内书面答复股东并说明理由。公司拒绝提供查阅的，股东可以请求人民法院要求公司提供查阅。”本案中，公司股东享有知情权是股东基于对公司投资所享有的基本性核心权利，是股东了解公司的经营状况和财务状况、监督公司经营管理的重要手段，也是股东重大决策权、收益权等其他权利得以实现和落实的前提和基础，股东查阅和复制股东会会议记录、董事会会议决议、监事会会议决议、财务会计报告、查阅公司会计账簿是行使知情权的具体方式，原告盂县牛村镇工业有限公司作为被告山西煤炭运销集团阳泉二景和谐煤业有限公司的股东行使股东知情权，被告理应予以配合。

（二）董事委派权

如本书第二章第二节内容所示，现代公司通过决策机构（股东会）、运营机构（董事会 + 内部管理机构）和监督机构（监事会）这一法人治理结构来实现股权这一所有权和管理这一经营权的分离，因此股东行使经营管理权的主要途径是提名董事、总经理或财务负责人等公司高管人选（为便于查阅，我们将董事、总经理和财务负责人统称为公司高管），通过提名人选来实现具体管理，当然这是宽泛的股东权利之一。具体到某一公司，基于公司高管人选的人数规模，并非每个股东均享有委派权。在股权融资场合，一般在股权投资比例达到20%以上，公司方考虑给予董事委派权，存在领投投资方和跟投投资方时，则仅给予领投方董事委派权。与投资方不同，公司创始团队成员为保证公司运营管理的连贯性和稳定性，不仅享有董事委派权，而且往往由创始团队成员的若干自然人直接担任公司高管，这时创始团队成员作为股东实现了对公司的直接经营管理权利。

（三）股东会表决权

如本书第二章第二节内容所示，股东会是公司的最高权力机构，决策公司的重大事项。股东会由全体股东组成，重大事项的最终决策取决于全体股东的集体意志即股东会决议，因此单个股东的股东权利集中体现在对股东会决议事项的表决权上，单个股东可以根据决议事项内容和自身利益考量作出同意、不同意乃至弃权的表决意见，具体到某一公司，股东表决权的确定方式（如股东是否按照认缴出资比例或实缴出资比例享有表决权）及股东会的议事方式、表决程序等事项，除《公司法》的强制性规定外，公司股东会可通过公司章程进行特殊规定，因此在股权融资场合，投资方一般会增加需要其特别确认的决议事项，即投资方对该类决议事项享有一票否决权，该类事项亦可安排在董事会决议事项中，常见事项包括：

- 下属机构注册资本或股份的变化；
- 设立子公司或对外投资；
- 公司的关联交易尤其是与创始股东的关联交易；
- 公司资产的任何权利限制或处置；
- 公司年度预算及超出预算的一定金额支出。

（四）监督权

我国现行公司法没有直接规定股东的监督权，而是从股东可参与委派监事行使监督权以及通过向人民法院诉讼撤销股东会决议或董事会决议两种方式来行使监督权。

1. 委派监事

监事会在公司法人治理结构中的核心作用是检查公司财务和监督运营机构核

心成员（董事/高级管理人员）的行为，股东的监督权可通过委派监事来落地实施。

具体到股权融资场合，对于投资方来说，监事属于法人治理结构中的角色，但其对公司所施加的影响明显低于董事职权，因此，监事的委派权实质上是一个退而求其次的选择。

2. 撤销股东会决议/董事会决议

股东亦可通过直接行使撤销决议诉讼的权利来行使监督权，即当股东认为公司的某一项股东会决议或董事会决议的决议内容或者会议程序违反法律规定或公司章程，可通过起诉至人民法院来请求撤销相关决议。

二、经济权益

股权经济权益的直接体现是利润分配权，此处的经济权益还包括与经济权益相关的新股发行优先认购权、反稀释权以及清算优先权。

（一）利润分配权

利润分配权是指股东有权按照法律规定或全体股东约定获得公司利润的权利。现行《公司法》规定股东按照实缴的出资比例分取红利，但全体股东有约定的从其约定，即全体股东可约定按照认缴出资比例分红或者仅分配一定比例而非全部利润。股权作为一种投资，利润分配权可以说是股权最重要的经济权益，但该权利的实现却往往面临衔接问题，结合公司经理职权、公司董事会职权和股东会职权来看，要完成一个公司利润分配的流程，首先需要公司经理安排公司编制财务会计报告，形成初步的财务决算资料，董事会据此制订财务决算方案及利润分配方案，财务决算方案和利润分配方案再提请股东会决议，股东会决议通过后，公司再安排具体的利润支付，因此股东要获得利润分配，需要前述法人治理结构的紧密协作，任一环节发生停滞都会导致利润分配的具体数额无法确认，导致股东较难主张该权利。为进一步保护股东的利润分配权，新《公司法》第 89 条规定如公司连续五年盈利且符合利润分配条件但不向股东分配利润的，股东可请求公司按照合理的价格收购其股权。具体到股权融资场合，新兴产业实现盈利的情形较少，且多数被投资公司均有上市计划，因此投资方的立场不局限于利润分配，而是通过公司上市后出售所持股权（股份）赚取溢价的方式来实现投资目的。

（二）新股发行优先认购权

该权利是指公司在发行新股即增加注册资本时，股东有权优先于外部主体认购新股。关于股东内部如何行使该权利，新《公司法》第227条规定，有限责任公司增加注册资本时，股东在同等条件下有权优先按照实缴的出资比例认缴出资。但是，全体股东约定不按照出资比例优先认缴出资的除外。即全体股东可约定以其他方式例如认缴出资比例或固定比例来认购新股。具体到股权融资场合，投资方往往不仅要求享有该项权利，而且要求对公司发行新股事项本身享有一票否决权，以确保其持股比例的稳定。

（三）反稀释权

反稀释权是指投资方以一定价格投资公司后，如公司未来发行新股且新股的价格低于投资方原有的购买价格，则投资方要按照该最新的较低价格重新计算所持股权，以实现所持股权增加的目的，实现的具体方式可包括创始股东股权转让、盈余公积金转增或资本公积金转增等。可以说反稀释权是股权融资场合投资方的特有权利，因为现行《公司法》中并无此权利的直接规定，该权利是投资方和原股东之间关于投资对价的协议结果，该权利保障的是在先投资方能以较低价格购买公司股权，这意味着公司发行新股的价格只能持平或越来越高，对应地公司估值只能持平或越来越高，这也是实践中每一轮在后融资的估值越来越高的内在约束。需要说明的是，因对员工实施股权激励而发行新股具有特殊性，因此该种情形下发行新股价格较低一般不会触发反稀释权的行使条件。

第五节 股东之间的权利义务

本节我们主要整理股东之间的权利义务，与第四节股东对公司的权利不同，这部分股东权利所对应的义务主体为其他股东。

一、转让优先认购权

该权利一般是指股东在对外转让股权时，其他股东在同等条件下有优先购买拟转让股权的权利。新《公司法》第 84 条规定，第一，股东向股东以外的人转让股权的，应当将股权转让的数量、价格、支付方式和期限等事项书面通知其他股东。第二，优先购买权行使的前提是“同等条件”，即其他股东不能强制购买拟转让股权。如何理解“同等条件”并无具体法律规定，一般来说，股权转让的支付价款和支付时间是此处同等条件的关键要素。第三，如多位股东拟同时购买拟转让股权，则股东之间协商处理或按照各自的出资比例进行购买。同时，按照现行《公司法》规定，公司章程关于股权转让的约定可优先适用，因此在股权融资场合，投资方一般会设定对创始股东更为严格的转让条件，如创始股东在一定期限内或公司上市前转让股权需征得投资方书面同意，并设置有利于其行使优先认购权的条款，如设定该权利的行使顺序为投资方持股比例在先，原股东持股比例在后，只有在先顺序的投资方不行使优先购买权，原股东方可行使。

需要注意的是，优先认购权适用的情形是公司股东拟向股东以外的人转让股权，如股东之间转让股权，其他股东并没有该项优先认购权，除非公司章程另有约定。电影《人在囧途之泰囧》讲述了一个异域冒险的故事，而故事开始的背景正是股东老周要对内转让股权，股东徐朗和股东高博都想要取得这一股权，只要老周愿意，任何一方股东都可以取得老周的全部股权，因此两方才开始了去泰国先找到老周的竞争之旅。如果老周是准备对外转让股权，那故事的脚本会发生变化，同等条件下，股东徐朗和股东高博都可按照现有持股比例取得一定比例的股权。

二、领售权/合售权

该种权利指向的均是当某一股东转让股权时，其他股东所享有的权利或承担的义务。与反稀释权类似，该种权利可以说是股权融资场合投资方的特有权利，因为现行《公司法》中并无此权利的直接规定，该种权利实质上保护的是投资方的退出权利。公司被收购是投资方退出的重要途径，领售权是指投资方有权主导公司的股权收购，当第三方有意向收购全部或部分公司股权时，投资方可作出转让的决定并在符合一定条件时要求其他股东进行转让，以实现促成收购交易的目的，显而易见，该权利实质影响创始股东对公司的控制权甚至导致创始股东完全失去控制权，因此一般创始股东会要求对领售权设定条件，常见的条件包括设置表决权比例，即转让意向需达到股东会二分之一或三分之二以上表决权同意；设置期限，即领售权应在投资完成的一定期限后方能行使；设置估值标准，即股权转让价格不能低于投资方进入时的估值标准若干倍。合售权是指当创始股东转让股权时，投资方有权以与创始股东相同的条件转让其股权。

三、清算优先权

清算优先权是指在公司进入公司清算程序时，享有该权利的股东相比于其他股东而言有优先取得公司剩余财产的权利，因此该权利本质上是一种在股东内部安排剩余财产分配顺序的权利。根据新《公司法》规定，在公司清算时，公司财产先行支付清算费用、职工的工资、社会保险费用和法定补偿金，缴纳所欠税款并清偿公司债务，如果有剩余财产，则剩余财产按照股东的出资比例进行分配至各股东。在股权融资场合，因被投资公司一般存在估值溢价，投资方取得被投资公司股权的投资对价要高于其相应认缴的注册资本数额，即存在投资溢价，因此在公司清算场合，投资方一般会要求就其支付的投资溢价部分在剩余财产中优先分配，如公司财产对此分配后仍有剩余，则各股东按照持股比例进行分配。

第六节 股份有限公司的特殊规定

股份有限公司与有限责任公司的基本内容一致，但基于股份有限公司采用了股份发行的模式及公司规模较大等特点，新《公司法》亦对股份公司作出部分特别适用的法律规定，法律规定的不同正反映了股份有限公司和有限责任公司的本质区别，有限责任公司兼顾了股东的人合性和资合性，即有限责任公司的股东之间不仅建立了关于出资收益等经济关系，也建立了共同发展公司的信任关系，但在股份有限公司这种组织形式中，资合性占绝对主导地位，公司发行的股份可以理解为是一种股东之间流通的标准货币，每一股份所代表的权利义务是固定的，股东之间按照股份来明确权利义务，不需要额外的设计。

在股权融资场合，一般公司的组织形式会保持为有限责任公司，在启动上市计划时方通过股份制改制，由有限责任公司改制为股份有限公司。下面就新《公司法》中关于股份公司的特别规定简要总结如下：

一、股东人数

股份有限公司的设立发起人数在 1 人以上 200 人以下，同时须有半数以上的发起人在中国境内有住所。此处需要注意的是，此处的股东人数中的“人”是指直接持股的法律主体，并非自然人数量。如公司设立有员工激励平台，则该平台无论是公司、有限合伙还是其他组织形式，只要组织形式符合法律规定，则该平台无论有多少员工持股，在股东数量上均视为 1 人，该点内容在公司上市场合亦适用，即公司无需穿透计算员工激励平台的股东数量。如《首发业务若干问题解答》（已失效）以及《深圳证券交易所创业板股票首次公开发行上市审核问答》（已失效）中明确只要是依法以公司制企业、合伙制企业、资产管理计划等持股平台实施的员工持股计划，在计算公司股东人数时均按一名股东计算。

二、设立方式

不同于有限责任公司仅有的发起设立方式，股份有限公司既可以采取发起设立也可以采取募集设立的方式，两种设立方式的根本区别是公司在设立阶段有无对外募集，发起设立情形下，发起人认购全部股份；募集设立情形下，发起人认购不少于股份总数 35% 的股份，其余股份向社会公开募集或者向特定对象募集，其中向社会公开募集股份是公司上市的另一种表述，需要根据《证券法》规定，取得国务院证券监督管理机构的相关文件，而向特定对象募集股份没有明确的法律规定，虽不适用《证券法》需要取得证券监督管理机构的文件，但如何募集才是合法的，不致涉嫌违规甚至非法吸收公众存款类的刑事犯罪，还需要实务中具体判断。

三、股份发行

现行《公司法》规定，股份有限公司的资本需要等额划分为股份，每一股的金额相等。公司的股份采用股票的形式，同次发行的同种类股票，其发行条件和价格应当相同，且同种类的每一股份应当具有相同的权利，因此，可以说股份有限公司发行的股份是一个标准化的权利凭证，而有限责任公司的资本则不进行等额拆分，股东身份以出资比例作为基础，出资比例是股东权利的基础但股东之间可以做出其它约定，因此，相比于标准化的股份，有限责任公司的出资比例更像是可定制化的权利凭证，股份有限公司和有限责任公司在这一基础权利上的区别是两者制度安排存在差异的主要原因，例如股份有限公司发行的股票可以是无记名股票，持有该股票的人即享有股东权利。

四、股份转让

不同于有限责任公司股东的优先购买权，股份有限公司股东持有的股票进行转让时无须经过其他股东的同意，其可以通过依法设立的证券交易场所进行转让或者按照国务院规定的其他方式进行，其中在证券交易场所可转让股票的即为上市公司的股票。如股东所持为记名股票，则由该股东以背书方式或者法律规定的其他方式转让，如股东所持为无记名股票，则由股东将该股票交付给受让人即可。此外，不同于有限责任公司股权转让时无法律规定对其转让时间进行限制，股份有限公司的股东如为发起人，则自股份有限公司成立起一年内，发起人不得转让持有的本公司股票。

五、股东权利

如前所述，相比于有限责任公司的股权，股份有限公司发行的股份是一种相对标准化的权利凭证，因此股份有限公司的股东权利亦与有限责任公司存在差异，主要表现在：

（一）表决权

在股东表决权方面，股份有限公司股东出席股东会会议，按照一股一票的原则行使表决权，有限责任公司中，股东会会议按照股东的出资比例或者公司章程约定的方式行使表决权。

（二）收益分配权

在股东收益分配权方面，股份有限公司按照股东持有的股份比例分配利润，如果公司章程作出了其他安排则按照公司章程执行；有限责任公司股东则按照实缴的出资比例分取红利，但是全体股东另有约定的从其约定。

（三）新股优先认购权

在新股优先认购权方面，股份有限公司的股东不享有新增资本的优先认购权；有限责任公司的股东则通常有权优先按照实缴的出资比例认缴公司的新增资本，除非全体股东另有约定。

（四）知情权

在股东知情权方面，新《公司法》明确规定股份有限公司应当将股东会会议记录、董事会会议记录、监事会会议记录及财务会计报告置备于本公司，股份有限公司的股东可以查阅上述文件，但无权查阅会计账簿与会计凭证，相比而言，有限责任公司的股东不仅可以要求查阅财务会计报告，还可要求查阅公司会计账簿与会计凭证，但需向公司提出书面请求说明查阅目的。

六、法人治理结构

股份有限公司相比有限责任公司有更强的公众公司属性，因此法律对其法人治理结构提出了更为规范和明确的要求，具体来说：

（一）股东会的程序

股份有限公司的股东会相比有限责任公司的股东会而言有更为严格的程序要求，具体来说：

首先，股东会应每年召开一次，发生下列特殊情形时：（1）董事人数不足本法规定人数或者公司章程所定人数的三分之二时；（2）公司未弥补的亏损达实收股本总额三分之一时；（3）单独或者合计持有公司百分之十以上股份的股东请求时；（4）董事会认为必要时；（5）监事会提议召开时；（6）公司章程规定的其他情形，公司应当在两个月内召开临时股东会。

其次，股份有限公司召开股东会会议，应当将会议召开的时间、地点和审议的事项于会议召开二十日前通知各股东；临时股东会应当于会议召开十五日前通知各股东，发行无记名股票的，应当于会议召开三十日前公告会议召开的时间、地点和审议事项，如果符合股份比例要求的股东提出临时提案，亦需在股东会召开十日前书面提交董事会，由董事会在收到提案后二日内通知其他股东，可见，股份有限公司股东会的提前通知时间均早于有限责任公司的通知时间。

最后，就股东会审议事项，股份有限公司的股东会不得对未经提前通知的表决事项作出决议。

（二）股东会决议事项

与有限责任公司股东会决议对表决权绝对比例的要求不同，股份有限公司的股东会决议按照出席会议的表决权计算比例，股东出席股东会会议，除类别股股东外，所持每一股份有一表决权，股东会的决议必须经出席会议的股东所持表决权过半数通过，但股东会作出修改公司章程、增加或者减少注册资本的决议，以及公司合并、分立、解散或者变更公司形式的决议，必须经出席会议的股东所持表决权的三分之二以上通过。

（三）董事会及董事会会议

首先，与有限责任公司可不设立董事会仅设立执行董事不同，股份有限公司应当设立董事会，其成员为五人至十九人，与有限责任公司董事会成员为三人至十三人的规模不同。

其次，我国《公司法》规定，股份有限公司的董事会每年至少召开两次会议，并应当于会议召开十日前通知全体董事和监事。同时，代表十分之一以上表决权的股东、三分之一以上董事或者监事会，可以提议召开董事会临时会议。

（四）监事会及监事会会议

与有限责任公司可不设立监事会仅设立监事不同，股份有限公司应当设立监事会，其成员不得少于三人，且应当包括股东代表和适当比例的公司职工代表，其中职工代表的比例不得低于三分之一，股份有限公司的监事会设主席一人，每六个月至少召开一次会议。

（五）董监高的义务

相比于有限责任公司，股份有限公司的董事、监事及高级管理人员负有更为严格的注意义务：首先，就其所持有的股份及股份变动，应当向公司申报，在其任职期间每年转让的股份不得超过其所持有本公司股份总数的25%，并且上述人员离职后半年内，不得转让其所持有的本公司股份。公司章程还可作出高于法律规定的其他限制性规定。其次，就其从公司获得的报酬情况，公司应当定期向股东进行披露。最后，公司不得直接或者通过子公司向董事、监事、高级管理人员提供借款。

第七节 股份制改制

在股权融资场合，因公司的发展目标往往包括公司上市，因此由有限责任公司改制为股份有限公司是一个必经的程序，通过梳理笔者的项目服务经验，就股份制改制的主要内容介绍如下。

一、什么是股份制改制

股份有限公司是上市公司的基本组织形式，全面注册制的基本文件《首次公开发行股票注册管理办法》中亦明确规定发行人是依法设立且持续经营三年以上的股份有限公司，因此公司在上市前需要将组织形式由有限责任公司变更为股份有限公司，也就是通常所说的“股份制改制”。“股份制改制”流行的另外一个原因是公司在申报上市时其存续年限可自有限责任公司成立日起算，《首次公开发行股票注册管理办法》亦明确规定，有限责任公司按原账面净资产值折股整体变更为股份有限公司的，持续经营时间可以从有限责任公司成立之日起计算，也就是说，只要有限责任公司的股份制改制遵循了“整体变更”的原则，则其持续经营时间可连续计算。

需要强调的是，基于股份有限公司的法律要求更为严格，并且上市的规范要求更高，股份制改制并非去办理工商登记变更如此简单，建立符合公司实际情况的合法合规的法人治理结构和内控制度是股份制改制的必然内涵。

二、何时启动股份制改制

何时启动股份制改制包含两个角度的问题：第一个问题是如何制定一个改制的时间计划表，如前所述，由于股份有限公司的法人治理结构相比有限责任公司而言有更为规范和具体的法律要求，因此，股份有限公司存续的管理成本高于有限责任公司，同时站在公司的角度，股份有限公司这种组织形式一定程度上会限制股东之间关于公司安排的自由度，因此如果公司还没有具体的上市计划表，大可不必受股份制这种组织形式的限制。通常来说，股份制改制一般在公司启动上市计划后进行，假设公司设定的上市申报基准日为 T 日，为满足后续的申报程序要求，股份改制应在 T 日前 90 日开始并在 T 日前 60 日完成。第二个问题是如何确定股改基准日，股改基准日的账面净资产数额是确定股份有限公司发行股份数量的核心要素，因此股改基准日的选择除了应考虑上市计划的整体日程外，还应当充分考虑有限责任公司股东的实缴情况和公司拟发行的股份数量。

三、股份制改制的一般流程是什么

限于篇幅，下面简要介绍股份制改制的主要工作流程。

（一）制定改制方案

股份制改制不仅涉及企业的股权结构、法人治理结构、业务架构、财务调整以及由此发生的税务事项等多个角度的事务，而且从上市审核的角度来看，为连续计算公司的存续年限，拟上市公司由有限责任公司改制为股份有限公司后还应当保证其资产和业务的连续性，不能存在中断或割裂的情形，因此制定一个完善的改制方案应符合公司的实际需求和监管要求。通常来说，公司在实施股份制改制时已有上市计划，因此一般会委托券商、会计所和律所等专业机构来提供改制服务，便于和后续的上市申报工作做衔接。

（二）审计评估程序

我国新《公司法》规定，有限责任公司变更为股份有限公司时，折合的实收股本总额不得高于公司净资产额，《首次公开发行股票注册管理办法》亦规定了“按原账面净资产值折股”这种方式，以此为依据，实践中的改制方式通常是以股改基准日经审计的账面净资产值折股整体变更为股份有限公司，因此审计程序和评估程序是股份制改制中的重要工作流程，相对应的工作成果《审计报告》和《评估报告》是股份制改制的基础文件。

（三）改制的决议或批准程序

新《公司法》规定，公司由有限责任公司变更为股份有限公司这一公司形式的变更应当经股东会决议通过，而且应当经代表三分之二以上表决权的股东通过，如公司为国有独资公司或国有控股公司，则改制方案由董事会决议通过后，并应取得履行股东职责的对应国资委或出资机构的批准。同时，原有限责任公司的股东作为股份公司的发起人签订《股份公司发起人协议书》等文件，确定各发起人的股本和股份数量。

（四）验资程序

在直接设立股份公司的场合，发起人认购发行股份的股款缴足后，应当先经依法设立的验资机构验资后再召开创立大会，而在有限责任公司改制为股份有限公司的场合，验资程序并不强制要求前置于创立大会，在创立大会召开后，由验资机构审验出资亦可。

（五）召开创立大会

通过改制的决议或批准程序后，公司应召开股份有限公司的创立大会暨第一次股东会，审议发起人关于公司变更情况的报告，确定公司章程，选举董事会和监事会成员，并审议通过各项制度。通常来说，在创立大会后，公司的董事会将召开第一届董事会，选举董事长，聘任经理、财务负责人、董秘等高级管理人员，审议公司各项内控制度，同时监事会将召开第一届监事会，选举监事会主席。

（六）办理工商登记

公司应在创立大会召开完毕后的30日内办理公司组织形式等工商变更登记，变更相关证照及账户名称，相关工作完成即股份制改制工作基本完成，通常来说，为确保公司运营的稳定性，公司还应当将改制事项通知业务往来单位及债权人、债务人等相关利益主体。

第三章 合伙企业

第二章我们系统地展开了针对公司和股东的法律规定框架，站在公司创始团队角度，第二章的内容可理解为“知己”，第三章我们将系统地展开关于合伙企业的法律规定框架，由于以有限合伙企业作为组织模式的投资基金是目前股权融资中最为活跃的市场主体，本章内容在股权融资的场景中可理解为“知彼”。

第一节 合伙企业分类

我国现行《合伙企业法》① 规定，合伙企业可分为两类：普通合伙企业和有限合伙企业，普通合伙企业又包括特殊的普通合伙企业。

---

① 现行《合伙企业法》为2007年6月1日起施行的《合伙企业法》版本，该法最初由中华人民共和国第八届全国人民代表大会常务委员会第二十四次会议于1997年2月23日通过，1997年8月1日起施行，后由中华人民共和国第十届全国人民代表大会常务委员会第二十三次会议于2006年8月27日修订通过，修订后的《合伙企业法》自2007年6月1日起施行。

一、普通合伙企业

普通合伙企业的名称中会标明“普通合伙”字样，该种合伙企业的合伙人只有一种，就是普通合伙人，全体合伙人对合伙企业债务承担无限连带责任，基于该特点，普通合伙企业最大的特点是“人合性”很强，即连接合伙人最重要的因素是“信任”而非“资金”，合伙人应当彼此熟悉才可能作出共同承担无限连带责任的意思表示。

特殊的普通合伙企业属于普通合伙企业，但合伙人的责任承担介于有限合伙企业和普通合伙企业之间，具体来说：第一种场景，合伙人过错（指故意或重大过失）造成合伙企业债务的，有过错的合伙人承担无限连带责任，而其他合伙人以财产份额为限承担责任，类似有限合伙企业；第二种场景，非合伙人过错造成合伙企业债务的，由全体合伙人承担无限连带责任，与普通合伙企业责任承担一致。需要说明的是，该种合伙企业仅适用于以专业知识和专门技能为客户提供有偿服务的专业服务机构，例如会计师事务所和参照管理的律师事务所。

二、有限合伙企业

有限合伙企业的名称中会标明“有限合伙”字样，该种合伙企业的合伙人根据承担责任的不同来分类，一种是普通合伙人，对合伙企业债务承担无限连带责任，另一种是有限合伙人，以其认缴的出资额为限对合伙企业债务承担责任，基于该特点，有限合伙企业的本质是有限合伙人投入资金由普通合伙人创造增值，因此有限合伙企业最大的特点是“资合性”，即连接有限合伙人最重要的因素是“资金”而非“信任”，当然连接有限合伙人与普通合伙人的因素除了普通合伙人的资金增值方案，亦包括对普通合伙人这一主体的“信任”。

普通合伙人的英文名称为 General Partner，实践中简称 GP，有限合伙人的英文名称为 Limited Partner，实践中简称 LP。

与普通合伙人承担责任的深度相匹配，《合伙企业法》明确规定有限合伙企业由普通合伙人执行合伙事务，即普通合伙人实质掌握对合伙企业的控制权，同时有限合伙人的投资责任以出资为限，该点与公司的股东责任相当，基于前述特点，在股权融资场合：一是投资机构往往采用有限合伙企业的组织形式，并采用基金的模式。二是员工的股权激励平台一般采用有限合伙企业的组织形式。根据中国证券投资基金业协会（以下简称中基协）的官网统计信息，自2014年至今，私募股权、创业投资基金管理人一直是备案基金管理人数量最多的类型，整体占比超过50%。[①] 私募股权投资基金和创业投资基金占的基金数量亦较高（见表3－1、表3－2）。

表3－1　分类型私募基金管理人登记通过情况　　单位：家

年份	私募证券投资基金管理人	私募股权、创业投资基金管理人	私募资产配置类基金管理人	其他私募投资基金管理人	合计
2014	1534	3346	1	183	5064
2015	8730	10552	1	832	20115
2016	1321	2729	0	144	4194
2017	1605	4329	1	81	6016
2018	791	2001	0	16	2808
2019	286	808	2	4	1100
2020	431	709	4	4	1148
2021	522	757	0	6	1285
2022	539	730	0	11	1280

注：1. 指当期登记通过的机构。
2. 按管理人初始登记日期统计。
3. 2018年之后登记的其他私募基金管理人为QDLP等试点机构。

表3－2　分类型私募基金备案通过情况（备案数量）　　单位：只

年份	私募证券投资基金	私募股权投资基金	创业投资基金	私募资产配置类基金	其他私募投资基金	合计
2014	—	—	—	—	—	—
2015	—	—	—	—	—	—
2016	—	—	—	—	—	—

① 参见 https：//www. amac. org. cn/researchstatistics/datastatistics/privategravefundindustrydata/，最后访问日期：2024年3月5日。

续表

年份	私募证券投资基金	私募股权投资基金	创业投资基金	私募资产配置类基金	其他私募投资基金	合计
2017	13678	8912	2252	0	3169	28011
2018	11178	7544	2501	0	1285	22508
2019	13036	4047	1866	5	5	18959
2020	20073	3859	2624	5	0	26561
2021	31596	4485	4540	15	0	40636
2022	25617	3330	5395	6	0	34348

注：指当期备案通过的产品（含当期备案当期清盘的产品）。

具体到股权投资基金，私募股权投资基金和创业投资基金都是股权投资基金，二者有什么区别呢？根据《私募投资基金监督管理暂行办法》的规定和中基协发布的《有关私募投资基金“基金类型”和“产品类型”的说明》内容，创业投资基金是指主要投资于未上市创业企业普通股或者依法可转换为普通股的优先股、可转换债券等权益的股权投资基金，前述法律对其的定位是投资创业早期的小微企业，如中基协明确建议对于主要投资新三板拟挂牌和已挂牌企业的“新三板基金”建议按照创业投资基金备案，同时中基协对创业投资资金的监管采取与其他私募基金差异化的管理（见表 3－3）。

表 3－3　基金类型与基金特点

序号	基金类型	基金特点
1	创业投资基金	创业投资基金，主要投向处于创业各阶段的未上市成长性企业进行股权投资的基金（新三板挂牌企业视为未上市企业）（对于市场所称“成长基金”，如果不涉及沪深交易所上市公司定向增发股票投资的，按照创业投资基金备案）；如果涉及上市公司定向增发的，按照私募股权投资基金中的“上市公司定增基金”备案。
2	创投类 FOF	创投类 FOF，主要投向创投类私募基金、信托计划、券商资管、基金专户等资产管理计划的私募基金。

续表

序号	基金类型	基金特点
3	私募股权投资基金	私募股权基金，指投资包括未上市企业和上市企业非公开发行和交易的普通股（含上市公司定向增发、大宗交易、协议转让等），可转换为普通股的优先股和可转换债等的私募基金。
4	私募股权类 FOF	私募股权类 FOF，主要投向股权类私募基金、信托计划、券商资管、基金专户等资产管理计划的私募基金。

第二节
合伙企业设立

一、合伙人

（一）合伙人人数——2 ~ 50 + X

现行《合伙企业法》规定有限合伙企业的合伙人人数上限为 50 人，对普通合伙企业的合伙人人数未做限制。

（二）合伙人身份——不可或缺的普通合伙人

普通合伙企业中全部合伙人的责任一致，因此没有区分合伙人的身份，拿有限合伙企业对比的话，普通合伙企业中的合伙人均为普通合伙人。

而有限合伙企业中至少应当有一个普通合伙人，因此如有限合伙企业中仅剩有限合伙人时应当解散。实践中投资机构亦存在有两个普通合伙人的有限合伙企业，这类投资基金模式一般简称为双 GP 模式，一个 GP 作为投资基金的基金管理人，另一个 GP 行使其普通合伙人对合伙企业的控制权利，举例如图 3－1 所示。

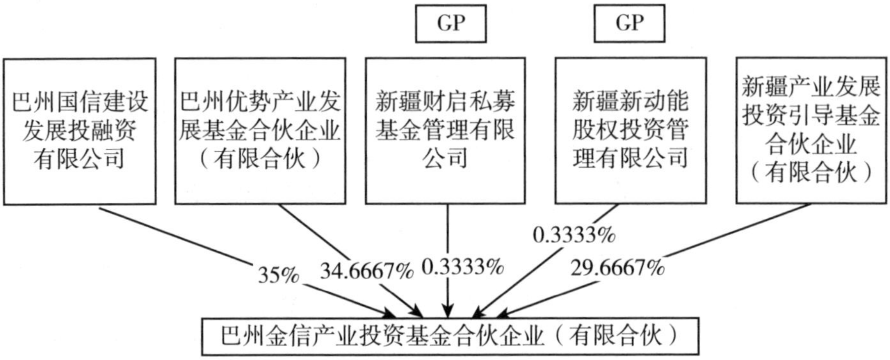

图3－1　相应架构

（三）普通合伙人的限制

现行《合伙企业法》明确规定，国有独资公司、国有企业、上市公司以及公益性的事业单位、社会团体不得成为普通合伙人，同时，《公司法》在2023年修订前亦明确规定，除法律另有规定外，公司不得成为对所投资企业的债务承担连带责任的出资人。实务中，普通合伙人所要承担的无限连带责任一定程度上会限制投资，因此为规避普通合伙人的无限连带责任，新设一个公司担任普通合伙人的情形较为常见，此种架构中，无限连带责任的承担以取得该普通合伙人身份的公司资产为限，缓解了公司股东的投资顾虑，国有独资公司亦常采用该种做法。但严格来说，一定程度上存在法律实践和法律规定冲突之处。令人欣喜的是，于2024年7月1日起施行的《公司法》调整了相关表述，内容为“法律规定公司不得成为对所投资企业的债务承担连带责任的出资人的，从其规定。”一定程度上松绑了现实操作，相信未来在合伙企业法修订时亦会对这种法律实践作出正面回应。

二、设立条件

（一）法律规定的设立条件

从《合伙企业法》规定的有限合伙企业设立条件可以看出，其设立条件没有实质性的门槛，相对容易，具体设立条件包括：

1. 由两个以上五十个以下合伙人设立，但是，法律另有规定的除外。合伙人为自然人的，应当具有完全民事行为能力；

2. 有限合伙企业至少应当有一个普通合伙人；

3. 有书面合伙协议；

4. 有合伙人认缴或者实际缴付的出资；

5. 有合伙企业的名称和生产经营场所；

6. 法律、行政法规规定的其他条件。

（二）基金备案的条件

作为股权投资基金的有限合伙企业应当完成中基协的备案，主要依据包括《证券投资基金法》、《私募投资基金监督管理暂行办法》、《关于进一步规范私募基金管理人登记若干事项的公告》、《私募投资基金备案须知（2019年版）》（已失效）等法律法规和自律规则，股权投资基金备案的核心条件包括：

1. 私募投资基金不应是借（存）贷活动。借贷活动包括直接或变相从事金融机构信（存）贷业务的；从事经常性、经营性民间借贷活动，变相从事借（存）贷活动，基金收益不与投资标的的经营业绩或收益挂钩；投向保理资产、融资租赁资产、典当资产等与私募投资基金相冲突业务的资产、股权或其收（受）益权等。

2. 基金的基金管理人通过备案且符合要求，管理人应当完成中基协的基金管理人备案，不得从事与私募投资基金有利益冲突的业务，不得将应当履行的受托人责任转委托，同时私募投资基金的管理人不得超过一家。

3. 基金的管理符合监管要求，要求内容包括基金的托管方式、非公开方式对外募集时对合格投资者的筛选和管理、合格投资者投资资金来源的核查、信息披露制度及基金年度审计和年度报告的报送等。

三、合伙协议

（一）基本内容

《合伙企业法》规定，合伙协议应当包括下列内容：

1. 合伙企业的名称和主要经营场所的地点；

2. 合伙目的和合伙经营范围；

3. 合伙人的姓名或者名称、住所；

4. 合伙人的出资方式、数额和缴付期限；

5. 利润分配、亏损分担方式；

6. 合伙事务的执行；

7. 入伙与退伙；

8. 争议解决办法；

9. 合伙企业的解散与清算；

10. 违约责任。

除基本内容外，有限合伙企业还需要明确下列内容：

1. 普通合伙人和有限合伙人的姓名或者名称、住所；

2. 执行事务合伙人应具备的条件和选择程序；

3. 执行事务合伙人权限与违约处理办法；

4. 执行事务合伙人的除名条件和更换程序；

5. 有限合伙人入伙、退伙的条件、程序以及相关责任；

6. 有限合伙人和普通合伙人相互转变程序。

（二）合伙型基金的合伙协议

根据中基协关于基金备案的要求，合伙型基金的合伙协议应当具备如下条款：

1. 【基本情况】合伙协议应列明如下信息，同时可以对变更该等信息的条件作出说明：

（1）合伙企业的名称（标明“合伙企业”字样）；

（2）主要经营场所地址；

（3）合伙目的和合伙经营范围（应含有“基金管理”“投资管理”“资产管理”“股权投资”“创业投资”等能体现私募投资基金性质的字样）；

（4）合伙期限。

2. 【合伙人及其出资】合伙协议应列明普通合伙人和有限合伙人的姓名或名称、住所、出资方式、出资数额、出资比例和缴付期限，同时可以对合伙人相关信息发生变更时应履行的程序作出说明。

3.【合伙人的权利义务】合伙协议应列明有限合伙人与普通合伙人的基本权利和义务。

4.【执行事务合伙人】合伙协议应约定由普通合伙人担任执行事务合伙人，执行事务合伙人有权对合伙企业的财产进行投资、管理、运用和处置，并接受其他普通合伙人和有限合伙人的监督。合伙协议应列明执行事务合伙人应具备的条件及选择程序、执行事务合伙人的权限及违约处理办法、执行事务合伙人的除名条件和更换程序，同时可以对执行事务合伙人执行事务的报酬（包括绩效分成）及报酬提取方式、利益冲突及关联交易等事项做出约定。

5.【有限合伙人】有限合伙人不执行合伙事务，不得对外代表合伙企业。但有限合伙人的下列行为，不视为执行合伙事务：

（1）参与决定普通合伙人入伙、退伙；

（2）对企业的经营管理提出建议；

（3）参与选择承办合伙企业审计业务的会计师事务所；

（4）获取经审计的合伙企业财务会计报告；

（5）对涉及自身利益的情况，查阅合伙企业财务会计账簿等财务资料；

（6）在合伙企业中的利益受到侵害时，向有责任的合伙人主张权利或者提起诉讼；

（7）执行事务合伙人怠于行使权利时，督促其行使权利或者为了合伙企业的利益以自己的名义提起诉讼；

（8）依法为合伙企业提供担保。

合伙协议可以对有限合伙人的权限及违约处理办法作出约定，但是不得作出有限合伙人有权以任何直接或间接方式，参与或变相参与超出前款规定的八种不视为执行合伙事务行为的约定。

6.【合伙人会议】合伙协议应列明合伙人会议的召开条件、程序及表决方式等内容。

7.【管理方式】合伙型基金的管理人可以是合伙企业执行事务合伙人，也可以委托给其他私募基金管理机构。合伙协议中应明确管理人和管理方式，并列明管理人的权限及管理费的计算和支付方式。

8.【托管事项】合伙企业财产进行托管的，应在合伙协议中明确托管机构的名称或明确全体合伙人在托管事宜上对执行事务合伙人的授权范围，包括但不限于挑选托管人、签署托管协议等。全体合伙人一致同意不托管的，应在合伙协议中明确约定本合伙型基金不进行托管，并明确保障投资基金财产安全的制度措施和纠纷解决机制。

9.【入伙、退伙、合伙权益转让和身份转变】合伙协议应列明合伙人入伙、退伙、合伙权益转让的条件、程序及相关责任，以及有限合伙人和普通合伙人相互转变程序。

10.【投资事项】合伙协议应列明本合伙型基金的投资范围、投资运作方式、投资限制、投资决策程序、关联方认定标准及关联方投资的回避制度，以及投资后对被投资企业的持续监控、投资风险防范、投资退出、所投资标的担保措施、举债及担保限制等作出约定。

11.【利润分配及亏损分担】合伙协议应列明与合伙企业的利润分配及亏损分担方式有关的事项，具体可以包括利润分配原则及顺序、利润分配方式、亏损分担原则及顺序等。

12.【税务承担】合伙协议应列明合伙企业的税务承担事项。

13.【费用和支出】合伙协议应列明与合伙企业费用的核算和支付有关的事项，具体可以包括合伙企业费用的计提原则、承担费用的范围、计算及支付方式、应由普通合伙人承担的费用等。

14.【财务会计制度】合伙协议应对合伙企业的记账、会计年度、审计、年度报告、查阅会计账簿的条件等事项作出约定。

15.【信息披露制度】合伙协议应对本合伙型基金信息披露的内容、方式、频度等内容作出约定。

16.【终止、解散与清算】合伙协议应列明合伙企业终止、解散与清算有关的事项，具体可以包括合伙企业终止、解散的条件、清算程序、清算人及任命条件、清偿及分配等。

17.【合伙协议的修订】合伙协议应列明协议的修订事由及程序。

18.【争议解决】合伙协议应列明争议的解决方式。

19.【一致性】合伙协议应明确规定当合伙协议的内容与合伙人之间的其他协议或文件内容相冲突的，以合伙协议为准。若合伙协议有多个版本且内容相冲突的，以在中国基金业协会备案的版本为准。

20.【份额信息备份】订明全体合伙人同意私募基金管理人、份额登记机构或其他份额登记义务人应当按照中国基金业协会的规定办理基金份额登记（全体合伙人）数据的备份。

21.【报送披露信息】订明全体合伙人同意私募基金管理人或其他信息披露义务人应当按照中国基金业协会的规定对基金信息披露信息进行备份。

（三）合伙协议的自由度

与公司章程类似，法律亦赋予合伙协议较高的自由度，总结现行《合伙企业法》，合伙协议可以作出与法律规定不一致的约定情形，主要包括下列事项（见表3-4）。

表3-4　合伙企业可约定事项

序号	可约定事项	普通合伙企业可否约定	有限合伙企业可否约定
1	合伙人的出资方式、数额和缴付期限。	可	可
2	修改或者补充合伙协议的决议是否须经全体合伙人同意。	可	可
3	合伙人向合伙人以外的人转让其在合伙企业中的全部或者部分财产份额时，是否须经其他合伙人一致同意。	可	可
4	其他合伙人对拟转让财产份额的优先购买权。	可	可
5	合伙企业的决议方式。	可	可
6	须经全体合伙人一致同意的合伙企业事项。	可	可
7	关于合伙人与本合伙企业进行交易的事项。	可	可
8	合伙企业的利润分配、亏损分担原则。	可	可
9	新合伙人入伙是否应经全体合伙人一致同意。	可	可
10	法定情形之外的合伙人退伙事由或除名事由。	可	可
11	合伙人死亡或者被依法宣告死亡后的继承事项。	可	可

续表

序号	可约定事项	普通合伙企业可否约定	有限合伙企业可否约定
12	退伙人在合伙企业中财产份额的退还办法。	可	可
13	合伙企业将全部利润分配给部分合伙人。	不可	可
14	合伙人能否开展与合伙企业相竞争业务。	不可	可
15	合伙人能否将其在有限合伙企业中的财产份额出质。	不可	可
16	普通合伙人和有限合伙人的身份转换。	不可	可
17	合伙企业的解散事由。	可	可
18	合伙协议发生争议时的解决方式。	可	可

四、出资

（一）普通合伙企业

合伙人对普通合伙企业的出资与股东对公司的出资存在相同之处，都有以货币、实物、知识产权、土地使用权或者其他财产权利等出资的多样性，不同之处在于：第一，合伙人可以劳务出资，劳务出资的价值由全体合伙人协商确定一个评估办法，并在合伙协议中载明。第二，出资内容可包括其他财产权利，例如承租权，在股东对公司的出资场合，承租权因为其不具有稳定性，无法转化为公司确定性金额的资产，属于出资负面清单，但在普通合伙企业场合，其可以作为出资。究其根本原因在于，合伙人要对合伙企业的债务承担无限连带责任，可以理解为合伙企业财产能做无边界的扩展，出资只是其中一部分，因此降低对出资形式的要求不会损害债权人的利益，具有合理性。第三，非货币出资的价值可以由合伙人协商确定，外部评估机构的评估不是必经程序。

（二）有限合伙企业

因为有限合伙人对合伙企业的责任以出资为限，因此，有限合伙企业对出资的要求高于普通合伙企业，具体来说：

第一，在有限合伙企业中，有限合伙人不得以劳务出资，其他出资形式与普通合伙企业一致。

第二，有限合伙企业登记事项中应当载明有限合伙人的姓名或者名称及认缴的出资数额。

（三）出资的违约责任

现行《合伙企业法》未对普通合伙人的出资迟延责任规定明确的违约责任，但对有限合伙人明确规定了违约责任，即有限合伙人未按期足额缴纳出资的，应当承担补缴义务，并对其他合伙人承担违约责任。

五、设立流程

自2022年3月1日起实施的《市场主体登记管理条例》统一了包括公司和合伙企业在内的市场主体登记程序，合伙企业的设立流程基本与公司一致。

目前我国合伙企业设立登记一般分为名称申报、设立登记申请、联办事项办理（如公章刻制、发票申领、社保参保登记等）、寄递执照等步骤，图3－2为天津市市场主体一网通办平台的办理流程。

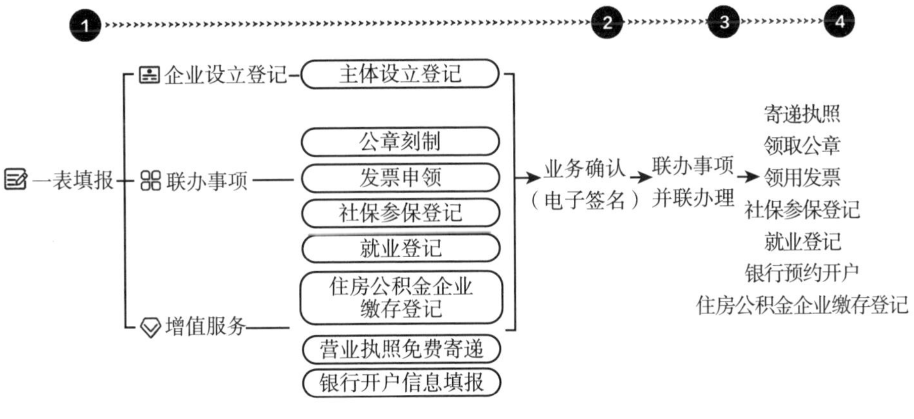

图3－2　业务流程及内容详解

在主体设立登记之前，设立人需要就企业名称进行企业名称申报预查。其中名称中含地方行政区划的可直接在地方平台办理，而名称中含“中国”等字样或不冠行政区划的，则应当通过国家市场监管总局的网上办事系统预查。

具体而言，目前在办理合伙企业名称预查时，名称登记主要有如下三种类型，分别为："行政区划 + 字号 + 行业 + 组织形式""字号 + （行政区划） + 行业 + 组织形式""字号 + 行业 + （行政区划） + 组织形式"。不难看出这与《企业名称登记管理规定》第 6 条中对企业名称的要求是基本一致的。特别地，对于冠以"中国""中华"等字词的企业名称，则应当按照有关规定报市场监管总局预查批准后，才可在地方市场监管部门办理后续登记。

第三节 合伙企业运行

一、最高权力机构

与公司的股东会决议类似，合伙人决议对于合伙企业事务决策具有最高的权力，与公司股东会不同的是，现行《合伙企业法》没有规定合伙人大会的召集规定，而是基于合伙企业的性质给予合伙人决议的灵活性。

具体到合伙人决议的表决办法，应根据合伙协议的约定进行，如未约定或者约定不明确，则实行合伙人一人一票的表决办法。

具体到合伙人决议的表决要求，应根据合伙协议的约定进行，如未约定，则一般事项应经全体合伙人过半数通过，下列事项应当经全体合伙人一致同意：

（一）改变合伙企业的名称；

（二）改变合伙企业的经营范围、主要经营场所的地点；

（三）处分合伙企业的不动产；

（四）转让或者处分合伙企业的知识产权和其他财产权利；

（五）以合伙企业名义为他人提供担保；

（六）聘任合伙人以外的人担任合伙企业的经营管理人员；

（七）新合伙人入伙；

（八）合伙人在约定的合伙期限内退伙。

二、执行机构

与公司有完整的组织结构不同，合伙企业不是法律意义上的“法人”，因此与公司法人治理结构中的董事会或总经理设置不同，合伙企业没有具体的执行机构，而是由“合伙人代表”（或法人/其他组织委派代表）执行合伙事务。

我国《民法典》规定，法人是具有民事权利能力和民事行为能力，依法独立享有民事权利和承担民事义务的组织，法人应当有自己的名称、组织机构、住所、财产或者经费。从合伙企业设立条件来看，名称、住所、财产均是必备项，但非必要设置组织机构赋予了其运营的灵活度。

（一）普通合伙企业

在普通合伙企业中，合伙人对执行合伙事务享有同等的权利，即全体合伙人均可执行合伙事务，同时全体合伙人亦可决定委托一个或者数个合伙人执行合伙事务，即“合伙人代表”可以是全体合伙人，也可以是若干合伙人。

同时，合伙企业可聘任经营管理人员，该等人员在合伙企业授权范围内履行职务。

（二）有限合伙企业

在有限合伙企业中，法律直接规定此处的“合伙人代表”当然性地指普通合伙人，普通合伙人执行合伙企业事务，同时《合伙企业法》明确规定有限合伙人不执行合伙事务，不得对外代表有限合伙企业。

三、执行规则

执行事务合伙人执行合伙事务需要遵循何种规则，现行《合伙企业法》只作了原则性规定，具体应在合伙协议中明确，法律规定的执行规则包括：

（一）定期报告

执行事务合伙人应当定期向其他合伙人报告事务执行情况以及合伙企业的经营和财务状况。

（二）暂停执行

合伙人分别执行合伙事务的，执行事务合伙人可以对其他合伙人执行的事务提出异议。提出异议时，应当暂停该项事务的执行。

四、监督机构

与公司法人治理结构中的监事会不同，合伙企业不设监督机构，而是由不执行合伙事务的合伙人监督执行事务合伙人执行合伙事务的情况，例如为了解合伙企业的经营状况和财务状况，有权查阅合伙企业会计账簿等财务资料。

五、运行收益

（一）运行原则

如前所述，与公司不同，合伙企业不是法律意义上的“法人”，因此其不需要设定组织机构，运行由执行事务合伙人根据合伙协议开展，自由度较高。

合伙企业的财产包括合伙人的出资、以合伙企业名义取得的收益和依法取得的其他财产，对合伙企业的债务，先以其全部财产进行清偿，不足部分由普通合伙人来承担无限连带责任。

（二）分配原则

分配的优先性顺序可总结为合伙协议约定 > 合伙人协商 > 实缴出资比例 > 平均分配。具体来说，首先合伙协议的约定对合伙企业利润分配、亏损分担具有优先地位，如合伙协议未约定或者约定不明确的，则其次由合伙人协商决定。如协商不成，则由合伙人按照实缴出资比例分配、分担。同时，由于普通合伙企业对资合性的弱化，可能出现无法确定出资比例的情形，此时由合伙人平均分配利润、分担亏损。

需要注意的是，普通合伙企业中，合伙协议不得约定将全部利润分配给部分合伙人或者由部分合伙人承担全部亏损，该种约定条款无效或合伙协议可能被认定为借款协议。但有限合伙企业中如果有这类约定条款，则视为有效，原因还是在于有限合伙企业的资合性较强，可以对分配优先性做出安排。

◆ 延伸阅读——投资普通合伙企业被认定为民间借贷关系

【案例】梁某豪、李某等民间借贷纠纷民事一审民事判决书

【案号】（2020）鲁 0282 民初 14382 号

【基本案情】2020年4月24日，梁某豪等五人作为甲方与青岛普华生物科技有限公司签订项目合作协议书，约定双方共同投资人民币8500000元设立熔喷布生产项目，其中梁某豪投资金额为900000元。项目由青岛普华生物科技有限公司实际经营运作，全部投资款也由青岛普华生物科技有限公司全权代管，青岛普华生物科技有限公司自协议签订之日起4个月后返还梁某豪等人全部投资款本金，自协议签订之日起5个月内向梁某豪等人支付项目利润分红。青岛普华生物科技有限公司保证，本项目无论盈亏，青岛普华生物科技有限公司均会按照协议约定按时归还梁某豪等人全部投资款本金。梁某豪等五人在协议书甲方处签名捺印，青岛普华生物科技有限公司在协议书上盖章确认，李某在法定代表人处签字。梁某豪分别于2020年4月23日、2020年4月28日向青岛普华生物科技有限公司账户转款462000元、438000元，共计900000元，上述两笔转款摘要均备注为“梁某豪的借款”。

【争议焦点】原被告之间的法律关系性质问题。梁某豪主张本案系民间借贷纠纷，李某及青岛普华生物科技有限公司认为本案系合伙投资关系。

【裁判要旨】综合整个案情，结合双方举证质证，法院认为本案当事人之间的法律关系应从双方签订的项目合作协议书、个人借款协议中约定的条款和实际履行情况进行判定。首先，梁某豪与青岛普华生物科技有限公司虽然签订了项目合作协议书，并对合作的目的及项目进行了约定，但梁某豪等人未参与项目的实际运营和管理，且该项目合作协议书中亦明确约定“项目无论盈亏，青岛普华生物科技有限公司均会按照协议约定按时归还梁某豪等人全部投资款本金”。其次，梁某豪在向青岛普华生物科技有限公司账户转款时，摘要处均备注为“梁某豪的借款”，也更加符合借款的行为特征。最后，李某作为借款人与梁某豪签订的个人借款协议中明确约定了借款用途、借款期限、借款利息及违约责任等内容，虽然本案借款未直接转入李某账户，但借款时李某系青岛普华生物科技有限公司法定代表人，且李某也在投资合作协议书中法定代表人处签字。因此，双方之间的法律关系更加符合民间借贷法律关系的特征，故李某作为借款时青岛普华生物科技有限公司的法定代表人应对梁某豪与青岛普华生物科技有限公司之间的债务关系承担还款责任。

六、合伙人义务

（一）通用义务及责任

1. 不得在合伙企业领取营业执照前以合伙企业名义从事合伙业务；

2. 不得从事损害本合伙企业利益的活动；

3. 不得在合伙企业清算前请求分割合伙企业的财产；

4. 因侵害合伙企业利益、未经同意或不具有相应授权而擅自处理合伙企业事务导致合伙企业或合伙人损失的，承担损失赔偿责任；

5. 违反合伙协议时，对其他合伙人承担违约责任。

（二）普通合伙人的严格义务

此处的普通合伙人包括“普通合伙企业”中的全部合伙人及“有限合伙企业”中的普通合伙人，其义务包括：

1. 对合伙企业的债务承担无限连带责任。

具体情形包括：

（1）新合伙人对入伙前合伙企业的债务承担无限连带责任；

（2）合伙企业注销后，原普通合伙人对合伙企业存续期间债务承担无限连带责任；

（3）合伙企业不能清偿到期债务的，债权人可以依法向人民法院提出破产清算申请，也可以要求普通合伙人清偿；

（4）合伙企业依法被宣告破产，普通合伙人对合伙企业债务仍承担无限连带责任；

（5）有限合伙人转变为普通合伙人时，对其作为有限合伙人期间有限合伙企业发生的债务承担无限连带责任；

（6）普通合伙人转变为有限合伙人的，对其作为普通合伙人期间合伙企业发生的债务承担无限连带责任。

2. 不得自营或者同他人合作经营与本合伙企业相竞争的业务。

3. 不得同本合伙企业进行交易，除非合伙协议另有约定或者经全体合伙人一致同意。

4. 经其他合伙人一致同意，方可将其在合伙企业中的财产份额出质。

5. 合伙人发生与合伙企业无关的债务，相关债权人不得以其债权抵销其对合伙企业的债务，也不得代位行使合伙人在合伙企业中的权利。

6. 如该普通合伙人系执行事务合伙人，未按期申请办理合伙企业变更登记事项时，应当赔偿由此给合伙企业、其他合伙人或者善意第三人造成的损失。

（三）有限合伙人的有限义务

1. 以其认缴的出资额为限对合伙企业的债务承担责任，包括新合伙人对入伙前合伙企业的债务承担亦以认缴出资额为限；

2. 可自营或者同他人合作经营与本有限合伙企业相竞争的业务，合伙协议另有约定的除外；

3. 可同本有限合伙企业进行交易，合伙协议另有约定的除外；

4. 可将其在有限合伙企业中的财产份额出质，合伙协议另有约定的除外。

七、合伙人其他权利

（一）执行、参与合伙企业事务

普通合伙人的核心权利包括执行、参与合伙企业事务。

有限合伙人不执行合伙企业事务，但对合伙事务有下列参与权利：

1. 参与决定普通合伙人入伙、退伙；

2. 对企业的经营管理提出建议；

3. 参与选择承办有限合伙企业审计业务的会计师事务所；

4. 获取经审计的有限合伙企业财务会计报告；

5. 对涉及自身利益的情况，查阅有限合伙企业财务会计账簿等财务资料；

6. 在有限合伙企业中的利益受到侵害时，向有责任的合伙人主张权利或者提起诉讼；

7. 执行事务合伙人怠于行使权利时，督促其行使权利或者为了本企业的利益以自己的名义提起诉讼；

8. 依法为本企业提供担保。

（二）其他权利

合伙人还享有下列权利：

1. 按照合伙协议的约定或者经全体合伙人决定，可以增加或者减少对合伙企业的出资；

2. 执行事务合伙人可要求在合伙协议中确定执行事务报酬及报酬提取方式；

3. 普通合伙人由于承担无限连带责任，清偿数额超过亏损分担比例的，有权向其他普通合伙人追偿；

4. 被除名时，如对除名决议有异议的，可在自接到除名通知之日起三十日内，向人民法院起诉；

5. 可将从合伙企业中分取的收益用于清偿与合伙企业无关的自身债务，债权人亦有权请求人民法院强制执行合伙人的财产份额。

第四节

合伙人退出

一、转让合伙企业中的财产份额

普通合伙企业中，除合伙协议另有约定外，合伙人向合伙人以外的人转让其在合伙企业中的全部或者部分财产份额时，须经其他合伙人一致同意，同时合伙人向合伙人以外的人转让其在合伙企业中的财产份额的，在同等条件下，其他合伙人有优先购买权。

合伙人以外的人依法受让合伙人在合伙企业中的财产份额的，经修改合伙协议即成为合伙企业的合伙人。

在有限合伙企业中，除非合伙协议另有约定，则有限合伙人向合伙人以外的人转让财产份额时，不需要取得其他合伙人一致同意，仅需提前三十日通知其他合伙人，同时，同等条件下其他合伙人亦有优先购买权。

二、退伙

（一）法定退伙

《合伙企业法》规定的当然退伙情形包括如下几种，发生该种情形的合伙人在情形发生之日自然退伙：

1. 作为合伙人的自然人死亡或者被依法宣告死亡；

2. 个人丧失偿债能力；

3. 作为合伙人的法人或者其他组织依法被吊销营业执照、责令关闭、撤销，或者被宣告破产；

4. 法律规定或者合伙协议约定合伙人必须具有相关资格而丧失该资格；

5. 合伙人在合伙企业中的全部财产份额被人民法院强制执行。

需要说明的是，在普通合伙企业中，发生第一种情形“作为合伙人的自然人死亡或者被依法宣告死亡”时，如全体合伙人一致同意或合伙协议有事先约定，则死亡合伙人的继承人可从继承开始之日起取得该合伙企业的合伙人资格，而不发生退伙的法律后果，但该法律规定只适用于合伙人是自然人的场景，法人或其他组织不适用。在有限合伙企业中，有限合伙人发生死亡、被依法宣告死亡或终止情形，包括自然人、法人或其他组织，继承人或权利承受人依法取得有限合伙人资格。

普通合伙企业中，“合伙人被依法认定为无民事行为能力人或者限制民事行为能力人”时，取决于其他合伙人的意见，如其他合伙人一致同意其转为有限合伙人，则普通合伙企业依法转为有限合伙企业。其他合伙人未达成一致意见的，则合伙人退伙。

有限合伙企业中，如自然人有限合伙人丧失民事行为能力，不发生退伙的法律后果。

（二）申请退伙

除法定退伙外，合伙人还可根据法律规定和合伙协议申请退伙。

如合伙协议约定合伙期限，则发生下列情形之一时，合伙人可以退伙：

1. 合伙协议约定的退伙事由出现；

2. 经全体合伙人一致同意；

3. 发生合伙人难以继续参加合伙的事由；

4. 其他合伙人严重违反合伙协议约定的义务。

如合伙协议未约定合伙期限的，在同时符合两个条件时，可申请退伙。一是，提前三十日通知其他合伙人；二是，退伙不会给合伙企业事务执行造成不利影响。此时，如申请退伙的合伙人非执行事务合伙人，则第二个条件通常自然满足，如申请退伙的合伙人是执行事务合伙人，则应当等待其他合伙人委托新的执行事务合伙人与其进行合伙事务交接后方可视为满足第二个条件。

需要注意的是，如果合伙人没有遵守退伙规定，并因此给合伙企业造成损失的应予以赔偿。

（三）除名

除名是一种非自愿退伙，可以理解为是其他合伙人决定一名“过错”合伙人的退伙，除名通知送达被除名合伙人时，除名生效，被除名人退伙。

因除名可能损害该合伙人的利益，此处的“过错”应当按照法律规定来确定，现行《合伙企业法》规定，“过错”包括下列情形：

1. 未履行出资义务；
2. 因故意或者重大过失给合伙企业造成损失；
3. 执行合伙事务时有不正当行为；
4. 发生合伙协议约定的事由。

三、财产权益处理

（一）转让的权益

关于合伙人转让其财产份额的权益，主要取决于合伙人与受让方之间的协商结果，财产份额在合伙企业的现有合伙人之间转让时，没有例外约束。如受让方是合伙人之外的人，则其他合伙人可提出优先购买权，一般情况下，这一优先购买权行使的前提是同等条件即转让权益不会因此被降低或存在其他不利影响，但如合伙协议对此有事先约定，例如固定了财产份额转让的计算方式，则“同等条件”的前提消失，其他合伙人可据此主张受让财产份额，拟转让财产份额的合伙人无法寻求更高权益。

（二）退伙的权益

首先，退伙权益范围是退伙时的合伙企业财产状况，如合伙企业财产大于合伙企业债务，则退还金额的结算按照本合伙企业的利润分配方式确定初步退还金额，再扣减该合伙人应当赔偿合伙企业的数额（如有）后确定结算金额。如合伙企业财产少于合伙企业债务的，则退伙金额的结算就是确定退伙人应当分担的亏损数额。如退伙时有未了结的合伙企业事务，则可等待该事务了结后进行结算。

其次，具体到结算金额的退还办法，由合伙协议约定或者由全体合伙人决定，可以退还货币，也可以退还实物。

需要说明的是，退伙的普通合伙人对基于其退伙前的原因发生的合伙企业债务，承担无限连带责任，基于经营的连续性，退伙前经营事务的债务极有可能发生在退伙后，因此退伙并不能当然地免除普通合伙人的无限连带责任，但对于有限合伙人而言，如因其退伙前的原因发生有限合伙企业债务，其仅以退伙时从有限合伙企业中取回的财产承担责任。

◆ 延伸阅读——退伙的普通合伙人对基于其退伙前的原因发生的合伙企业债务，承担无限连带责任

【案例】田某兵、京山市永兴镇义和采石厂等合同纠纷民事二审民事判决书

【案号】（2020）鄂08民终702号

【基本案情】丁家冲采石厂是2012年3月13日登记成立的普通合伙企业，合伙人为朱某梅（执行事务合伙人）、田某兵、张某泽，三人在合伙体下各自经营一个采点，从事石料开采作业。2013年5月7日，晏某罗和宋某华出资设立义和采石厂，执行合伙事务人为晏某罗。2014年9月20日，义和采石厂原执行合伙事务人晏某罗邀约田某兵、张某泽，由晏某罗起草（资产份额由晏某罗预估），共同签订整合协议一份，约定根据《矿山整治方案》要求经丁家冲采石厂田某兵采点、张某泽采点与义和采石厂三个企业股东平等协商，签订整合协议。同日，义和采石厂向京山市国土资源局提交《划定矿区范围申请书》，写明“义和采石厂已按矿山整治方案要求，现已缴清相关税费。与整合对象张某泽、田某斌（兵）采点签订了整合协议。现申请划定整合后的矿区范围”。京山市矿山综合整治工作领导小组办公室在申请书下方批示，请国土局依据矿山整治方案划定矿区范围，进入资料编制程序。整合协议签订后，田某兵未向义和采石厂移交采矿设备、设施等相关资产。义和采石厂原合伙人未与新入伙人签订入伙协议，也未办理相应的企业变更登记。2016年6月29日，义和采石厂变更名称为义和采石厂（普通合伙）；2017年4月21日，宋某华退伙，益原公司、易某国入伙，企业增资至1700万元；2017年12月7日，益原公司、晏某罗退伙，叶某申入伙；2018年3月26日，易某国退伙，谭某乔入伙；2018年11月9日，谭某乔、叶某申退伙，殷某、史某军、陈某清入伙，义和采石厂（普通合伙）名称中的京山县

更名为京山市。

【争议焦点】义和采石场应承担违约责任，那么晏某罗、宋某华应否承担连带责任。

【裁判要旨】《合伙企业法》第 53 条规定："退伙人对基于其退伙前的原因发生的合伙企业债务，承担无限连带责任。"本案中，义和采石厂基于整合协议具有将田某兵吸收为合伙人的债务，彼时晏某罗、宋某华是义和采石厂的合伙人，据上述规定，晏某罗、宋某华应对上述债务承担连带责任。违约责任是合同义务的转化形态，义和采石厂不履行合同义务而转化的违约责任，晏某罗、宋某华亦应承担。因此，支持对田某兵要求晏某罗、宋某华就本案债务承担连带责任的请求。

第五节 合伙企业退出

一、退出情形

合伙企业的退出即合伙企业的清算情形，包括：

（一）合伙期限届满，合伙人决定不再经营；

（二）合伙协议约定的解散事由出现；

（三）全体合伙人决定解散；

（四）合伙人已不具备法定人数满三十天；

（五）合伙协议约定的合伙目的已经实现或者无法实现；

（六）依法被吊销营业执照、责令关闭或者被撤销；

（七）法律、行政法规规定的其他原因。

◆ **延伸阅读——人民法院裁决支持合伙企业清算案例**

【案例】重庆杰朋餐饮文化管理等申请公司清算民事裁定书

【案号】（2021）渝 05 清申 17 号

【基本案情】邂瑗餐厅于2018年3月27日登记成立，注册资本为650万元，经营范围为餐饮服务（须经审批的经营项目，取得审批后方可以从事经营）。邂瑗餐厅合伙人为2名，其中潘某为有限合伙人，出资方式为货币出资，出资比例为50%，杰朋餐饮文化公司为普通合伙人，出资方式为货币出资，出资比例为50%，两名合伙人均未实际出资。邂瑗餐厅《合伙协议》第23条约定，“普通合伙人有《合伙企业法》第四十八条规定的情形之一的和有限合伙人有《合伙企业法》第四十八条第一款第一项、第三项至第五项所列情形之一的，当然退伙。”2020年9月28日，法院作出（2020）渝05破申529号民事裁定书，裁定受理申请人北京丰泰国际建筑装饰工程有限公司申请杰朋餐饮文化公司的破产清算申请。2020年12月10日，法院作出（2020）渝05破285号之二民事裁定书，以债务人财产不足以清偿破产费用为由，裁定宣告杰朋餐饮文化公司破产、终结杰朋餐饮文化公司破产清算程序。邂瑗餐厅至今未成立清算组进行清算。

【争议焦点】是否应清算该合伙企业?

【裁判要旨】《合伙企业法》第75条中规定有限合伙企业仅剩有限合伙人的，应当解散。杰朋餐饮文化公司被依法宣告破产后，已符合当然退伙条件，邂瑗餐厅仅剩有限合伙人潘某，已出现法定解散事由，应当按照《合伙企业法》第86条的规定，由清算人进行清算，自合伙企业解散事由出现之日起十五日内未确定清算人的，合伙人或者其他利害关系人可以申请人民法院指定清算人。邂瑗餐厅至今尚未自行清算，其合伙人杰朋餐饮文化公司有权申请对邂瑗餐厅进行强制清算。因此，对杰朋餐饮文化公司的申请，法院予以支持。

二、退出程序－清算

（一）清算人

合伙企业从决定解散到注销完成需要经过法定的清算程序，清算人不是某个具体的个人，而是主导完成清算程序的临时机构。清算人的构成可以分为三种情况：一是由全体合伙人担任或过半数合伙人指定若干合伙人担任；二是过半数合伙人委托第三人担任；三是人民法院指定清算人，适用的场景是合伙企业在解散事由出现后15日内未确定清算人，且合伙人或其他利害关系人（如合伙企业的债权人）提出申请。

（二）清算工作

清算人在清算期间开展的主要工作包括：

1. 清理合伙企业财产，分别编制资产负债表和财产清单；
2. 处理与清算有关的合伙企业未了结事务；
3. 清缴所欠税款；
4. 发布清算公告及通知债权人，清理债权、债务；
5. 处理合伙企业清偿债务后的剩余财产；
6. 代表合伙企业参加诉讼或者仲裁活动；
7. 编制清算报告报全体合伙人确认；
8. 申请注销登记。

（三）清算财产分配

清算财产的分配顺序为：清算费用 > 职工工资 > 社会保险费用 > 法定补偿金 > 所欠税款 > 合伙企业债务 > 合伙人分配，合伙人分配仍按照前述的优先顺序即合伙协议约定 > 合伙人协商 > 实缴出资比例 > 平均分配确定分配原则并分配。

第四章 红筹架构基础知识

第一节 初识红筹架构

一、红筹架构的概念及组织形式

与红筹架构相关的概念是红筹股，根据中国证券业协会《证券市场基础知识》的内容，红筹股的概念诞生于20世纪90年代初期的香港证券市场，用以表明股票具有境内背景，并就其规模和实力等方面与通常所说的蓝筹股加以区别（源于赌场上不同筹码使用的颜色），发行红筹股或拟发行红筹股的境内企业所采用的架构安排即是红筹架构。根据《证监会关于开展创新企业境内发行股票或存托凭证试点若干意见的通知》，红筹企业的核心特点可总结为两个，一是注册地在境外（一般指母公司注册地），二是主要经营活动在境内。

红筹架构的组织形式一般有两种方式：

第一种是股权控制结构，这种组织形式与境内的股权结构一致，通过持股来实现境内外不同主体之间的连接和控制，不同的是红筹架构中的境外主体通常为特殊目的公司（英文名称为Special Purpose Vehicle，一般简称SPV）其本身并不开展运营。境外主体一般以英属维尔京群岛（英文名称为The British Virgin Islands，通常简称B. V. I）注册公司、开曼群岛（英文名称为Cayman Islands，通常音译简称为开曼）注册公司、中国香港注册公司居多，因为前述区域的税收政策非常有竞争力，其中 B. V. I 公司和开曼公司可不缴纳任何税项。

第二种是协议控制结构，这种组织形式实际上是股权控制结构的变形和创新，其最初产生的背景是为了规避境内法律对于境外投资的领域限制，例如早期的互联网等行业，因此在境外主体与境内主体之间没有建立股权关系，而是通过协议关系来实现控制，此时境内主体不是外商投资企业，无须受外商投资的限制。这种结构中的控制协议内容通常是境内主体的股东将境内主体的所有运营权益包括运营管理权利和利润分配权利均转让予境外主体，利润分配通过咨询费等服务费用方式转移至境外主体。

以港股上市公司美团公司为例，其搭建的红筹架构以股权控制结构为主，安排有少量协议控制结构，根据其向香港联合交易所提交的上市申请文件，其在上市前的股权架构如图 4－1 所示。

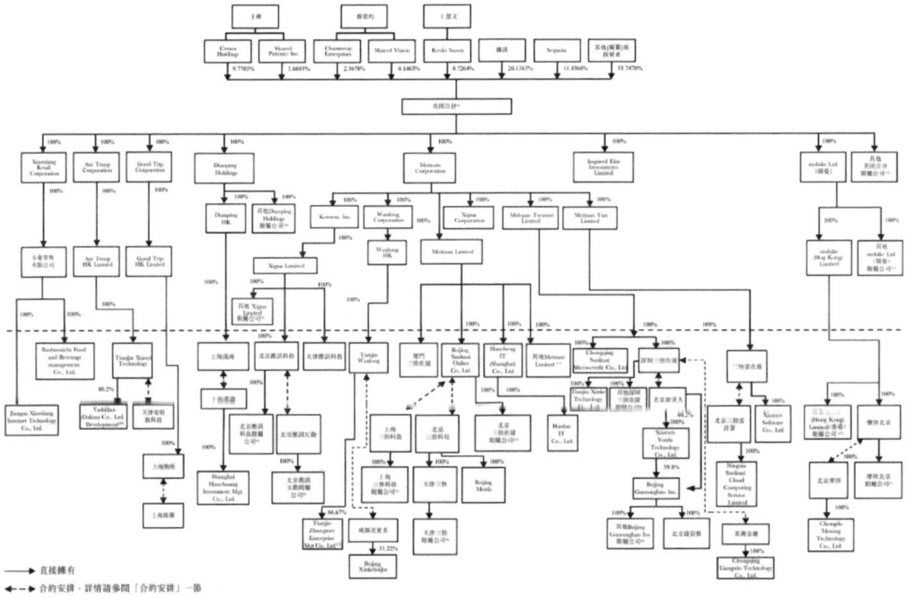

图 4－1　上市前的股权架构

数据来源于巨潮资讯网，载 www. cninfo. com. cn/new/disclosure/detail? stockCode = 03690&anno uncementId = 1205424196&orgId = 9900037626&announcementTime = 2018 －09 －07，最后访问日期：2024 年 3 月 16 日。

将其中所包含的红筹架构进行简化，则股权结构的简化如图 4－2 所示。

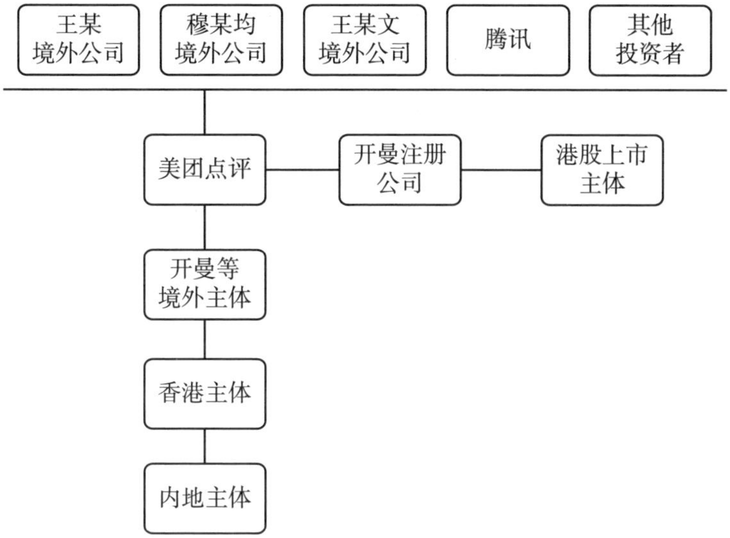

图 4－2　股权结构的简化

将其中所包含的协议控制结构进行简化，则协议控制的简化如图 4－3 所示。

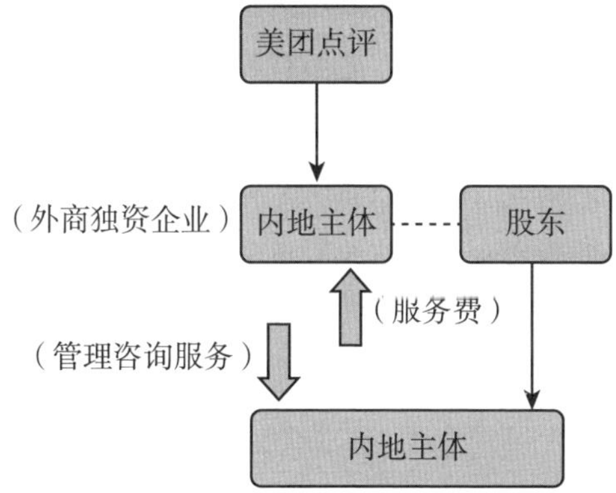

图 4－3　协议控制的简化

二、红筹架构的法律监管

与一般公司不同，红筹架构在境内面临的主要法律监管可总结为外资监管、外汇监管及上市监管。

（一）外资监管

股权控制结构的红筹模式由于包含境外主体对境内主体的持股关系，当然地适用《外商投资法》及配套文件《鼓励外商投资产业目录》（2022 年版）和《外商投资准入特别管理措施（负面清单）》（2021 年版）。《外商投资法》自 2020 年 1 月 1 日起施行，统一替代了之前实施的《中外合资经营企业法》《外资企业法》《中外合作经营企业法》三部外商投资领域的基本法律。

关于协议控制结构的红筹模式是否适用《外商投资法》，现行的《外商投资法》没有给出明确的答案，但作出了“外国投资者取得中国境内企业的股份、股权、财产份额或者其他类似权益”属于外商投资的规定，从字面意思理解，协议控制模式因外国投资者取得了财产性的权益可落入外商投资的范围因而适用《外商投资法》等相关规定，实践中还需要进一步关注审核动向进行解读。商务部曾在 2015 年公布的《外国投资法（草案征求意见稿）》中针对红筹结构做出过详细规定，例如定义外国投资者通过合同、信托等方式“控制”境内企业或者持有境内企业权益属于“外国投资”，并适用外国投资法关于外国投资的准入管理、安全审查、信息报告等方面的规定；明确规定受中国投资者（包括中国籍自然人或中国企业）控制的外国投资者，其在境内进行限制实施目录下的投资时，可申请被视同中国投资者的投资，从而不适用有关“外国投资”的要求，但基于各种客观因素，前述草案征求意见稿内容并未反映在现行实施的《外商投资法》中。

在股权融资场合，除了《外商投资法》这一基本规定，适用频率较高的法律法规还包括《关于外商投资企业境内投资的暂行规定》（2015 年修正）及《关于外国投资者并购境内企业的规定》等通用内容，和《外商投资电信企业管理规定》等行业性法律规定。

（二）外汇监管

红筹架构在两方面需要遵循外汇监管的法律规定，一是红筹架构境内公司本身的外汇往来，二是境内投资者投资境外公司（包括红筹架构的境外主体公司）。

就红筹架构境内公司的外汇往来，如境内公司采用股权控制结构，则与其他外商投资企业的管理并无差异，外汇管理从经常项目和资本项目两个角度分层次进行管理。如境内公司采用协议控制结构，则就其与境外主体之间关于协议履行的外汇安排，按照经常项目进行管理。

境内投资者无论是机构还是个人投资境外公司（包括红筹架构的境外主体公司）属于境外直接投资，根据我国现行有效的《外汇管理条例》及《个人外汇管理办法》，与其从事境外有价证券、衍生产品发行、交易等其他投资活动一样，均需办理境外投资外汇登记。目前境外投资外汇登记最直接的依据是《关于境内居民通过特殊目的公司境外投融资及返程投资外汇管理有关问题的通知》（汇发〔2014〕37号）（一般简称为37号文），境内投资者据此办理外汇登记（Outbound Direct Investment，一般简称为ODI审批）。

（三）上市监管

根据现行法律规定和实践，红筹架构企业在上市时所面临的境内监管包括上市备案和安全审查，其中上市备案的依据为中国证监会制定并于2023年3月31日起施行的《境内企业境外发行证券和上市管理试行办法》及其配套指引，其中安全审查的主要法律依据包括《国家安全法》《网络安全法》《数据安全法》《个人信息保护法》等。

根据《境内企业境外发行证券和上市管理试行办法》及其配套指引，境内公司无论是境外直接上市还是间接上市，无论何种红筹架构模式，其在首次申请境外上市、再融资、H股“全流通”以及境内资产重组上市时均应经中国证监会备案，按不同事项分为事前备案和事后备案，根据中国证券报2023年9月20日新闻信息，截至2023年9月14日，申报境外首次公开发行及全流通备案企业数量达107家，截至2023年9月19日，有39家企业通过该等备案并完成境外上市，其中包括1家协议控制结构的红筹架构境外上市项目。

红筹架构企业在赴境外上市时，还需特别关注安全审查，首先是信息安全领域的备案，《网络安全审查办法》的规定，掌握超过100万用户个人信息的网络平台运营者赴国外上市，必须向网络安全审查办公室申报网络安全审查，此外，企业还需关注《个人信息保护法》《数据安全法》《数据出境安全评估办法》等法律规定对信息安全的监管；其次是外商投资的国家安全审查，红筹企业在赴境外上市时应遵循《境内企业境外发行证券和上市管理试行办法》和《外商投资安全审查办法》的规定。

三、哪些公司适合搭建红筹架构

为回答这个问题，我们先来梳理目前有哪些中国公司采取了红筹架构，公开渠道能获得的信息主要是已在境外上市的公司和拟在境外上市的公司，首先来看在美国上市的红筹公司，根据美国国务院国际信息局（全球公共事务局）管理的 Share America 网站于 2020 年 7 月 28 日发布的新闻信息，在美国三大证券市场即纳斯达克证券交易所、纽约证券交易所、美国证券交易所上市（包括存托凭证 ADR 形式）的中国公司共有 156 家，包括知名的民营企业如阿里巴巴、百度、拼多多和新东方等，其中多数公司采用了红筹架构。根据中国香港交易所在 2023 年 11 月 4 日的官方网站信息，中资红筹股公司在主板上市的 171 家，包括中国移动、联想集团、中芯国际、华润置地等公司，在 GEM 板块上市的有 5 家，而没有采用红筹架构的中国企业 H 股公司在 GEM 板块上市的有 16 家，在主板上市的有 311 家。

综合红筹架构的演化过程和我们的服务经验来看，境内公司如有境外融资及上市的规划时可考虑搭建红筹架构：

公司有创始团队如果在公司设立初期即有上市的明确战略和规划，那么上市地的选择就是一个必然需要面对的问题，而上市地的选择又跟不同的上市条件息息相关，所以此处所述公司关于上市的战略和规划并不是指一个模糊的概念或者美好的发展愿景，恰恰相反，上市的战略和规划是与公司业务发展路径直接挂钩的目标，因此创始团队需要评估公司所在行业、商业模式和外部环境等因素，预估公司的发展规模以及可能达到的上市条件，以此来确定一个初步的上市地。如果初步的上市地确定为港股或美股等市场，则通常为了上市前融资的便利性以及增加上市主体的认可度等因素，可搭建红筹架构。随着国内多层次资本市场的完善，各类公司在国内上市的可能性增加，如初步的上市地确定为国内市场，则通常无须搭建红筹架构。

结合前述红筹架构的外商投资监管政策，红筹架构搭建方式是采用直接的股权架构方式还是协议控制（VIE）方式，则主要取决于公司所在行业，如公司所在行业受到外商投资的限制，即公司业务开展可能因公司性质受到限制，则为了避免运营的不确定性，此种情况往往采用协议控制（VIE）方式，除此之外，则采用直接的股权架构方式即可。

四、红筹架构的融资选择及上市选择

如前所述，是否搭建红筹架构的考虑因素之一是境外融资和上市的便利性，因此，相比于境内企业的股权融资选择，红筹架构企业除了境内主体的股权融资，还有境外主体股权融资这个途径。

（一）境外股权融资

红筹架构中包含境外主体和境内主体，境外主体多数注册在 B. V. I. 、开曼群岛及中国香港等税务政策和法律监管宽松的区域，境外主体可以依据其注册地的法律规定直接向境外投资主体发行股份并取得股权融资款项，境外投资主体无论是否公司注册地的法律主体，均可直接成为公司的股东。对于红筹架构企业来说，因其境外主体一般是特殊目的公司，运营的主要权益位于境内，因此在境外主体的股权融资场合，境外主体对境内主体的控制权亦是投资者的审查重点。

（二）境内融资

红筹架构公司无论是境内公司亦或境外公司均可取得境内投资者的股权融资，需要注意的是，如果境内投资者直接向境外公司进行投资，需要遵守外汇管理的相关规定，具体规定详见前文内容，境内投资者需要在办理完毕国内的 ODI 备案后其资金方可出境，但基于该备案流程较长，通常境内投资者会以可转债方式向红筹架构中的境内公司进行支付，等待备案完成后，由境内公司偿还该笔可转债，境内投资者再出境作为股权投资。

（三）红筹架构的上市选择

1. 境外交易场所的选择（见表 4 – 1）

表 4 – 1　境外交易场所的选择

分类	上市选择	特点	定位	企业代表
境外	纽约证券交易所	一所综合的证券交易所	旗下设有股票、债券、基金、期权等交易市场	阿里巴巴、中国电信、中国移动
	纳斯达克证券交易所	全美第二大证券交易所	采用证券公司代理交易制，面向的企业是具有高成长潜力的大中型公司，而不只是科技股	网易、搜狐、新浪、明大嘉和

续表

分类	上市选择	特点	定位	企业代表
境外	我国香港特别行政区交易所	连接国内市场和西方资本市场的枢纽	拥有主板和 GEM 板（创业板）两个子市场。主板以综合性企业、银行和公用事业及地产公司为主	京东、美团、小米、中国平安
	新加坡交易所	亚洲第五大交易所	拥有两个主要的交易板，即第一股市及自动报价股市，是一家会员制公司	天津中新药业、蔚来、仁恒置地、阳光控股

2. 境内上市

在全面注册制改革前，红筹企业在境内直接上市的代表案例为“华润微”（证券代码：688396）以及从境外上市回归的“中芯国际”（证券代码：688981）。

红筹企业通过发行存托凭证（CDR）的方式在科创板/创业板注册上市，代表案例为“九号智能”（证券代码：689009，于 2020 年 10 月 29 日完成上市）。

2019 年 1 月 28 日，中国证监会发布《关于在上海证券交易所设立科创板并试点注册制的实施意见》，正式开启科创板试点注册制的相关工作。此后，证监会、上海证券交易所紧锣密鼓地发布了一系列配套规则，其中明确提出允许红筹企业不拆除红筹架构直接申请 IPO，为红筹企业回归提供了比以往更加灵活的选择。发行上市全面注册制改革以来，在接纳红筹企业直接上市的制度设计上更为友好。

根据现行有效的《首次公开发行股票注册管理办法》、《试点创新企业境内发行股票或存托凭证并上市监管工作实施办法》及《上海证券交易所股票发行上市审核规则》等规定，红筹企业申请境内上市应关注下列核心条件：

①行业要求

试点企业应当是高新技术产业、战略性新兴产业或具有国家重大战略意义的红筹企业，企业应当符合国家战略、科技创新能力突出并掌握核心技术、市场认可度高，该种行业可包括互联网、大数据、云计算、人工智能、软件和集成电路、高端装备制造、生物医药、新一代信息技术、新能源、新材料、新能源汽车、绿色环保、航空航天、海洋装备等。

②市值和财务指标（限于篇幅，简要列示）

已在境外上市的红筹企业，市值不低于二千亿元人民币或市值二百亿元人民币以上，且拥有自主研发、国际领先技术，科技创新能力较强，同行业竞争中处于相对优势地位。尚未在境外上市的红筹企业，则应符合下列标准之一：（1）最近一年经审计的主营业务收入不低于三十亿元人民币，且企业估值不低于二百亿元人民币；（2）研发人员占比超过百分之三十，已取得与主营业务相关的发明专利 100 项以上，或者取得至少 1 项与主营业务相关的一类新药药品批件，或者拥有经有权主管部门认定具有国际领先和引领作用的核心技术；主要产品市场占有率排名前三，最近三年营业收入复合增长率 30% 以上，最近一年经审计的主营业务收入不低于 10 亿元人民币，且最近三年研发投入合计占主营业务收入合计的比例 10% 以上。（3）预期市值不低于人民币 100 亿元，或预计市值不低于人民币 50 亿元且最近一年营业收入不低于人民币 5 亿元。

同时，申请发行股票的试点红筹企业存在协议控制架构的，中国证监会将征求红筹企业境内实体实际从事业务的国务院行业主管部门和国家发展改革委、商务部意见，依法依规处理。该内容与证监会于 2020 年 4 月 30 日发布的《关于创新试点红筹企业在境内上市相关安排的公告》（即“红筹上市公告”）中对于协议控制的处理思路一致。

第二节 离岸公司法律规制

简单来说，离岸公司是指在离岸地区内依据其相应法律规范所成立的有限公司，此类公司在当地不会被政府收取税款，只需缴纳少量的年度管理费。从目前实践来看，离岸公司已经被国际社会所承认，其也因自身所具有的高度保密性、税务负担小以及无外汇管制等特点深受广大投资者欢迎。但在为各投资者带来成本与交易便利的同时，离岸公司自身所具有的隐蔽性以及相对失公性等特征也使其成为了企业“钻空子”的便捷途径，这给各国的市场监管与相关主体的权益都造成了极大的损害。因此在本部分我们将以开曼公司与 B. V. I 公司为主体来探讨对于离岸公司的法律规制，以实现企业的更好发展与市场的平稳运行。

一、开曼公司

开曼群岛隶属英国，是其在加勒比海群岛的一块属地，由大开曼、小开曼与开曼布拉克三个岛屿组成，是世界著名的离岸金融中心，同时也是目前唯二获准在中国香港联交所上市的离岸司法管辖区之一，对红筹架构的搭建具有重大意义。

（一）基本概况

从法人实体分类的角度来看，开曼群岛提供多种类型的公司，包括有限公司（Limited Company）、离岸公司（Offshore Company）与特殊经济区公司（Special Economic Zone Company）等，以满足商业主体不同的商业目的和投资需求。因此要想更好地了解与应用开曼公司，我们需要首先了解开曼群岛公司的法律法规与监管框架：开曼群岛的公司法主要由《公司法》规定，开曼公司的注册、组织、运营和解散等方面首先应当遵循开曼群岛《公司法》的规定；同时，由于隶属英国，开曼公司也在一定程度上受到相关普通法规则的制约；在涉及公司上市等事宜上，企业还应当参考开曼群岛证券交易所的相关上市规则；而涉及规定公司内部运行的组织章程大纲与细则等相关事务则与国内公司相同，参照公司所制定的章程文件即可。

（二）公司设立

若想在开曼群岛设立公司需要注册，但与国内公司的设立相比，开曼公司的注册程序相对简便，其设立无需政府同意，通常只需提供公司名称、注册地址、董事和股东的信息等基本资料，并提交相应的申请文件即可。从设立要求上细化来看，公司中必须至少设立一名董事（某些受监管实体必须至少有两名董事）；必须存在至少一名股东，并向注册办事处提供者披露最终的个体收益人；同时也需要存在当地注册办事处，来保存如公司设立文件等重要文件。关于公司名称的设置开曼群岛没有特殊要求，需要注意的是除非经过特许，公司名称不能出现 TRUST（信托）、MUTUAL FUND（基金）、INSURANCE（保险），或是 REINSURANCE（再保险）等字眼。

从上述关于公司注册与设立的要求中可以看出，与我国《公司法》关于有限公司设立的规定相比，开曼公司的注册与设立程序都相对来说更为宽松，简单来说仅需有符合要求的董事、股东及注册代表人和办事处等相关资料。同时公司成立后，若不在开曼当地营业，其不需申报和缴纳任何除年度牌照费外的税项。同样需要注意的是，根据开曼群岛《公司法》，于开曼群岛注册成立为豁免有限责任公司的，必须在开曼群岛以外的地区经营业务，公司须每年向开曼群岛公司注册处处长提交周年报表存盘，并须按公司法定股本金额缴付费用。

（三）公司股本

同任何公司的设立一般，开曼公司的设立最需要我们关注的仍旧是与股份和股权相关的法律规定。开曼群岛《公司法》允许公司发行普通股、优先股、可赎回股份或上述股份的任何组合；并规定倘公司按溢价发行股份以换取现金或其他对价，则须将相当于该等股份的溢价总额的款项拨入名为“股份溢价账”的账项内。倘根据任何安排配发公司的股份以作为收购或注销任何其他公司股份的对价并按溢价发行股份，则公司可选择不就该等股份溢价应用该等条文；同时，在获开曼群岛大法院确认的规限下，倘其组织章程细则批准，则股份有限公司或设有股本的担保有限公司可通过特别决议案以任何方式削减其股本。

另外，根据开曼群岛《公司法》的详细规定，倘若经过股份有限公司或设有股本的担保有限公司的组织章程细则批准，公司则可发行由公司或股东选择赎回或有责任赎买的股份。此外，如其组织章程细则批准，则该公司可购回其自身的股份（包括任何可赎回股份），购买股份的方式须经组织章程细批准或获公司普通决议案批准。组织章程细则或规定购买方式可由公司董事厘定。但需要注意，除非股份为已缴足股份，否则公司不得赎回或购回其股份。如因赎回或购回导致公司再无任何持股董事，则公司不得赎回或购买其自身任何股份。除非在紧随拟议付款日期后，公司仍有能力偿还在日常业务过程中到期的债项，否则公司以其股本赎回或购回自身的股份乃属违法。

与此不同的是，我国新《公司法》仅规定了公司可因减少注册资本而收购股权，以及对股东会某项决议持反对意见的股东可在特定情况下请求公司收购其股权等公司回购股份情形。此外开曼群岛就公司提供财务资助以购买或认购其自身或其控股公司的股份的行为并无任何法定限制，由此可见，开曼群岛《公司法》关于股份回购相关规定相对我国《公司法》来说自由灵活度相对较高。

开曼群岛《公司法》中也规定了有关保护少数股东的条款，即若公司（并非银行）将股本拆分为股份，则开曼群岛大法院可根据持有该公司已发行股份不少于五分之一的股东的申请，委派调查员调查该公司的事务，并按大法院指定的方式呈报有关结果。公司任何股东均可入禀开曼群岛大法院，倘法院认为公司清盘属公平公正，则可发出清盘令。一般而言，股东对公司的申诉须根据适用于开曼群岛的一般契约法或民事侵权法，或根据公司组织章程大纲及章程细则规定作为股东所具有的个别权利而提出。此外，开曼群岛法院也已引用并依从英国普通法有关大股东不得对少数股东作出欺诈行为的规定，以保护少数股东的权利。

（四）公司治理

在公司治理方面。开曼群岛《公司法》规定了公司内部的治理结构，包括董事和股东的权益、公司章程、股东会和董事会的运作等。公司必须遵守这些规定，并保持相关记录和文件。在公司经营范围方面，开曼群岛《公司法》并未作出太大的限制，在合法的前提下公司可经营任何性质的业务。但是需要注意的是金融、银行、信贷、保险等特殊行业的经营，需获得政府特别批准。在决议方面，开曼群岛《公司法》规定，倘于股东大会（须正式发出股东大会通知，指明拟提呈的决议案为特别决议案）上，有权亲身投票的股东或（如允许受委代表）受委代表以至少三分之二的大多数票通过一项决议案，则该决议案为特别决议案，唯公司可能于组织章程细则订明所需大多数票须为三分之二以上，另外亦规定该等大多数票（不少于三分之二）依须通过特别决议案批准的事宜不同而不同。如经公司组织章程细则授权，经公司届时有权投票的全体股东签署的书面决议可作为特别决议案。

此外还需注意的是，根据开曼群岛《公司法》规定，股东姓名及地址并非公开数据，公司股东并无查阅或获得公司股东名册或公司记录副本的一般权利。公众亦不享有查阅该项数据的权利；该规定与我国《公司法》规定恰恰相反，我国《公司法》第57条规定，股东有权查阅、复制公司章程、股东名册、股东会会议记录、董事会会议决议、监事会会议决议和财务会计报告。

（五）其他规定

开曼群岛享有零税或低税政策，吸引了众多国际投资者。在开曼群岛设立的公司通常可以享受税务优惠，如免税、资本利得税优惠等。而在外汇管制方面，开曼群岛并无外汇管制法规或货币限制，这不仅有利于避免贸易壁垒的限制，还有利于企业灵活调动资金，开展资本运作。

但同时开曼群岛对公司的信息保密性有较高的保护标准，公司的董事、股东和财务信息通常不对外公开，以保护投资者的隐私。但允许公众在支付一定费用后，查阅董事名册信息。

二、B. V. I 公司

维尔京群岛隶属英国，位于大西洋和加勒比海之间，其以旅游业和海外离岸企业注册为支柱产业，是世界上发展最快的海外离岸投资中心之一。在实践中，B. V. I 公司常被用作上市集团的中间控股公司，多见于为在境外或中国香港地区上市而搭建的 VIE 交易架构中。使用 B. V. I 注册的最大优点是能够让不同司法管辖区的投资者在中立的司法管辖区处理相关事务。

（一）基本概况

从法人实体的分类角度来看，英属维尔京群岛提供多种类型的公司，包括有限公司（Limited Company）、离岸公司（Offshore Company）等，能够满足商业主体不同的商业目的和投资需求。同样，要想更好地了解 B. V. I 公司及其运作，我们需要了解 B. V. I 公司的法律法规与监管框架：英属维尔京群岛商业公司法（B. V. IBCA，下称《B. V. I 商业公司法》）是世界上最广泛使用的成立离岸公司的公司法规，同时也被公认为是世界上最现代，最先进的公司法制度之一。由于同样隶属英国，B. V. I 公司也会受到有关公司法及公司治理的普通法规则的制约；在涉及规定公司备忘录与公司章程的有关事项时，则需要参考公司的章程文件。

（二）公司设立

在英属维尔京群岛设立公司同样需要注册，注册程序通常只需提供公司名称、注册地址、董事和股东的信息等基本资料，并提交相应的申请文件。此外，成立 B. V. I 公司需提供一位或一位以上股东及董事（股东和董事可为同一人），股东可以由法人或自然人担任，自然人需年满 18 周岁并持有效身份证明文件。注册英属维尔京群岛公司前须先确定股东、董事、董事主席，并安排好各股东的股份比例。

从中我们可以看出，与开曼公司相同，B. V. I 公司的注册与设立同国内相关规定相比都更为宽松。但需要注意的是，B. V. I 公司关于公司名称的设置规定相对复杂，需要企业在设立时多加关注：公司名称“有限”“公司”“成立”“有限公司”“股份公司”或其各自缩写必须出现在商业公司名称的最后。除获得注册处书面批准以外，公司名称中不得含有 TRUST（信托）、MUTUAL FUND（基金）、INSURANCE（保险），或是 REINSURANCE（再保险）等字眼，或其他具有相似意义的文字，或意味皇室或政府赞助之字眼均不得使用。注册处亦不会接受具竞争性的或与现有英属维尔京群岛公司或国际知名公司名称相同或类似的公司名称（除非得到该公司同意）。如时间允许，拟选用的公司名称可自预留日起90日内向注册处进行注册，名称预留可于网上确认。商业公司可采用额外的一个以外文书写的名称。注册处需获得该外文名称的电子版本，附带精通该语言及文字的公证员出具证书，证明英语翻译的准确性或该外文名称的意义之准确性。

（三）公司股本

《B. V. I 商业公司法》并未对公司的股份资本作出最低限制，也没有授权资本的概念，对所发行的股票的要求与我国《公司法》相比也更为宽松：股票可以是有面值的，也可以是无面值的；股票可以用一种以上的货币计价；股份可以是部分支付或未支付的；同时 B. V. I 公司也可以接受承兑汇票作为对价。但需要注意的是，B. V. I 政府于 2022 年 8 月 12 日正式通过了《B. V. I 商业公司法（修订)》，自 2023 年 1 月 1 日起生效，其中对不记名股票的规定作出了调整，即自 2023 年 1 月 1 日起，不再允许发行不记名股票，也不允许将记名股票转换或交换为不记名股票。自 2023 年 7 月 1 日起，现有的不记名股票将自动转换为记名股票，由相关公司为股票所有者托管。

（四）公司治理

从公司经营范围来看，《B. V. I 商业公司法》对 B. V. I 公司的经营范围原则上没有太大的限制。但其中也对 B. V. I 公司严禁开展的活动作出了规定，具体有：与维尔京群岛的居民进行商务往来、开展银行和信托业务（除非根据 1990 年的银行与信托公司法）、开展保险和再保险业务、开展公司管理方面的业务、开展为在维尔京群岛成立的公司提供注册办公处或注册代理人的义务。《B. V. I 商业公司法》也规定了公司内部的治理结构，包括董事和股东的权益、公司章程、股东会和董事会的运作等。公司必须遵守这些规定，并保持相关记录和文件。英属维尔京群岛对注册在该岛的国际商事公司不直接开展监督管理，只要求国际商事公司每年支付同注册费相等的许可费（300 美元至 1000 美元）。若未按时缴纳，公司自然注销，但该公司在英属维尔京群岛继续存在，只要以后又缴纳了许可费，该公司又可以自然恢复。

需要我们特别注意的是，2023 年 1 月 1 日生效的《B. V. I 商业公司法》对 B. V. I 公司财报提交要求作出了重大修订：B. V. I 公司应在财务年度结束后的 9 个月内，向其 B. V. I 注册代理人提交年度财务报表（其中包含特定的财务信息）。根据 B. V. I 新规，B. V. I 公司要从 2024 年开始，在每个财政年度结束后的 9 个月内提交财报。但该提交年度财务申报表的要求不适用股票在认可交易所上市的公司；受 B. V. I 金融服务立法监管，且已根据金融服务立法的要求向 B. V. I 金融服务委员会提交财务报表的公司；以及已向 B. V. I 税务局提交年度纳税申报表的公司；对于处于清算中的公司，若该公司的提交期限在清算开始前到期，则不适用此项豁免。未提交年度财务报表的公司可能会面临罚款和最终被除名的后果。

新法还调整了关于公司现任董事姓名查阅权的规定：根据新出台的《B. V. I 商业公司法》，尽管 B. V. I 公司的董事登记册（包括姓名、地址、国籍、出生日期以及其他根据第 118A 条和第 118B 条规定需要提交给注册官的现任和前任董事信息）仍属私人记录，现在可以通过“虚拟综合注册处和监管通用信息网络（VIRRGIN）”获得 B. V. I 公司现任董事的名单，该网络是 B. V. I 金融服务委员会维护的在线信息平台，用于提交和查阅 B. V. I 实体的信息。现任董事的个人资料，如地址、国籍、出生日期等仍属保密信息，前任董事的姓名也不会被披露。

（五）其他规定

英属维尔京群岛不征收任何企业税、利得税、财产税或其他适用商业公司的税收，商业公司还被特别豁免予征收所得税。《所得税法》亦豁免商业公司就所有商业公司业务包括所有自或向公司转让财产及证券交易的文书或契约遵守《印花税法》和《登记与记录法》中的规定，居住并工作于英属维尔京群岛的个人需被征收少量的薪酬税。此外，与开曼公司相同，B. V. I 公司并无外汇管制法规或货币限制。

同样，英属维尔京群岛对公司的信息保密性有较高的保护标准：公司的董事、股东和财务信息通常不对外公开，保护投资者的隐私，但允许公众在支付一定费用后，查阅董事名册信息。公众可通过 B. V. I 金融服务委员会的在线存档平台（VIRRGIN）查询现有董事名称。董事名册中的其他信息，例如前董事姓名、出生日期、地址仍将保密，则不予以公开和提供。

第三节 香港公司法律规制

一、整体介绍

如果选择采用红筹方式上市，整个重组过程将涉及境外架构的层层布置，并需要通过跨境交易或适当的合约安排，将境内资产和业务注入境外架构中。适用的法律将不仅包括中国法律，还涉及境外特别是离岸法域的法律，同时还必须符合联交所上市规则以及相关上市决策、指引信的要求。除了法律层面外，重组过程中的涉税事项需要特别重视和仔细研究。

前期工作包括制定重组方案并建立红筹架构。在建立境外持股架构时，可能需要进行一些调整和改变以适应境外股东的组成和持股比例。例如，将机构股东变更为已完成境内机构境外投资手续的境外关联实体，或者当机构股东的最终权益可追溯至自然人时，其在办理外汇登记后，在境外设立一个尽可能映射内地机构股东权益架构的境外持股实体，或者增加新的境外投资人。这些优化调整须确保境外架构符合香港上市要求，确保所有权和控制权的连续性。①

无论是在香港还是海外注册的公司，如果计划在香港进行主要上市，都必须遵守《上市规则》、证监会的《公司收购、合并及股份购回守则》以及其他适用

① 戎砚：《香港上市：红筹架构的搭建》，载 https：//law. asia/zh – hans/hong – kong – listing – setting – up – red – chip – structures/，最后访问日期：2024 年 3 月 18 日。

的法规。《上市规则》适用于海外发行人，就像它适用于香港发行人一样，但海外发行人必须受《上市规则》中列出或提及的附加规定、修订条文或例外情况的限制。①

香港特别行政区是中国境内唯一的普通法司法管辖区，拥有全面的立法、法律保护和执法机构。香港制定了严格的商业法和财产法，涵盖知识产权保护、合同法、公司法、财务法和竞争法等各个领域。这些法律通常为参与商业交易的人所熟悉，对于从事知识产权交易的人来说尤其具有重要意义。在公司红筹上市后亦需要留意财政及税务要求，以符合相关法规。

二、监管机构

（一）香港交易所

香港交易所是负责经营香港中央证券及衍生产品市场的机构，同时也是上市发行人（包括上市公司）的前线监管机构。香港交易所的主要职责包括监管上市发行人、执行上市、交易和结算规则，以及向交易所和结算所的客户，主要是机构级别的客户，提供服务。这些客户包括发行人以及直接为投资者提供服务的中介机构，如投资银行或保荐人、证券和衍生产品经纪人、托管银行和信息供应商。交易所和结算所提供的服务包括交易、结算和交割、存管和代理人服务，以及信息服务。②

（二）香港证监会

证监会全名为证券及期货事务监察委员会，是一个独立的法定机构，其职责是监管市场，确保市场的合法运作，以及执行与证券及期货市场相关的法规。证监会的监管范围包括香港交易所及其附属公司（包括证券及期货交易所及相关结算所）、金融中介机构（包括证券商、保荐人、股份过户处、基金经理和投资顾问等交易所参与者）以及投资者。

---

① 参见 https：//www. hkex. com. hk/Global/Exchange/FAQ/Getting – Started/Regulation – of – the – Hong – Kong – Market？ sc_lang = zh – HK#collapse – 3，最后访问日期：2024 年 3 月 18 日。

② 参见 https：//www. hkex. com. hk/Global/Exchange/FAQ/Getting – Started/Regulation – of – the – Hong – Kong – Market？ sc_lang = zh – HK#collapse – 3，最后访问日期：2024 年 3 月 16 日。

证监会负责监管上市公司的各项事务，例如收购、股份购回和私有化等，因为这些事务可能涉及投资者的权益和行为。证监会的目标是确保市场的稳定运作，并维护投资者的权益。它们监督并执行相关法例，确保市场参与者遵守规定，并适当处理市场中出现的问题和违规行为。

作为监管机构，证监会致力于维护市场的公平、透明和有效运作，并促进投资者信心的建立。它们监督市场参与者的行为，确保他们遵守规章制度，并提供相关的监管指导和监察程序。此外，证监会也负责处理投资者的投诉和争议，并提供相关的投资者保护和教育措施。①

三、香港上市规则

香港交易所设有主板和创业板两个市场，以满足不同类型的公司的上市需求。主板是为较成熟的公司设立的市场，上市公司需要符合盈利或其他财务要求。这些公司可以选择以股份或香港预托证券的形式在香港主板上市。主板上市要求相对较高，旨在吸引那些具有稳定盈利能力和较高业务水平的企业。通过在主板上市，公司可以获得更广泛的投资者基础和更高的市场认可度。②

创业板则为中小型公司提供了一个证券市场。创业板的上市要求相对较低，为中小企业提供了更灵活的上市渠道。这些公司可以通过在创业板上市，针对香港本地投资者的需求来发展业务。创业板兼具完善的市场框架和受规管的环境，为中小企业提供了更好的保护和监管。

此外，针对具有不同投票权结构的发行人以及未盈利或未有收益的生物科技公司，香港交易所还设立了附加的上市条件。这些条件旨在确保投资者对于这些特殊类型的公司具有充分的信息和透明度，同时保护投资者的权益。③

2023 年 7 月 21 日，香港交易所发布了一份关于中华人民共和国发行人在中国内地监管规定更新后的规则修订和其他建议规则修订的咨询总结。该总结是对

① 参见 https：//www. hkex. com. hk/Global/Exchange/FAQ/Getting – Started/Regulation – of – the – Hong – Kong – Market？ sc_lang = zh – HK#collapse – 3，最后访问日期：2024 年 3 月 6 日。

② 参见 https：//www. compassoffices. com/zh – hant/about – us/blogs/gem – vs – main – board – listing – criteria/，最后访问日期：2024 年 3 月 6 日。

③ 参见 https：//www. hkex. com. hk/ – /media/HKEX – Market/News/Market – Consultations/2016 – Present/February – 2018 – Emerging – and – Innovative – Sectors/Conclusions – （April – 2018）/cp201802cc_c. pdf，最后访问日期：2024 年 3 月 6 日。

香港联合交易所于 2023 年 2 月 24 日发布的咨询文件的回应。为了与中国内地的监管规则保持一致，并确保适用于中国发行人的规则与其他海外公司更加协调，香港交易所已对《上市规则》进行了相应修订。中国发行人必须仍要遵守其现有公司章程细则中关于召开类别股东会的规定，以及其他根据强制性规定制定的条款，直到其修订的公司章程将这些条款删除为止。一般情况下，如果中国发行人自愿建议修订公司章程以删除关于召开类别股东会的规定，他们需要根据现有的公司章程，在类别股东会上获得内资股股东和 H 股股东的批准。

相关规则的修订主要因应境外上市新规的实施及《特别规定》和《必备条款》的废除而作出。主要包括：（1）删除与中国发行人发行及回购股份有关的类别股东会议规定；（2）取消涉及 H 股股东的争议必须通过仲裁解决的规定；（3）删除中国发行人的公司章程须载明《必备条款》及附属条文的规定、中国内地公司上市的新备案要求。

其他主要规则修订则包括：（1）容许中国发行人发行新股的一般授权限额及股份计划的授权限额，可参照其已发行股份总数，而非分别参照内资股及 H 股计算；（2）删除要求中国发行人的董事、高级管理人员和监事须向发行人及其股东承诺遵守《中国公司法》和公司章程的规定；（3）使《上市规则》第十九 A 章（适用于中国发行人）与第三 A 章（适用于所有发行人）对合规顾问的相关规定保持一致；（4）删除第十九 A 章中有关（i）网上展示文件或展示实体文件备查及（ii）在新申请人的上市文件中的若干规定。香港联合交易所的《上市规则》修订已于 2023 年 8 月 1 日生效。①

（一）主板上市资格

1. 申请在香港交易所上市的公司必须在受到香港交易所认可的司法管辖区合法注册成立。这些司法管辖区包括澳大利亚、百慕大、英属维尔京群岛、开曼群岛、加拿大、印度、新加坡、日本、意大利以及美国的一些州。香港交易所还会酌情考虑其他具备与香港法规类似并且适当的股东保护标准的司法管辖区。上市申请人必须依据相关法规在这些认可的司法管辖区注册成立，以确保其合法性和符合监管要求。这些要求旨在保护投资者的权益，并维护市场的透明度和稳定

① https：//www. sw－hk. com/zh/20230728_01/.

性。香港交易所将会审慎考虑申请人所在司法管辖区的法规和保护标准，以确保上市公司能够遵守与香港法规相似的准则，并提供适当的股东保护。①

2. 依据《上市规则与指引》第 8.05 条，上市申请人必须达到以下其中一个财务测试：

（1）盈利测试：盈利不低于 5000 万港元，一个会计年度最近一年的股东应占盈利不得低于 3500 万港元，及其前两年累计的股东应占盈利不得低于 4500 万港元，并拥有至少三个会计年度的营运记录（根据主板上市规则第 18A 章规定的生物科技公司除外）以及管理层连续前三个会计年度维持不变，公司拥有权及控制权至少在经审计的最近一个会计年度维持不变；②

（2）市值/收入/现金流量测试：市值不低于 20 亿港元，最近一个会计年度的收益不低于 5 亿港元，拟上市的业务于前三个会计年度合计不低于 1 亿港元，及其前两年累计的股东应占盈利不得低于 3000 万港元，并拥有至少三个会计年度的营运记录（根据主板上市规则第 18A 章规定的生物科技公司除外）以及管理层连续前三个会计年度维持不变，公司拥有权及控制权至少在经审计的最近一个会计年度维持不变；

（3）市值/收益测试：市值不低于 40 亿港元，最近一个会计年度的收益不低于 5 亿港元，并拥有至少三个会计年度的营运记录（根据主板上市规则第 18A 章规定的生物科技公司除外）以及管理层连续前三个会计年度维持不变，公司拥有权及控制权至少在经审计的最近一个会计年度维持不变。③

3. 只有在上市申请人的证券有充分的市场需求时，联交所才会批准上市。就此而言，主板上市规则要求发行人在任何时候都须确保公众人士持有至少占发行股份数目总额 25% 的股份。但是，如果上市申请人在上市时的市值逾 100 亿港元，联交所可能酌情接受 15%—25% 的公众持股量。不过，主板上市申请人在上市时的市值无论如何均须达到至少 5 亿港元，而其中的 1.25 亿港元必须由公众

① https://www.hkex.com.hk/Listing/Rules-and-Guidance/Listing-of-Overseas-Companies/List-of-Acceptable-Overseas-Jurisdictions?sc_lang=zh-HK.

② 参见 https://sc.hkex.com.hk/TuniS/cn-rules.hkex.com.hk/规则手册/805，最后访问日期：2024 年 2 月 18 日。

③ 参见 https://sc.hkex.com.hk/TuniS/cn-rules.hkex.com.hk/规则手册/805，最后访问日期：2024 年 2 月 18 日。

持有；此外，上市申请人必须有足够的股东分布。主板的上市申请人必须至少拥有 300 名股东。同时，上市时由公众人士持有的证券中，3 名持股量最高的公众股东其实际拥有的股份不得超过 50% 。

4. 根据主板上市规则第 8.04 条，上市申请人必须为联交所认为适合上市的公司。① 如主板上市规则第 2.06 条所述，在判断什么因素会导致发行人及其业务不适合上市方面没有明确的标准。②

（二）创业板上市规则

1. 申请在香港交易所上市的公司必须在受到香港交易所认可的司法管辖区合法注册成立。这些司法管辖区包括澳大利亚、百慕大、英属维尔京群岛、开曼群岛、加拿大、印度、新加坡、日本、意大利以及美国的一些州。香港交易所还会酌情考虑其他具备与香港法规类似并且适当的股东保护标准的司法管辖区。上市申请人必须依据相关法规在这些认可的司法管辖区注册成立，以确保其合法性和符合监管要求。这些要求旨在保护投资者的权益，并维护市场的透明度和稳定性。香港交易所将会审慎考虑申请人所在司法管辖区的法规和保护标准，以确保上市公司能够遵守与香港法规相似的准则，并提供适当的股东保护。③

2. 市值不低于 20 亿港元，现金流量拟上市的业务于前两个会计年度合计不低于 3000 万港元，营业记录不少于两个会计年度，以及管理层连续前两个会计年度维持不变，并且公司拥有权及控制权至少在经审计的最近一个会计年度维持不变。④

3. 上市申请人必须令联交所信纳其董事符合创业板上市规则第五章的要求。其中包括董事具备合适的应有技能、谨慎和勤勉行事的责任，并能够展示其具备

① 参见 https：//sc. hkex. com. hk/TuniS/cn – rules. hkex. com. hk/规则手册/804，最后访问日期：2024 年 2 月 18 日。

② 参见 https：//www. eylaw. com. hk/zh _ hk/publications/know – how/hong – kong – ipo – and – corporate – finance/2020/01/an – overview – of – the – listing – qualifications – in – hong – kong，最后访问日期：2024 年 3 月 9 日。

③ 参见 https：//www. hkex. com. hk/Listing/Rules – and – Guidance/Listing – of – Overseas – Companies/List – of – Acceptable – Overseas – Jurisdictions？sc _ lang = zh – HK，最后访问日期：2024 年 3 月 10 日。

④ 参见 https：//www. compassoffices. com/zh – hant/about – us/blogs/gem – vs – main – board – listing – criteria/，最后访问日期：2024 年 2 月 20 日。

足够的才干胜任董事的职务。上市申请人必须有至少三位独立非执行董事，占董事会成员人数三分之一，并且其中有至少一位具备适当的专业资格，或具备会计或财务管理相关的专长。①

4. 只有当上市申请人的证券在市场上有充分的需求时，香港交易所才会批准其上市。对于创业板而言，上市规则要求发行人在任何时候都必须确保公众人士持有至少占发行股份数目总额的25%的股份。然而，如果上市申请人的市值超过100亿港元，香港交易所可能会酌情接受公众持股量在15%至25%的比例。不过，创业板上市申请人在上市时的市值必须达到1.5亿港元的门槛，其中公众持股需达到4500万港元。此外，上市申请人还必须具备足够的股东分布。创业板的上市申请人必须至少拥有100名股东。同时，在公众持有的证券中，持股量排名前三的公众股东所持有的股份总比例不得超过50%。

5. 根据创业板上市规则第11.06条，上市申请人必须为联交所认为适合上市的公司。如创业板上市规则第2.09条所述，在判断什么因素会导致发行人及其业务不适合上市方面没有明确的标准。②

（三）不同投票权（WVR）结构的发行人之特定上市要求

1. 创新产业要求。上市申请人必须是从事创新产业的公司，并具备以下特点：

（1）公司的核心业务成功归因于新科技、创新理念和/或新业务模式；

（2）研究与开发对公司的预期价值作出重要贡献，并且构成公司主要的活动和开支来源；

（3）公司的成功归因于其独特的业务特点或知识产权；

（4）公司的市值/无形资产总值相对于有形资产价值非常高。

上市申请人是否符合“创新”的标准将取决于其所从事的行业和市场状况，同时也会随着科技、市场和行业的发展而不断变化。③

---

① 参见 https：//cn - rules. hkex. com. hk/sites/default/files/net _ file _ store/HKEXCN _ SC _ 4525 _ VER12665. pdf，最后访问日期：2024年2月20日。

② 参见 https：//www. eylaw. com. hk/zh _ hk/publications/know - how/hong - kong - ipo - and - corporate - finance/2020/01/an - overview - of - the - listing - qualifications - in - hong - kong，最后访问日期：2024年2月20日。

③ 参见 https：//sc. hkex. com. hk/TuniS/cn - rules. hkex. com. hk/规则手册/gl93 - 18，最后访问日期：2024年3月8日。

2. 对于加权投票权持有人而言，他们必须是积极参与公司业务运营的管理层人员，并且在上市时必须继续担任董事。① 在公司的价值主要来源于无形人力资源的情况下，他们的技能、知识或战略方针对于公司的业务增长具有重要贡献。然而，加权投票权持有人的投票权不得超过非加权投票权持有人投票权的10倍。同时，上市申请人必须确保非加权投票权持有人持有至少10%的投票权。

3. 财务要求：第一，财务要求与市值有关，上市申请人在上市时必须市值至少达到400亿港元或市值至少达到100亿港元，并且最近一个经过审计的会计年度的收益至少为10亿港元。② 第二，财务要求涉及外部认可，至少有一位“资深投资者”曾提供第三方投资。联交所在评估投资者是否具备“资深”资格时，将考虑该投资者在相关领域的知识和专长、投资经验以及净资产等因素。该投资者必须至少保留其在上市时的总投资额的50%，且在上市后至少持有六个月。③

（四）生物科技公司的特定上市要求

根据主板上市规则第18A章，申请上市的生物科技公司需要符合附加的上市资格要求。由于未盈利或未实现收益的生物科技公司通常无法达到主板上市规则第8章中规定的财务指标，因此该类公司需要依据2018年4月生效的主板上市规则第18A章的资格要求来申请上市。这一规则允许符合以下条件的生物科技公司进行上市。

1. 上市申请人必须符合生物科技公司的定义，其主要业务为生物科技产品研发，应用和将其产品商业化。特别是，上市申请人必须展示以下特点：

（1）上市申请人必须有至少一项核心产品已通过概念阶段，即达到联交所指引信GL92－18中就特定产品类型所设定的发展里程碑；

（2）上市申请人主要从事研究及开发以开发其核心产品；

（3）在上市前，上市申请人已一直从事其核心产品的研发至少12个月；

---

① 参见https：//www. davispolk. com/sites/default/files/listing_dual_class_share_companies_in_hong_kong_chinese. pdf，最后访问日期：2024年3月8日。

② 参见https：//insightplus. bakermckenzie. com/bm/attachment _ dw. action? attkey = FRbANEucS95NMLRN47z + eeOgEFCt8EGQJsWJiCH2WAUuQVQjpl3o + TWgK/2f + qJs&nav = FRbANEucS95NMLRN47z + eeOgEFCt8EGQbuwypnpZjc4 = &attdocparam = pB7HEsg/Z312Bk8OIuOIH1c + Y4beLEAefJkIHPgF0Nk = &fromContentView = 1，最后访问日期：2024年3月8日。

③ 参见https：//www. mayerbrown. com/－/media/files/perspectives － events/publications/2021/04/hong－kong－initial－public－offerings－sc. pdf，最后访问日期：2024年3月8日。

（4）其上市主要原因必须为研究及开发集资，以使其核心产品商业化；

（5）其核心产品须拥有相关已注册的知识产权或专利申请；

（6）如上市申请人从事医药或生物产品研发，须证明其拥有多项潜在产品。

2. 根据规定，申请上市的公司必须在上市前由在过去两个会计年度中基本相同的管理层管理现有业务。此外，公司还必须确保拥有足够的营运资金，以应对集团在上市文件刊发之日起的12个月内所需开支的至少125%。这些开支主要包括一般行政和营运开支，以及研发开支。

3. 上市时，上市申请人的市值须达到至少15亿港元。①

4. 最后，类似于具有不同投票权结构的上市申请人，生物科技上市申请人须在上市前至少6个月从一位“资深投资者”获得“相当数额”的第三方投资，并在上市时仍未撤回投资。联交所会按个别具体情况而评估该投资者是否为依据主板上市规则第18A章提出上市申请所适用的“资深投资者”，所考量的因素包括其净资产或管理资产、相关投资经验以及在相关领域的知识及专长。

联交所在联交所指引信GL92－18中将下列投资者列为资深投资者：

1. 专门的医疗保健或生物科技基金或具有专注于生物制药领域的分支/部门的大型基金；

2. 大型制药/保健公司；

3. 大型制药/保健公司的风险投资基金；

4. 所管理的资产总值不少于10亿港元的投资者、投资基金或金融机构。

（五）生物科技公司的特定上市案例分析

华领医药，上市编号2552 HK，是一家位于中国上海的创新药物研发和商业化公司。华领医药专注于未被满足的医疗需求，为全球患者开发全新疗法。华领医药汇聚全球医药行业高素质人才，融合全球创新技术，依托全球优势资源，研究开发突破性的技术和产品，引领全球糖尿病医疗创新。公司于2018年9月14日通过《上市规则》第十八A章在香港联交所主板市场上市。招股价为每股8.28美元，成交量达1182万美元。现时每股1.96美元，总市值20.69亿美元。

---

① 参见https：//cn－rules. hkex. com. hk/sites/default/files/net_file_store/HKEXCN_TC_11524_VER12710. pdf，最后访问日期：2024年3月16日。

1. 核心产品和主管机构

根据《上市规则》第十八A章申请上市的生物科技公司必须至少开发出一款已通过概念阶段的核心产品。华领医药是一家专注于糖尿病和肥胖症治疗的生物科技公司。他们的核心产品是一种新型治疗2型糖尿病的药物，通过调节胰岛素的分泌和降低血糖水平来帮助患者管理疾病。华领医药的核心产品属于联合交易所发布的指引信（GL92－18）中所定义的“药剂”类别，并受到《上市规则》所规定的主管机构之一，即国家药品监督管理局的监管。联合交易所明确指出，根据个案情况，他们可能会认可其他国家或超国家机构作为主管机构。联合交易所将考虑多个因素，例如该机构是否被公认为与主管机构具有相当水平，以及该机构对相关生物科技产品的审批流程是否与主管机构的流程和专业水准相当。[①]

2. 专利和许可安排

根据第十八A章的《上市规则》，申请上市的生物科技公司必须具备与其核心产品相关的注册专利、专利申请和/或知识产权。根据华领医药的披露，除了拥有自主注册专利或专利申请外，涉及核心产品的引进授权安排。这些生物科技公司要么获得了开发、生产和商业化其核心产品的独家许可，要么获得了营销某些商业化产品的独家许可。举例来说，华领与相关医药/生物科技公司达成了开发、生产和商业化其核心产品华堂宁的独家许可协议。因此，这些生物科技公司在满足第十八A章要求的同时，通过与其他公司达成许可安排，确保了其核心产品的开发、生产和商业化。

3. 风险因素

据《上市规则》第十八A章的规定，生物科技上市申请人必须在醒目位置提供风险提示，警告投资者核心产品的开发和营销并不一定能够成功。生物科技公司披露的常见生物科技相关风险因素包括：公司的发展很大程度上依赖其正在研发的药物。其在临床试验中的成功可能并不保证。如果公司无法将其在研药物商业化或出现重大延迟，其业务可能会受到重大损害。如果公司无法获得所需的监管批准或出现延迟，将无法将其在研药物商业化，其产生收入的能力可能会受到重大影响。即使在研药物获得监管批准，公司可能无法获得医学界医

① 参见 https：//posts. careerengine. us/p/6120843d89d7ef4ba191984d，最后访问日期：2024年3月16日。

生、患者、第三方支付机构和其他参与者的市场认可度，从而无法取得商业上的成功。①

公司的经营历史往往有限，因此难以评估现有业务并预测未来表现。过去一直处于净亏损状态，并且预测在可见的未来可能继续亏损。公司可能依赖第三方进行临床前研究、临床试验和药物生产。如果这些第三方未能按合同责任并按预期时间完成工作，可能无法取得监管批准或将受到重大损害，影响其在研药物和业务。公司可能已经或将要与其他公司达成合作安排、建立合作或战略联盟，或进行额外的许可安排，然而，公司并不保证能从这些合作或许可安排中获得利益。公司可能成功地为其一项或多项在研药物获得或维持足够的专利保护。因此，投资者应意识到生物科技公司面临的风险，包括临床试验成功性、监管批准的取得、市场认可度的获得以及合作安排的成果等方面的不确定性。

4. 资深投资者

《上市规则》第十八 A 章的规定，已根据该章节上市的生物科技发行人的资深投资者主要包括专注于医疗保健和生物科技的基金，以及专门从事生物医药行业投资的知名基金。在常见问题中，联交所明确指出，并没有明确的准则来定义"资深投资者"，因为这个定义可能因多种因素而有所不同。联交所将考虑指引信 GL 92－18 中提及的因素，并举例说明，但这些示例并非详尽无遗，也不具备约束力。在评估过程中，联交所将综合考虑所有相关情况。总结而言，已上市的生物科技发行人的资深投资者主要包括专门的医疗保健基金、生物科技基金以及专注于生物医药行业投资的知名基金。此外，拥有丰富生物科技行业投资经验的美国证监会注册投资顾问也是重要的资深投资者。②

5. 募资用途

根据联交所的预期，第十八 A 章的发行人通常会将募集到的资金的大部分用于支付运营和研发开支（根据《上市规则》第 18A. 03 条注 1）。我们注意到，华领医药、百济神州和歌礼等公司已经公开披露，他们计划将超过 70% 的募集资金

① 参见 https：//posts. careerengine. us/p/6120843d89d7ef4ba191984d，最后访问日期：2024 年 3 月 16 日。

② 参见 https：//posts. careerengine. us/p/6120843d89d7ef4ba191984d，最后访问日期：2024 年 3 月 16 日。

用于支持其核心产品的上述开支。①

四、相关香港法律制度

法律和商业活动在香港密不可分。香港拥有稳固的法律基础和健全的金融体系，为便利商业活动和公平竞争提供了良好的环境。香港的法律基础可靠，包括经过长期验证的普通法制度，以及公开、透明和独立的司法机构，香港的法治水平在国际社会中享有盛誉。② 根据《基本法》第 85 条的保障，香港特区的法院可以独立进行审判，没有任何干涉。香港的法律案例经常被海外引用，这正说明国际法律界对香港司法和法律制度的尊重和信任。③ 其中，香港金融法、香港公司法及香港税务法是金融商业活动最相关的法规，以下整合了在公司红筹上市后相关法律下最基本需要注意的事项，包括财政及税务要求，以符合相关法规。

（一）香港金融法

《证券及期货条例》（香港法例第 571 章）规定了香港证券市场的监管制度和上市规则，该法例于 2003 年生效，取代了此前的《证券条例》和《期货合约条例》。它覆盖范围宽泛，从规管香港上市公司及金融中介机构的行为到提供投资产品的授权准则及其发行的规管，包括关于上市申请程序、信息披露要求、交易规则等内容。

《证券及期货条例》的主要目标是保护投资者利益、维护市场公平和透明度，并促进证券和期货市场的健康发展。该法例涵盖了广泛的内容，包括市场监管、交易规则、发行和上市、持牌人士、市场操纵、内幕交易、信息披露、投资者保护等方面的规定。④

根据《证券及期货条例》，香港证监会是主要的监管机构，负责监管和执法

---

① 参见 https：//posts. careerengine. us/p/6120843d89d7ef4ba191984d，最后访问日期：2024 年 3 月 16 日。

② 参见 https：//www. doj. gov. hk/tc/community_engagement/sj_blog/20210628_blog1. html，最后访问日期：2024 年 3 月 16 日。

③ 参见 https：//www. news. gov. hk/chi/2021/06/20210628/20210628_110525_478. html，最后访问日期：2024 年 3 月 10 日。

④ 参见 https：//www. legco. gov. hk/yr2023/chinese/counmtg/papers/cm20230621 – sp048 – c. pdf，最后访问日期：2024 年 3 月 10 日。

证券和期货市场的规定。香港证监会拥有广泛的权力，包括颁发执照、监督市场参与者、调查违规行为、实施行政和法律制裁等。

（二）香港公司法

《公司条例》（香港法例第 622 章）是香港的公司法，载有 600 多条条文和 24 个附表，为所有香港公司的运作提供符合现代国际标准的法律架构。① 《公司条例》规定了公司的设立、运作和上市等方面的法律规定。

公司注册处是负责管理和监督公司注册事务的机构，负责处理和维护公司注册登记，包括注册新成立的公司、维护公司注册档案和提供相关的注册服务和信息。② 在外地成立，但于香港设立营业地点的公司，必须在设立营业点后一个月内向公司注册处注册为注册非香港公司。

而于香港设立的公司必须制备经审计的年度财务报表，上市公司必须遵守香港证监会和香港联合交易所有限公司的规定，并向公司注册处提交制备经审计的年度财务报表备案，并按照《香港财务报告准则》进行编制。③ 《香港财务报告准则》是香港公司编制财务报表的基准，它与国际财务报告准则高度一致。它提供了详细的指导和规定，确保财务报表的准确性、可比性和一致性。

这些财务报表包括资产负债表、利润表、现金流量表和股东权益变动表等。财务报表的编制和披露要求是为了确保公司提供准确、可靠和透明的财务信息，以便投资者、利益相关方和监管机构能够全面了解公司的财务状况和业绩。这样可以确保市场参与者和投资者能够及时获得关于上市公司的财务信息。

（三）香港税务法

《税务条例》（香港法例第 112 章）就因受雇工作和收益性职位可以赚取的收入以及退休金征收薪俸税，就从事贸易或业务所获得利润征收利得税，以及就房地产租金收入征收物业税。④ 而销售税、消费税、增值税、预扣税、资本增值

① 参见 https：//www. fstb. gov. hk/fsb/co_rewrite/chi/pub－press/doc/CB_Consultation_Paper_Full_c. pdf，最后访问日期：2024 年 3 月 10 日。

② 参见 https：//www. cr. gov. hk/tc/about/corp－info/role. htm，最后访问日期：2024 年 3 月 10 日。

③ 参见 https：//www2. deloitte. com/content/dam/Deloitte/cn/Documents/tax/deloitte－cn－tax－hk－tax－guide－zh－230524. pdf，最后访问日期：2024 年 3 月 10 日。

④ 参见 https：//guangdong. chinatax. gov. cn/gdsw/ssfwyga_sszn/201911/408ddbf70eaa4911abda0a7d6271ca21/files/0aa1a2915dd848b9bb2ba39c9ccaabb3. pdf，最后访问日期：2024 年 3 月 10 日。

税、股息税，香港都一律免征收。①

所有在香港从事活动的企业，无论是否在香港注册成立，都必须在开业后一个月内从香港税务局办理商业登记证。商业登记证是在香港从事经营活动的企业必须获得的法定文件。该证书确认了企业的存在和合法性，并记录了企业的基本信息，如名称、地址和业务性质等。② 申请商业登记证需要向香港税务局提交相应的申请表格和必要的文件，包括企业名称证明、注册证明、业务地址证明和有关业务活动的描述等。申请后，税务局会对申请进行审核，并在核实信息无误后颁发商业登记证。在获得商业登记证后，企业将具备合法从事商业活动的资格，并有责任履行相关法律和税务义务，企业需要在有效期届满前进行续期。

除了上述之外，薪俸税及物业税是根据课税年度内的应累算入息而征收，课税年度由每年 4 月 1 日至翌年 3 月 31 日。③ 利得税的应评税利润是根据在有关课税年度内终结的会计年度所赚的会计利加上适当的税务调整而计算企业可于香港享有简单透明的税制以及低廉的税负，法团首 200 万港元的利得税税率仅为 8.25%，其后的利润则按标准的 16.5% 征税。④

关于前述具体内容，可查阅《证券及期货条例》（香港法例第 571 章）、《公司（清盘及杂项条文）条例》（香港法例第 32 章）、《公司条例》（香港法例第 622 章）、《商业登记条例》（香港法例第 310 章）、《税务条例》（香港法例第 112 章）、《打击洗钱及恐怖分子资金筹集条例》（香港法例第 615 章）及前文提及的开曼群岛《公司法》、英属维尔京群岛《商业公司法》。

① 参见 https：//www. fstb. gov. hk/tb/tc/business/general/prevailing - tax - policy. htm，最后访问日期：2024 年 3 月 10 日。

② 参见 https：//www. ird. gov. hk/chi/tax/bre_abr. htm，最后访问日期：2024 年 3 月 11 日。

③ 参见 https：//www. gov. hk/tc/residents/taxes/etax/services/tax_computation. htm，最后访问日期：2024 年 3 月 11 日。

④ 参见 https：//www. ird. gov. hk/chs/tax/bus_pft. htm，最后访问日期：2024 年 3 月 11 日。

第五章 中外股权融资概况

第一节 中国股权融资实践

一、融资规模和概况

依据《2022年社会融资规模存量统计数据报告》，初步统计，2022年年末社会融资规模存量为344.21万亿元，同比增长9.6%。其中，对实体经济发放的人民币贷款余额为212.43万亿元，同比增长10.9%；对实体经济发放的外币贷款折合人民币余额为1.84万亿元，同比下降17.4%；委托贷款余额为11.24万亿元，同比增长3.4%；信托贷款余额为3.75万亿元，同比下降14%；未贴现的银行承兑汇票余额为2.66万亿元，同比下降11.6%；企业债券余额为31.01万亿元，同比增长3.6%；政府债券余额为60.19万亿元，同比增长13.4%；非金融企业境内股票余额为10.64万亿元，同比增长12.4%。

从结构看，2022年年末对实体经济发放的人民币贷款余额占同期社会融资规模存量的61.7%，同比高0.7个百分点；对实体经济发放的外币贷款折合人民币余额占比0.5%，同比低0.2个百分点；委托贷款余额占比3.3%，同比低0.2个百分点；信托贷款余额占比1.1%，同比低0.3个百分点；未贴现的银行承兑汇票余额占比0.8%，同比低0.2个百分点；企业债券余额占比9%，同比低0.5个百分点；政府债券余额占比17.5%，同比高0.6个百分点；非金融企业境内股票余额占比 3.1%，同比高 0.1 个百分点。

二、组织

（一）投资机构

1. 投资公司的大概类型

股权投资通常是为长期（至少在一年以上）持有一个公司的股票或长期的投资一个公司，以期达到控制被投资单位，或对被投资单位施加重大影响，或为了与被投资单位建立密切关系，以分散经营风险的目的。

如被投资单位生产的产品为投资企业生产所需的原材料，在市场上这种原材料的价格波动较大，且不能保证供应。在这种情况下，投资企业通过所持股份，达到控制或对被投资单位施加重大影响，使其生产所需的原材料能够直接从被投资单位取得，而且价格比较稳定，保证其生产经营的顺利进行。

但是，如果被投资单位经营状况不佳，或者进行破产清算时，投资企业作为股东，也需要承担相应的投资损失。股权投资通常具有投资大、投资期限长、风险大以及能为企业带来较大的利益等特点。股权投资的利润空间相当广阔，一是企业的分红，二是一旦企业上市则会有更为丰厚的回报。同时还可享受企业的配股、送股等一系列优惠措施。

2. 股权投资分为以下四种类型

（1）控制，是指有权决定一个企业的财务和经营政策，并能据以从该企业的经营活动中获取利益。

（2）共同控制，是指按合同约定对某项经济活动所共有的控制。

（3）重大影响，是指对一个企业的财务和经营政策有参与决策的权力，但并不决定这些政策。

（4）无控制、无共同控制且无重大影响。

目前国内知名的股权投资公司有：创新工场、顺为资本、道彤投资、启明创投、丰年资本、经纬创投、华芯投资、临芯投资、黑蚁资本、青山资本等。

（二）协会组织

例如中华股权投资协会（CVCA）就是一间创业投资和股权投资基金的行业协会组织，2002 年成立于香港，协会致力于推动创业投资和私募股权投资在大中华地区的进步和健康、可持续的发展。

部分省份存在，由省级政府金融办（地方金融监督管理局）主管的股权投资协会，如浙江省股权投资行业协会、上海股权投资协会等。

三、趋势

创业投资数据库 Crunchbase 数据显示，2023 年美国投资者在中国的风险投资交易数量达近 4 年来的最低水平。

证监会发布于 2023 年 3 月 31 日起实施的《境内企业境外发行证券和上市管理试行办法》标志着境内企业在境外发行上市进入了统一备案制的时代，在此之前美元基金的诸多中国项目通过境外上市（美股、港股居多）实现退出，但在备案新规实施的背景下，境内企业境外上市需要经过证监会备案，而监管对于信息保护和数据合规的关注和红筹架构中协议控制（VIE）的审查，都使得境外上市的复杂程度和不确定性提高了，业界普遍认为，这与美元基金的投资水平存在关联。

第二节

美国股权融资实践

一、融资概况

2022 年美股一级市场股权融资总金额为 736 亿美元，较 2021 年融资金额 4283 亿美元同比锐减 82.81%。在俄乌冲突持续、利率迅速上升、通胀高企、全球经济衰退迫在眉睫等宏观经济因素共同作用下其中，2022 年下半年全球风险投资金额有所下降。① 首发融资规模为 222 亿美元，较去年呈现断崖式下跌，减幅超 93.07%。第四季度一级市场股权融资总金额为 167 亿美元，较 2021 年第四

① 参见 https：//assets. kpmg. com/content/dam/kpmg/cn/pdf/zh/2023/04/q4 – venture – pulse – report – global. pdf，最后访问日期：2024 年 3 月 12 日。

季度同比锐减 80.53%，较今年第三季度环比下降约 3.61%。[1] 2023 年上半年美股一级市场股权融资总金额为 563 亿美元，与去年上半年融资金额 396 亿美元相比上升 42.20%，融资环境持续向好。其中，首发融资规模为 118 亿美元，同比减少 29.82%；增发融资规模 444 亿美元，同比上升 95.75%。[2]

（一）行业

在 2022 年，美国股权融资最活跃的行业包括科技、保健、金融和消费品。其中，科技行业是最受欢迎的行业[3]，美国的科技行业获得了最多的股权融资[4]。科技行业近年来占全球交易数量的近 40%，以及交易价值的 50% 以上。这主要由于大型科技公司在 2021 年进行了大量的融资。例如，Rivian Automotive 在 2021 年 1 月筹集了 120 亿美元，帮助其积累了现金储备，这一数额仍让大多数其他电动汽车初创公司相形见绌。[5] 其他获得大量股权融资的行业包括生命科学、金融科技和医疗保健。[6] 生命科学行业在 2022 年获得了 49.2 亿美元的风险投资[7]，金融科技行业在 2021 年获得了 260 亿美元的风险投资[8]，医疗保健行业获得了 590 亿美元的股权融资。

（二）平均金额

2022 年，美国股权融资的平均金额为 14900 万美元，为 A 轮、B 轮和 C 轮融

---

① 参见 https：//www. sohu. com/a/626971497_99992453，最后访问日期：2024 年 3 月 12 日。

② 参见 https：//www. sohu. com/a/695323158_99992453，最后访问日期：2024 年 3 月 12 日。

③ 参见 http：//www. 21jingji. com/article/20220216/herald/ee3a19a11a9abdeb8ad4e1119dbf54c2. html，最后访问日期：2024 年 3 月 12 日。

④ BIS，*Funding for fintechs：patterns and drivers*，BIS（Sept. 20，2021），https：//www. bis. org/publ/qtrpdf/r_qt2109c. htm.

⑤ John Rosevear，*Rivian shares fall as EV maker looks to raise ＄1.3 billion amid growing demand concerns*，CNBC（Mar. 7，2023），https：//www. cnbc. com/2023/03/07/rivian – notes – fundraise – ev – demand. html.

⑥ JPMorgan U. S. Equity Fund Class L，*Fourth Quarter 2022 Fund Fact Sheet*，https：//www. retirement. prudential. com/RSO/web/fundsheets/407F – 81EE – 9D491FD11170. PDF.

⑦ Sandy Romero，*Life Sciences Funding in View*，Cushman & Wakefield（1，2023），https：//www. cushmanwakefield. com/en/united – states/insights/us – articles/life – sciences – funding – in – view.

⑧ Hugh Son，*The fintech reckoning is upon us. Here's what to expect next year*，CNBC（Dec. 29，2022），https：//www. cnbc. com/2022/12/28/fintech – startups – 2022 – 2023 – a – reckoning – is – upon – us – heres – what – to – expect. html.

资的总和。[①] 这些融资总和通常用于支持初创公司的发展和增长。在不同的融资轮次中，公司可以筹集到不同规模的资金，以支持公司的不同阶段发展所需的各种需求和目标。

获得 A 轮融资对于初创公司来说是一个重要的里程碑。除了融资规模比种子轮大得多外，公司还需要展示他们拥有一个最小可行产品（MVP），以获得 A 轮融资，而不仅是一个好的想法或团队。事实上，只有不到 10% 的种子轮融资公司成功地筹集到了 A 轮融资。A 轮投资者提供首次优先股发行，以换取资本，该发行在种子轮发行的普通股之后。2022 年，美国的 A 轮融资中位数为 1500 万美元，平均值为 1700 万美元。而 2021 年，美国的 A 轮交易数量和平均融资规模均出现了显著增长，2021 年美国约有 880 笔 A 轮交易，比 2020 年的 650 笔增长了 35%。

A 轮融资轮是真正用于团队和产品开发的，B 轮融资轮则意味着将业务带到更高的水平，超越开发阶段，是初创公司的第二轮风险投资融资。B 轮融资紧随 A 轮融资轮之后，而在 C 轮融资轮之前。“B 轮”指的是销售的优先股类别。著名风险投资公司 Redpoint 的风险投资家 Tomasz Tunguz 说，B 轮融资是初创公司最具挑战性的融资轮，因此在提出你的计划之前要做好充分的准备。通常在进行 B 轮融资之前，公司必须在 A 轮融资后展示出一些强大的成就。因此，B 轮融资是为了通过更大的投资轮来加速增长。2022 年美国的中位数 B 轮融资为 3500 万美元，平均数为 5100 万美元。

C 轮指的是初创公司的第三轮风险投资融资。C 轮指的是销售的优先股类别，通常是为了使初创公司具备吸引收购或支持首次公开募股的能力。虽然有很多资本准备就绪，但很多公司无法进入 C 轮融资。这是因为在投资者参与此轮融资之前，C 轮投资者正在寻找已经展示出重大进展的突破性公司。因此，C 轮融资轮的交易规模不断增加。2022 年美国的中位数 C 轮融资为 5500 万美元，C 轮融资的初创公司的前估值中位数目前约为 6800 万美元。[②]

---

① *Series A，B，C Funding*：*Averages*，*Investors*，*Valuations*，Fundz，https：//www. fundz. net/what – is – series – a – funding – series – b – funding – and – more.

② *Series A，B，C Funding*：*Averages*，*Investors*，*Valuations*，Fundz，https：//www. fundz. net/what – is – series – a – funding – series – b – funding – and – more.

（三）投资机构

美国股权融资的投资机构非常多样化，包括风险投资公司、天使投资团体、私募股权公司、对冲基金、企业风险投资基金、家族办公室和众筹平台等。①

风险投资公司是投资公司专门为早期和高成长的公司提供资金，并交换公司的所有权股份。其中，最活跃的风险投资公司包括红杉资本（Sequoia Capital）、安德里森·霍罗维茨（Andreessen Horowitz）、Accel、凯鹏华盈（Kleiner Perkins）和贝瑟默风险投资公司（Bessemer Venture Partners）等。②

天使投资团体由个人投资者组成，他们自发成立投资团体或投资俱乐部，以分享研究成果和集中资金针对性，这样他们注资新企业的资金，就比单打独斗时丰厚得多。在美国从1996年到2005年，由大约10个天使投资团体已经发展到了200个以上。最大的天使投资群体包括俄亥俄州科技天使基金（Ohio TechAngel Funds）、科技海岸天使（Tech Coast Angels）、投资者圈（Investors' Circle）、金种子有限责任公司（Golden Seeds LLC）等。③

私募股权公司是投资公司专门向更成熟的公司提供资金或收购现有公司，以改善其业绩并出售以获利。最大的私募股权公司包括黑石集团（Blackstone）、科尔伯格－克拉维斯－罗伯茨（KKR）、殷拓集团（EQT）、Thoma Bravo、凯雷集团（The Carlyle Group）等。④

二、协会组织

全美风险投资协会是代表美国风险投资行业的首要行业协会，成立于1973

① Types of Investor Groups That Startups Should Consider，Dec. 7，2023，https：//fastercapital. com/content/Types – of – Investor – Groups – That – Startups – Should – Consider. html.

② 21 Top Venture Capital Firms，TRUIC（Dec. 8，2023），https：//startupsavant. com/top – venture – capital – firms.

③ Jason Fell，*The Top 10 Angel Investor Groups*，Entrepreneur（Aug. 15，2011），https：//www. entrepreneur. com/starting – a – business/the – top – 10 – angel – investor – groups/220149.

④ *PEI 300：The world's largest private equity firms*，Private Equity International，https：//www. privateequityinternational. com/pei – 300.

年，是一家非营利性风险投资公司，总部位于哥伦比亚特区华盛顿特区。[①] 它旨在提高人们对风险投资对美国经济重要性的认识，并鼓励创业活动和创新。[②] 该协会还召集风险资本投资者、企业家和行业合作伙伴来制定公共政策优先事项，[③] 努力保持高专业标准，提供可靠的行业数据研究，制定新的行业举措，赞助专业发展，并促进其成员之间的互动。[④]

1. 研究

提供创业投资企业的就业动态、风险投资监测、风险投资人力资本调查、年度报告、区域数据等。[⑤]

（1）风险投资企业的就业动态。

《1990 年至 2020 年美国 VC 企业的就业动态》是由美国风险投资协会、Venture Forward 和北卡罗莱纳大学肯南企业研究所联合发布的新研究报告。[⑥] 该报告估计和制作了位于美国各州和国会选区的风险投资支持企业总部的就业情况地图，并分析了 1990 年至 2020 年创业投资企业的就业动态。追溯至 1970 年，利用超过 67000 家接受了风险投资的创业投资企业的公司级数据，在地图上标出了 2020 年创业投资企业约 380 万个就业岗位的位置，通过交互式地图了解每个国会选区或州的详细就业数据。[⑦]

（2）风险投资监测。

《PitchBook – NVCA Venture Monitor》由美国风险投资协会和 PitchBook 联合

---

① *National Venture Capital Association Overview*, PitchBook, https://pitchbook.com/profiles/investor/41762 – 17? utm_source = google&utm_medium = cpc&utm_campaign = Profile – Previews – AS&adgroup = Profile – Previews – Advisor – Profiles&utm_term = &device = c&utm_content = &_bk = &_bt = 572931937146&_bm = &_bn = g&_bg = 118670843272&kwdaud = dsa – 1184403903270&sfid = – dc_pcrid_572931937146_pkw__pmt__slid__productid__pgrid_118670843272_ptaid_dsa – 1184403903270&gclid = CjwKCAjwlJimBhAsEiwA1hrp5sZ84WphimeM6nJIHrqCIn95 – FI8SWYvHpeFeE9e93FAItwmL1VvchoC5WAQAvD_BwE#overview.

② Crunchbase, https://www.crunchbase.com/organization/national – venture – capital – association.

③ Crunchbase, https://www.crunchbase.com/organization/national – venture – capital – association.

④ Crunchbase, https://www.crunchbase.com/organization/national – venture – capital – association.

⑤ NVCA, https://nvca.org.

⑥ *Employment Dynamics at VC – Backed Companies in the United States: 1990 to 2020*, NVCA, https://nvca.org/employment – dynamics.

⑦ *Employment Dynamics at VC – Backed Companies in the United States: 1990 to 2020*, NVCA, https://nvca.org/employment – dynamics.

制作，是关于创业生态系统风险投资活动的权威季度报告。①

（3）风险投资人力资本调查。

自 2016 年以来，每两年进行一次的风险投资人力资本调查由 Venture Forward、美国风险投资协会和德勤提供支持，旨在捕捉风险投资公司的员工数据；开发对风险投资行业内人口统计数据的基础了解；揭示行业内多样性、公平性和包容性（Diversity、Equity、Inclusion，DEI）的现状；作为教育资源，帮助创业投资公司了解如何扩大其团队和投资组合的多样性。② 该调查收集了每个风险投资公司员工的公司人口统计信息。此外，调查还收集了有关公司人才管理实践和 DEI 计划的信息。③

（4）年度报告。

美国风险投资协会年度报告是一份重要的行业资源，记录了过去一年的风险投资活动趋势和分析。内容包括：有关美国风险投资产业规模和影响的统计数据；有关投资初创企业、被风险投资公司管理的筹资和资本的数据；通过首次公开募股（IPO）或并购（M&A）进行的退出活动分析。④

（5）区域数据。

作为风险投资行业的旗舰贸易协会，美国风险投资协会的主要使命是倡导政策，以加强创业生态系统，并向所有利益相关者提供及时准确的风险投资活动数据是该使命的核心。协会与 PitchBook 的合作提供有关全国不同州、MSA 和地区的风险投资活动数据。⑤

2. 资源

美国风险投资协会为其成员提供资源，帮助他们更好地管理和发展其投资和团队。这些资源包括但不限于：

---

① *PitchBook – NVCA Venture Monitor*，NVCA，https：//nvca. org/pitchbook – nvca – venture – monitor.

② VC Human Capital Survey，Venture Forward，https：//ventureforward. org/programs – initiatives/vc – human – capital – survey.

③ VC Human Capital Survey，Venture Forward，https：//ventureforward. org/programs – initiatives/vc – human – capital – survey.

④ NVCA Yearbook，NVCA，https：//nvca. org/nvca – yearbook.

⑤ Regional Data，NVCA，https：//nvca. org/research/regional – data.

（1）美国风险投资协会模板法律文件。

美国风险投资协会模板法律文件是风险投资行业所采用的标准文件，用于风险投资融资交易中的各个阶段。[①] 这些文件由美国风险投资协会和一些领先的风险投资律师起草，并受到业界的广泛认可和使用。法律示范文本非常详尽包括投资协议、股东协议、公司章程、董事会决议、投资者权利义务、投票协议、条款清单、股票购买协议、有限购买权和共同销售协议等，同时还创新地加入了数据分析，每份协议都嵌入了交易条款频率和使用情况的市场分析，可以帮助投资者和企业家在风险投资交易中更加高效地协商和达成一致。

（2）州小企业信贷计划（SSBCI）[②]。

由美国风险投资协会和 Venture Forward 联合制作，作为 2021 年《美国救援计划》的一部分，州小企业信贷计划以 100 亿美元的资金重新启动，用于债务或股权投资计划，为代表性地区和社区的小企业和初创企业提供资金。为参与州小企业信贷计划的两个主要受众提供见解，第一，项目申请人（即投资者、基金经理、新兴管理者），包括批准的州级 VC 计划列表和申请人联系信息。第二，项目执行者（即州经济发展机构和其他项目领导者），提供给州小企业信贷计划管理员的有关风险投资的信息。

（3）同侪小组。

美国风险投资协会成员公司的个人受邀参加专注于投资策略、职能专业知识或政策兴趣的独家同侪小组。这些小组提供了一个平台，使成员公司能够与来自其他公司的同行交流经验和见解，并分享最佳实践。这些小组的成员可以通过定期电话会议、在线讨论、论坛和面对面会议等方式进行交流和互动。这些小组的成员通常具有相似的投资策略、市场重点或政策兴趣，因此可以互相学习和提高专业技能。[③]

（4）经营风险投资基金的原则。

美国风险投资协会制定了一系列原则，旨在帮助风险投资公司管理其基金并履行对有限合伙人的责任。通过遵守这些原则，风险投资公司可以更好地管理其

① Model Legal Documents，NVCA，https：//nvca. org/model - legal - documents.

② SSBCI Resources，NVCA，https：//nvca. org/ssbci - resources.

③ Peer Groups，NVCA，https：//nvca. org/peer - groups.

基金并实现其投资目标，同时保护有限合伙人的权益。①

（5）优选供应商计划。

NVCA 的优选供应商计划是为了帮助会员及其投资组合公司获得更便宜、更高质量的产品和服务。这些优惠包括多种服务，如法律服务、会计服务、招聘服务、保险服务等。协会已经为一系列产品和服务谈判了重要的折扣。协会的优选供应商计划通过与杰出合作伙伴的特别优惠，帮助会员及其投资组合公司节省时间和金钱。②

（6）NVCA 的教育计划。

NVCA 的教育计划旨在为风险投资从业者提供一系列机会，以学习和分享最佳实践，并建立业界联系。这些计划包括研讨会、培训活动、网络研讨会、在线课程等。这些资源可以帮助投资者和企业家更好地理解风险投资行业，掌握最佳实践，并提高自己的专业技能和知识水平。③

（7）协议和增强版模板条款 v3. 0。

协议和增强版模板条款 v3. 0 是一套专为风险投资而设计的法律文件和模板，由美国国家风险投资协会和投资分析公司 Aumni 共同发布。这些文件和模板作为风险投资的标准化框架，涵盖了投资过程的各个方面，如股权所有权、投票权和退出方案等。此次更新以 2020 年 7 月推出的原始增强模型条款清单为基础，文件和模板整合了 Aumni 超过 20 万笔风险投资交易的数据见解和分析，为投资者和企业家提供了谈判更好条款和条件的基准，是对私募风险交易条款数据进行最广泛分析的产物。v3. 0 允许投资者在草拟合同的同时，将条款与市场基准进行比较，通过将文件和模板中的条款和条件与市场基准进行比较，投资者和企业家可以更好地了解每个条款对投资的潜在影响。④

---

① Operating Principles，NVCA，https：//nvca. org/operating – principles.

② Preferred Provider Program，NVCA，https：//nvca. org/preferred – provider – program2.

③ Resources，NVCA，https：//nvca. org/our – work/resources.

④ *NVCA and Aumni Announce New Enhanced Investors' Rights Agreement and Enhanced Model Term Sheet v3. 0*，NVCA（Jun. 14，2022），https：//nvca. org/press _ releases/nvca – and – aumni – announce – new – enhanced – investors – rights – agreement – and – enhanced – model – term – sheet – v3 – 0.

三、趋势

美国风险投资协会在 2023 年第二季度 PitchBook – NVCA 风险监测报告记录了随着市场进一步收紧，投资者和创始人如何调整优先事项，以赢得时间并识别高影响力的创新：

即使在种子阶段，筹集资金现在也明显更加困难，季度交易额较第一季度下降了 26.3%。

成熟初创企业受困资本继续增加：今年上半年仅实现了 120 亿美元的退出价值，第二季度交易价值创十年来新低。

目前有 50000 家风险投资支持的公司，是 2016 年水平的两倍，这表明了长期资本短缺的风险。

第三节 欧洲股权融资实践

一、融资概况

欧洲公司融资模式的变化非常不均衡。相对于总资产负债表而言，银行贷款的份额已经下降，这在欧元区危机国家中最为明显。在欧元区核心国家，这种下降在很大程度上被上市和非上市股权的更重要融资所弥补。欧元区危机国家也呈现出类似的模式，虽然由于它们的企业部门经历了长期的信贷和融资约束，外部股权不那么重要，随着去杠杆化进程的推进，自有股权和留存收益变得更加突出。①

2022 年，欧洲 IPO 募资规模降至 172 亿美元，其中保时捷在德国的上市占到一半以上，2021 年欧洲 IPO 募资规模为 1048 亿美元。② 保时捷独立上市融资，

---

① Raposo Inês & Lehmann Alexander，*Equity finance and capital market integration in Europe*，Policy Contribution 2019（n 3）.

② 参见 https：//xuangubao. cn/article/1030994，最后访问日期：2024 年 3 月 12 日。

是欧洲近十年来最大 IPO，德国历史上第二大 IPO。[①] 若剔除保时捷，则欧洲 2022 年的 IPO 融资规模将降至不足 100 亿美元，是 2011 年以来最冷清的一年。[②] 尽管政策环境收紧，但欧洲私募股权（PE）交易在 2022 年上半年仍然具有弹性。[③] 上半年，商业产品和服务板块飙升至新高，而赞助商继续加码信息技术（IT）资产，占私募股权交易量的近 25%。在俄乌冲突持续、利率迅速上升、通胀高企、全球经济衰退迫在眉睫等宏观经济因素共同作用下，筹资市场面临一些不利因素，欧洲的创投投资额下降幅度最大，相比上一季度下降约 40%，欧洲私募股权退出活动在 2022 年继续放缓。

（一）行业

未来预计深科技、金融科技和网络安全等领域的股权投资将上升[④]。在这些领域，英国超过了任何其他市场。例如，在金融科技领域，2016—2019 年间的总投资在英国比整个欧盟加起来还要大。2022 年英国科技公司共筹集 240 亿英镑融资额，超过法国（118 亿英镑）和德国（91 亿英镑）的总和，这使得过去五年筹集的总额接近 1000 亿英镑[⑤]。

欧洲能源，清洁技术和绿色技术在基金中变得越来越受欢迎，投资者大举押注替代能源技术、电动和氢动力汽车以及储能领域[⑥]这与欧洲经济即将迎来向低碳经济的必要转变有关。在这一过渡中，股权基金发挥至关重要的作用，因为对绿色技术的投资本质上是高风险的。[⑦] 除了技术风险（例如技术过时，未来无法

① 参见 https：//finance. sina. com. cn/tech/it/2022 - 09 - 29/doc - imqmmtha9235616. shtml，最后访问日期：2024 年 3 月 12 日。

② 参见 https：//xuangubao. cn/article/1030994，最后访问日期：2024 年 3 月 12 日。

③ 参见 https：//finance. sina. cn/tech/2022 - 08 - 23/detail - imizirav9278467. d. html？from = wap，最后访问日期：2024 年 3 月 12 日。

④ European Commission，*Study on Equity Investments in Europe*：*Mind the Gap*，p. 6.

⑤ UK tech sector retains #1 spot in Europe and #3 in world as sector resilience brings continued growth，gov. uk（Dec. 21，2022），https：//www. gov. uk/government/news/uk - tech - sector - retains - 1 - spot - in - europe - and - 3 - in - world - as - sector - resilience - brings - continued - growth#：~：text = The UK tech sector will，for the Digital Economy Council.

⑥ World Energy Investment 2022：Overview and key findings，IEA，https：//www. iea. org/reports/world - energy - investment - 2022/overview - and - key - findings.

⑦ European Commission，*Study on Equity Investments in Europe*：*Mind the Gap*，p. 6.

进入市场）外，政治风险也存在。① 瑞典自动驾驶卡车初创公司 Einride 融资 5 亿美元的股权和债务资金，加速在欧洲和北美扩张②；电动卡车初创公司 Volta Trucks 在 C 轮融资 2.6 亿欧元、法国电池公司 Verkor 融资 2.459 亿欧元③、爱沙尼亚可再生能源基础设施公司 Sunly 出资 1.96 亿欧元，以及比利时氢能源公司 Tree Energy Solutions 融资 1.22 亿欧元④。

（二）平均金额

2021 年，欧洲和英国市场共完成 422 笔 IPO 交易，融资总额达 750 亿欧元；2022 年上半年，两地共完成 102 笔 IPO 交易，融资总额达 156 亿欧元；2023 年第一和第二季度，两地共完成 45 笔 IPO 交易，融资总额达 38 亿欧元。2022 年欧洲筹款总额达到 1700 亿欧元，比 2021 年增长 30%，是有记录以来的最高水平。风险融资创下了创纪录的一年，全年筹集了 230 亿欧元。最大的资金来源是企业投资者（31%）。法国和比荷卢地区仍然是主要资金来源。2022 年，收购筹款额达到 1110 亿欧元，比前五年的平均水平高出 51%。年内增长筹资达到有记录以来的第二高水平（210 亿欧元），比过去五年的平均水平高出 42%。⑤

（三）投资机构

欧洲股权融资投资机构主要分为投资银行和私募投资公司。投资银行是经营直接融资业务的，它既不接受也不发放贷款，而是为企业发行股票或债券，提供重组、全国服务，抽取佣金。提供证券服务和资产管理服务，在资本市场上进行投资或投机交易。⑥

① European Commission，*Study on Equity Investments in Europe*：*Mind the Gap*，p. 6.

② Sawers Paul，*Autonomous and electric truck company Einride raises $500M in equity and debt*，<https：//techcrunch. com/2022/12/07/autonomous – electric – truck – company – einride – raises – 500m – in – equity – and – debt/>.

③ *Verkor raises more than 250 million euros in additional financing for its Verkor Innovation Centre*，Verkor（Nov. 2，2022），https：//verkor. com/en/verkor – raises – more – than – 250 – million – euros – in – additional – financing – for – its – verkor – innovation – centre/.

④ Tani Shotaro，*Hydrogen start – up Tree Energy secures €65mn in latest funding round*，Financial Times（Jul. 21，2022），https：//www. ft. com/content/e0b366d6 – 5dbe – 41eb – 96f7 – e49c24f9a2c4.

⑤ PWC，*IPO Watch Europe H1 2023*，https：//www. pwc. co. uk/risk/assets/pdf/ipo/ipo – watch – europe – h1 – 2023. pdf.

⑥ 参见 https：//www. jiemian. com/article/1168473. html，最后访问日期：2024 年 3 月 13 日。

而私募股权公司通过非公开形式募集资金，以基金方式作为资金募集的载体，由专业的基金管理公司运作，对实体企业进行各种类型的股权投资。[①] 在欧洲大陆，私募股权投资基金如下于风险，欧洲私募股权资本和创业协会（EVCA）将私募股权投资定义为投资于企业早期（种子期和创业期）和扩展种子期的专业股权投资。私募股权投资基金管理者或管理人为企业带资本来投资的同时，还提供管理技术、企业发展战略以及其他的增值服务。

1. 以下是一些知名的欧洲股权融资投资银行：

（1）德意志银行（Deutsche Bank AG）。

德意志银行是一家总部位于德国、在全球范围内拥有超过100000名员工的跨国银行[②]，总部位于法兰克福，并在全球70多个国家开展业务。[③] 作为欧洲最大的投资银行之一和全球第27大银行[④]，德意志银行提供广泛的投资银行服务，包括股权融资、债务融资、并购咨询和交易执行。[⑤]

（2）瑞银集团（UBS Group AG）。

瑞银集团是一家总部位于瑞士的跨国投资银行，也是全球最大的投资银行之一。[⑥] 该集团由瑞士银行公司和瑞士联合银行在1998年合并而成，这两家银行出于来自美国金融机构的激烈竞争的推动而合并。[⑦] 瑞银集团提供广泛的投资银行服务，涵盖股权融资、债务融资、并购咨询和交易执行等领域。[⑧]

---

① 参见 http：//www. dachenglaw. com/cn/researchs/146665. html？ view =/bjdachenglaw/template/cn/print. ftl&id =813aaea8136d43e1b6bac8d78d90a247，最后访问日期：2024年3月13日。

② *Number of employees at Deutsche Bank worldwide from 2006 to 2022*，Statista（Aug. 31，2023），https：//www. statista. com/statistics/262691/number – of – employees – at – deutsche – bank – since – 2006/.

③ Deutsche Bank，https：//banksdaily. com/info/deutsche – bank.

④ Zia Khan & Harry Terris et al，*The world's 100 largest banks*，S&P Global Market Intelligence（Apr. 26，2023），https：//www. spglobal. com/marketintelligence/en/news – insights/research/the – world – s – 100 – largest – banks – 2023.

⑤ Deutsche Bank，What we do，https：//www. db. com/What – we – do/Products – and – services/investment – bank#show – content – of – origination – & – advisory.

⑥ Siddiq Sheryar，25 Largest Banks in the World by Assets，https：//finance. yahoo. com/news/25 – largest – banks – world – assets – 180244366. html.

⑦ UBS AG，Britannica，https：//www. britannica. com/topic/UBS – AG.

⑧ UBS Investment Bank，What we offer，https：//www. ubs. com/global/en/investment – bank/what – we – offer. html.

（3）巴克莱银行。

巴克莱银行是一家总部位于英国伦敦的英国跨国综合银行。该银行分为两个部门：巴克莱英国公司和巴克莱国际公司，并由巴克莱执行服务公司提供支持。巴克莱被金融稳定委员会视为拥有系统重要性的银行。① 根据 2011 年的一篇论文，巴克莱银行在全球企业控制、金融稳定和市场竞争方面是最强大的跨国公司，排名分别超过安盛集团和道富银行。② 巴克莱银行在 50 多个国家开展业务，拥有超过 80000 名员工，按总资产计算是欧洲第五大银行。③ 其投资银行业务为大型企业、机构和政府客户提供咨询、融资和风险管理服务。④

（4）法国兴业银行。

法国兴业银行是一家总部位于法国、成立于 1864 年的跨国金融服务公司。⑤作为法国第三大总资产银行，仅次于法国巴黎银行和法国农业信贷银行，法国兴业银行也是欧洲第六大、全球第十八大银行。该银行被金融稳定委员会视为具有系统重要性的银行。自 1966 年至 2003 年，它与法国巴黎银行和里昂信贷银行一同被称为法国三大商业银行。

2. 以下是一些知名的欧洲私募投资公司：

（1）Balderton Capital。

Balderton Capital 是一家总部位于伦敦的风险投资公司，专注于欧洲的早期和成长阶段科技公司。⑥ 他们的投资领域包括人工智能、数字健康、金融科技和电子商务等。

---

① *2021 List of Global Systemically Important Banks*（*G - SIBs*），FSB（Nov. 23，2021），https：//www. fsb. org/wp - content/uploads/P231121. pdf.

② Wem gehört die Welt "*Who owns the World?*"，Die Zeit（Mar. 31，2012），https：//web. archive. org/web/20161004225112/http：//images. zeit. de/wissen/2012 - 05/s37 - infografik - wirtschaft. pdf.

③ Saleem Fahad，15 Biggest Banks in the World，Yahoo（Nov. 21，2022），https：//finance. yahoo. com/news/15 - biggest - banks - world - 173601400. html.

④ Investment Banking，Barclays，https：//www. cib. barclays/investment - banking. html? cid = paidsearch - textads _ google _ google _ business _ branded _ apac _ brand _ banking _ 3445221084&gclid = Cj0KCQjwib2mBhDWARIsAPZUn _ mA9KrUzMJKLRRl99eE6GtGXJWzqXnask3opjiek81FsQ8L - f2GbLgaAjNLEALw_wcB&gclsrc = aw. ds.

⑤ Société Générale，Wikipedia，https：//en. wikipedia. org/wiki/Société_Générale.

⑥ Balderton Capital，Crunchbase，https：//www. crunchbase. com/organization/balderton - capital.

（2）Atomico。

Atomico 是一家总部位于伦敦的风险投资公司，在巴黎、柏林和斯德哥尔摩设有办事处。由 Skype 的联合创始人 Niklas Zennström 于 2006 年创立。① 他们专注于欧洲和全球范围内的科技产业，特别是人工智能、区块链、物联网和数字健康等领域。②

（3）Northzone。

Northzone 是一家总部位于伦敦的风险投资公司，成立于 1996 年。③ 他们的投资重点包括消费品、互联网、软件和科技创新等领域。Northzone 的新基金专注于一些与之前基金相同的事情，比如瞄准欧洲和美国东海岸，主要投资于 A 轮和 B 轮融资，并进行一些选择性种子投资，该公司最著名的退出之一是 Spotify。④

（4）EQT Ventures。

EQT Ventures 是一家总部位于瑞典的风险投资公司，是瑞典投资管理公司 EQT AB 集团旗下的风险投资业务，专注于欧洲的科技和创新公司，投资领域包括人工智能、大数据、可持续发展和数字化等。2016 年 5 月，EQT Ventures 宣布推出首只 5.66 亿欧元基金⑤，对欧洲和美国科技公司进行 100 万至 5000 万欧元的少数股权投资。

（5）HV Holtzbrinck Ventures。

总部位于德国的 HV Holtzbrinck Ventures 是一家风险投资公司，专注于数字媒体、互联网和技术创新领域。⑥ 他们的投资组合包括 Zalando、Delivery Hero 和 FlixBus 等知名公司。

---

① Niklas Zennström, Atomico, https://atomico.com/team/niklas-zennstrom#.

② Atomico, Dealroom, https://app.dealroom.co/investors/atomico/portfolio.

③ Northzone PitchBook, https://pitchbook.com/profiles/investor/11258-56#overview.

④ Christine Hall, *VC funds still rolling as Northzone announces largest fund, while Salkantay is largest Peru fund*, https://techcrunch.com/2022/09/13/vc-funds-northzone-salkantay.

⑤ Ewing Adam, *Buyout Fund EQT Starts $632 Million Venture Arm Targeting Europe*, Bloomberg (May. 26, 2016), https://web.archive.org/web/20160527163049/https://www.bloomberg.com/news/articles/2016-05-26/buyout-fund-eqt-starts-632-million-venture-arm-targeting-europe.

⑥ HV Capital PitchBook, https://pitchbook.com/profiles/fund/13606-39F#overview.

（6）Lakestar。

总部位于瑞士的 Lakestar 是一家风险投资公司，关注欧洲和美国的早期和成长阶段科技公司。他们的投资重点包括数字经济、健康科技和人工智能等领域。[①] Lakestar 的投资组合包括 Oscar Health、Revolut 和 Blockchain 等公司。

（7）Earlybird Venture Capital。

Earlybird Venture Capital 是一家总部位于德国柏林的风险投资公司，专注于早期和成长阶段的科技和数字领域。[②] 该公司更倾向于投资消费者服务、信息技术、SaaS、健康科技、生命科学、移动服务、区块链、金融科技、房地产、法律科技、教育科技、开发科技、电子商务、大数据和医疗保健领域。他们的投资组合包括 N26、Tado 和 UiPath 等知名公司。

（8）Partech。

Partech 是一家总部位于法国的全球性风险投资公司，重点投资早期和成长阶段的科技公司。[③] 他们的投资领域包括软件、互联网、电子商务和人工智能等。Partech 的投资组合包括 Sigfox、Outfittery 和 Made. com 等公司。

（9）Draper Esprit。

Draper Esprit 是一家总部位于英国的风险投资公司，投资于具有全球雄心的高增长科技公司，在伦敦、剑桥和都柏林设有办事处。它在伦敦证券交易所上市，是富时 250 指数的成分股。[④]

二、协会组织

（一）European Private Equity and Venture Capital Association（EPVA）

EPVA 是一个代表欧洲私募股权和风险投资行业的组织。它是一个非营利性的行业协会，致力于促进欧洲私募股权和风险投资业的发展和合作。EPVA 的成

---

① LakeStar PitchBook，https：//pitchbook. com/profiles/investor/58578 – 13#overview.

② Earlybird（Private Equity）PitchBook，https：//pitchbook. com/profiles/investor/11159 – 74 # overview.

③ Tage Kene – Okafor，*Partech hits first close of largest Africa – focused fund，at €245 M*，Techcrunch（Feb. 7，2023），https：//techcrunch. com/2023/02/07/partech – hits – first – close – of – largest – africa – focused – fund – at – e245m/.

④ Molten Ventures，Wikipedia，https：//en. wikipedia. org/wiki/Molten_Ventures.

立旨在提供一个平台，让欧洲私募股权和风险投资公司能够共同合作、交流经验和最佳实践，同时与政府、监管机构和其他利害关系者进行对话。该协会的目标是为会员提供支持和资源，并在欧洲和国际层面上代表和捍卫行业的利益。①

2000 年 3 月，EPVA 发布了第一份报告指南。这些指南已在私募股权行业广泛采用。继 2005 年 3 月批准《国际私募股权和风险投资估值指南》后，EPVA 于 2005 年 9 月成立了一个特别工作组，以更新以前的报告指南，使其符合新的估值原则并演变成行业内常见的报告实践。②

EPVA 的会员包括私募股权和风险投资公司、基金管理公司、投资银行、法律和会计事务所，以及其他在私募股权和风险投资领域中从事业务的机构和个人。该协会提供各种服务，包括行业研究、政策倡议、教育培训和网络活动，以促进成员间的交流和业务发展，营造一个积极的环境，鼓励投资和创新。该协会在欧洲各国开展活动，与国内外相关机构合作，共同推动欧洲私募股权和风险投资行业的健康发展。③

（二）Invest Europe

Invest Europe，之前称为 European Private Equity and Venture Capital Association（EVCA）④，是欧洲私募股权和风险投资行业的代表性组织。⑤ 它是一个非营利性的行业协会，致力于促进欧洲私募股权和风险投资的发展、合作和最佳实践。Invest Europe 的使命是代表和支持欧洲私募股权和风险投资行业的利益，并营造一个积极的环境，鼓励投资和创新。该协会提供各种服务，包括行业研究、政策倡议、教育培训、网络活动和资源分享，该协会的研究提供了有关我

---

① Website：European Private Equity and Venture Capital Association（EVCA），ESO，https：//www. europeansources. info/record/website – european – private – equity – and – venture – capital – association – evca/.

② European Economic and Social Committee，European Private Equity and Venture Capital Association（EVCA），https：//www. eesc. europa. eu/en/policies/policy – areas/enterprise/database – self – and – co – regulation – initiatives/75.

③ EVPA，https：//www. evpa. ngo/joint – impact.

④ Invest Europe – formerly EVCA，Crunchbase，https：//www. crunchbase. com/organization/european – private – equity – venture – capital – association—evca.

⑤ European Private Equity and Venture Capital Association（EVCA），Brill，https：//referenceworks. brillonline. com/entries/international – year – book – and – statesmens – who – s – who/ * – SIM_org_39248.

们行业趋势和发展的最权威的数据来源。[①]

Invest Europe 的会员包括私募股权和风险投资基金管理公司、投资银行、法律和会计事务所，以及其他在私募股权和风险投资领域中从事业务的机构和个人[②]。该协会通过建立网络、举办会议和研讨会等活动，促进会员间的交流和合作，并为他们提供机会来分享知识、经验和最佳实践。作为欧洲私募股权和风险投资行业的代表，Invest Europe 在欧洲和国际层面上与政府、监管机构、投资者和其他利害关系者进行对话，推动行业的发展和利益的保护。该协会也致力于提高公众对私募股权和风险投资的理解，以促进透明度和可持续发展。[③]

---

① Invest Europe，EVPA，https：//www. evpa. ngo/members/invest – europe.

② Member Directory 2023，Invest Europe，https：//www. investeurope. eu/about – us/membership/member – directory/.

③ Invest Europe 2022 highlights – Message from the CEO，Invest Europe，https：//www. investeurope. eu/about – us/who – we – are/invest – europe – 2022 – highlights/.

第六章 IPO股权融资

第一节 IPO是股权融资的升级模式

一、募资概况

（一）A股市场

根据我国三大证券交易所公开数据显示，截至2022年年末，深圳证券交易所IPO公司数量为187家，IPO筹资额2115.18亿元，每家公司平均筹资金额为11.31亿元，上海证券交易所IPO数量为154家，IPO募资3589亿元，北京证券交易所IPO数量为83家，募资金额163.84亿元。

截至2023年11月，境内上市公司共20337家。2022年，境内IPO公司数量达424家，总数增至5079家①，全年境内股票市场首发募资金额近5900亿元。注册制改革释放活力，上市公司群体持续壮大，引领高质量发展态势明显。

（二）H股市场

H股是指注册地在中国内地、上市地在香港的中资企业股票。取香港英文单词HongKong首字母，而得名H股。H股也被称之为国企股，从前在H股上市的

---

① 中国上市公司协会发布《中国上市公司2022年经营业绩分析报告》。

多数是中国的国有企业，并且有不少大型国企同时在内地、香港上市（即 A + H 模式）。2022 年在香港证券交易所上市的公司共 2597 家，其中主板 2257 家、创业板（GEM）340 家。新上市公司共 90 家，首次公开招股集资 1045. 7 亿港元，上市后集资约 1473. 2 亿港元。

（三）境外市场

新加坡交易所（Singapore Exchange）是亚太地区第一家企业股份制交易所，于 1973 年 5 月 24 日正式成立，于 1999 年 12 月 1 日由新加坡证券交易所（SES）和新加坡国际金融交易所（SIMEX）合并而成。新加坡交易所公布 2022 财年（2021 年 7 月 1 日至 2022 年 6 月 30 日）业绩，在 IPO 方面，新加坡交易所共有 17 只新股上市，融资额 19 亿新元，上市数量和融资规模均较上年有明显提升。在债权融资方面，2022 财年新交所债权融资额共计 4300 亿新元，较上年增长超 10%。目前，新交所共计有 668 家上市公司，总市值 6580 亿美元，总市值中的 63% 为新加坡本土企业，37% 为非新加坡企业。

伦敦证券交易所（London Stock Exchange，LSE）是世界四大证券交易所之一。作为世界上最国际化的金融中心，伦敦不仅是欧洲债券及外汇交易领域的全球领先者，还受理超过三分之二的国际股票承销业务。截至 2022 年 10 月，伦敦证券交易所共计有 1951 家上市公司，总市值 28200 亿美元。

纳斯达克证券交易所（NASDAQ）是美国的一家电子证券交易所，创立于 1971 年，是现在世界上第二大的证券交易所，上市公司以高科技公司为主。截至 2022 年 10 月，纳斯达克证券交易所共计有 3765 家上市公司，总市值 172300 亿美元。

二、募资优势

（一）公开市场

因 IPO 为基于公开市场发行，不同于一般的股权融资，无须自行寻找投资人。同时基于 IPO 的公开性，融资费率较低。

（二）上市公司融资通道

目前，我国上市公司的资金来源主要包括内源融资和外源融资两种。其融入资金的方式主要包括内源融资和外源融资两种方式，内源融资主要是指公司的自有资金和在生产经营过程中的资金积累部分，是在公司内部通过计提折旧而形成现金和通过留用利润等而增加公司资本。外源融资包括向金融机构借款和发行公司债券的债权融资方式，发行股票、配股及增发新股的股权融资方式，以及发行可转换债券的半股权半债权的方式。常见的融资方式分别是增发、配股和可转换债券。

（三）募资门槛

与上市的募资优势相对应，上市即是募资门槛，截至 2022 年，我国境内上市公司共 5079 家，按照现有公司数量 76646170 家估算，5079 家上市公司占比约十万分之六，其“优等生”形象凸显，公司上市所带来的资本发展效应、品牌背书、融资便利等优势不言而喻，尤其在市场竞争激烈的行业，公司上市几乎成为业务发展的分水岭，这一点从上市公司缴纳的税费接近全国税收收入 1/4 可见一斑。

三、IPO 的本质

（一）IPO、公开发行及上市

实践中我们通常用“IPO”或“上市”来泛指公司进入资本市场，实际上不同词语的文意存在差异，“IPO”是指首次公开发行，强调的是公司股票面向公众发行的事项，对应《公司法》中的“发起人向社会公开募集股份”，是一个公司融资过程；而“上市”强调的是公司股份可以在证券交易所进行交易的事项，对应《公司法》中的“股东转让其股份”，是一个股东行使转让权利的过程。

（二）IPO 的本质

IPO 是权益资本市场的起点，理想的权益资本市场应能使各参与方的利益得到公平有效的协调并最大化地促进社会的整体福利。它可以帮助具有股权融资需求的企业得到所需的发展资金，投资者以公允的价格投资于偏好的上市企业并作为股东分享企业利润和企业持续成长带来的增长价值。权益资本市场对社会的净贡献全部来自上市企业创造的利润，伴随着价格波动的所有投资机会只是零和博弈的游戏。在此意义上，理想的权益资本市场并不追求市场价格的上涨和波动。相反，其基本特征应体现为较低的市场估值以及可以持续为股东提供超过债券市场和货币市场的回报。

理想的二级市场以提供股权流动性的主要功能服务于企业和投资者。而时间、精力、知识和理性水平有限的普通个人投资者通过投资基金的间接方式参与权益资本市场。机构投资者以专业能力帮助市场实现有效定价，发掘优质投资机会，抑制市场扭曲。因此理想的一级权益资本市场为供给方企业和需求方投资者之间提供充分的竞争和博弈机会，使双方利益达成协调。有了理想的基准，我们就不难发现问题的根源所在。

IPO 本质上是长期融资的工具，由于这种股权融资具有资金量大、周期长、高风险等特征，可以降低企业短期融资面临的偿还债务困难和再融资风险，以更好致力于长期事业的发展。只有需要长期资金的企业才更迫切需要股权融资，如进行科技研发和大型的项目投资等。投资者之所以参与这种长周期、高风险的项目，目的在于获取未来的高额回报。没有高额回报也就没有股权投资的价值。正是因为这种长周期、高风险的特征，股权投资需要分散的投资者群体和便于流动的二级市场。为了规避企业失败造成的投资风险，投资者可以通过将资金分散投资于不同的股票或通过共同基金的方式投资。因此，失去了高风险、高回报的投资特征，也就失去了 IPO 的本质。

IPO 过程本质上是需求资金的拟上市企业公开销售企业的所有权，这与普通的商品销售并无差别，只是由于信息不对称等问题的存在导致对企业价值的评价更加困难，因此本源上讲 IPO 的股份销售应该是非常困难的，所以才有了作为中介的投资银行参与。然而，当企业是否进行 IPO 活动的决策不是基于企业的自主需求，而是变成了一种行政控制后，IPO 的本质即发生了改变。这时，本该极其困难的股份销售成为一种垄断供给下的稀缺资源，股份得以高于市场价值的价格进行销售，而价格无法在一级市场实现出清。由于整个上市资源处于稀缺状态，导致已上市企业的价值被动高估，使得整个股票市场失去长期投资价值。一个失去长期投资价格的市场、只能通过短期炒作进行零和的赌博游戏，从而引发市场的不断波动和混乱。

中国整个权益资本市场的深层次矛盾来自对 IPO 本源功能的错误配置，供给垄断打破了 IPO 长周期、高风险投资的本质特征，引发一二级市场的价值分离，使得市场整体失去长期投资价值。进行金融体系的改革必须回归到对市场的本源定位，否则任何局部的改变都是拆东墙补西墙，无法改变市场的整个面貌，如在市场高估值的情况下进行的救市和引入本身不可能对市场价值有任何影响的熔断等制度。①

第二节 全面注册制下新机遇

一、全面注册制的演变

在最初的审批制下，证券发行由原国家计委、证券委等共同制定当年股票的发行规模，证监会根据市场情况向各省级政府和行业管理部门下达股票发行家数指标。各级部门再在指标内推荐预选企业，交由证监会进行审核。随着资本市场逐渐发育，审批制的缺陷不断显露：首先，它无法从根本上解决新股上市之后业绩变脸和资源有效配置的问题；其次，监管部门有限的人力及审核资源难以满足发行节奏市场化的要求；另外，审批制往往被理解为证券监管机构对发行数量和公司质量的“背书”，一旦出现市场下跌或个体公司风险爆发，监管往往难辞其咎。②

介于注册制和审批制之间的核准制应运而生。2000年3月以后，我国证券发行转为由公司自行提出申请，保荐机构向证监会推荐，监管在进行合规性初审后，提交发审委审核，最终经证监会核准后发行。其核心就是监管部门进行合规性审核，加大市场参与各方的行为约束，在 定程度上减少了新股发行中的行政干预。经过近20年的发展，核准制的局限性也日益凸显。在实际操作中，监管机构一直未能摆脱积极干预、调节供求与前端审核的负累。监管对新股发行“管价格、调节奏、控规模”，抑制了市场主体的风险判断与市场选择能力，导致市场配置资源的作用始终不能得到真正体现。③

---

① 姜树广：《IPO：本源、核心问题与中国的道路抉择》，载《江汉学术》2018年第2期。

② 祁豆豆、林淙：《从审批制到注册制：改革正改写资本市场的未来》，载《上海证券报》2020年12月19日。

③ 祁豆豆、林淙：《从审批制到注册制：改革正改写资本市场的未来》，载《上海证券报》2020年12月19日。

破题，必须用市场化思维。面对新的时代命题，注册制肩负起重构政府和市场关系、探索以信息披露为核心的监管体系的历史使命。从 2013 年 11 月党的十八届三中全会首次提出“推进股票发行注册制改革”，到 2018 年 11 月 5 日中央在首届中国国际进口博览会开幕式上宣布在上海证券交易所设立科创板并试点注册制，再到 2020 年 10 月党的十九届五中全会提出“全面实行股票发行注册制”，再到 2022 年 10 月党的二十大报告提出“健全资本市场功能，提高直接融资比重”，再到 2023 年年初党中央、国务院批准了《全面实行股票发行注册制总体实施方案》，以及 2023 年 2 月 17 日，中国证监会发布全面实行股票发行注册制的相关制度规则，证券交易所、全国股转公司、中国结算、中证金融、证券业协会配套制度规则也同步发布实施，我国资本市场发行注册制的构想历经 10 年的摸索积淀才终于得以在全国性证券交易场所的各市场板块全面施行。作为深化我国资本市场改革的重要举措，注册制的顺利着陆，不仅是我国加快建设统一大市场背景下，完善要素市场化配置体制机制革新的具有里程碑意义的重大事件，同时也是我国资本市场乃至整个金融体系基础性改革的标志性成果。①

回首历程，我国的注册制是扎根于本土具有中国特色的制度果实。其内核包括市场要在发行上市领域起决定性作用，同时更好地发挥政府作用；另外，在注册制的所有流程环节，都必须以信息披露为核心来统领安排，相关流程和部门简要列示如下：

第一，核准制的主要流程（见图 6 – 1）。

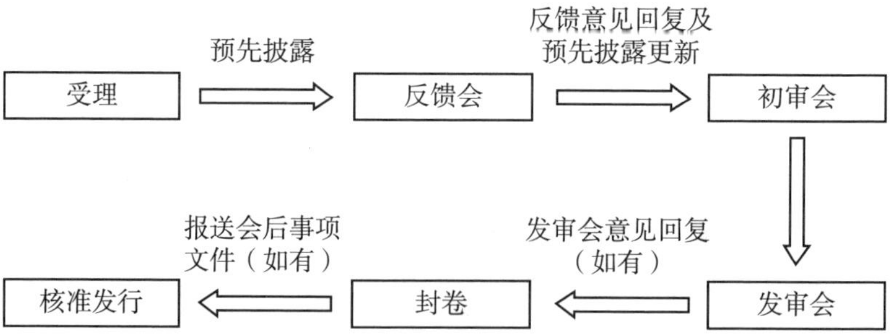

图 6 – 1　核准制主要流程

① 陈洁：《实行全面注册制的中国逻辑》，载《中国金融》2023 年第 10 期。

前述工作流程分别由证监会不同处室负责，相互配合、相互制约。从反馈会开始，流程的重点是讨论和关注企业发行的个性化问题，企业及其中介机构应根据反馈意见进一步核查并进行回复，其中发审委制度是专家决策机制，目前发审委委员不固定分组，对每一个发行企业的审核决定均需履行回避义务并进行集体决策。

第二，注册制的主要流程（见图6－2）。

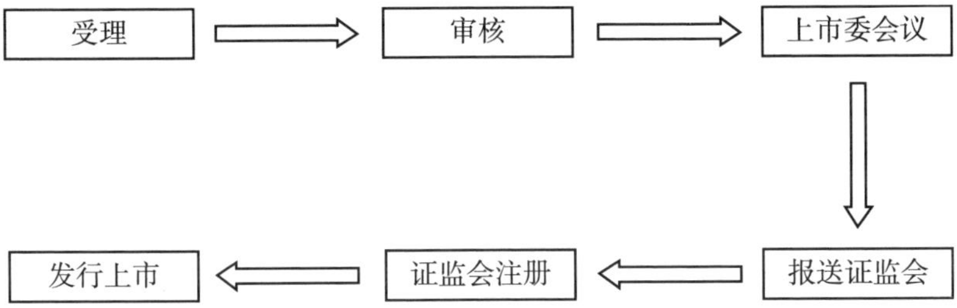

图6－2　注册制主要流程

前述工作流程主要在拟发行的证券交易所进行，目前通过交易所的电子审核系统进行，其中审核和上市委会议是注册制的关键节点，发行企业需根据问询内容进行核查和回复，随后交易所结合上市委审议意见，出具发行人是否符合发行上市要求的审核意见，并连同其他发行资料报送证监会履行注册程序，最终证监会对发行人的注册申请作出同意或者不予注册的决定。

二、认识交易所（见表6－1）

表6－1　交易所

分类	上市选择	特点	定位	锦天城提供上市服务的企业代表	股票代码特点
在证券交易所场内发行	主板	是证券发行、上市和交易的主要场所	主要面向大型成熟企业	宁波大叶园林工业股份有限公司、浙江大自然户外用品股份有限公司、上海盛剑环境系统科技股份有限公司	上交所主板股票代码600开头 在深交所主板股票代码000开头

续表

分类	上市选择	特点	定位	锦天城提供上市服务的企业代表	股票代码特点
	中小板	属于主板，是深交所单独设立的一个板块	主要面向稳定发展的中型企业	浙江泰坦股份有限公司、苏州华亚智能科技股份有限公司、浙江大洋生物科技集团股份有限公司	
	创业板	属于深交所，主板补充	主要面向高成长性的中小企业和高科技企业	北京三维天地科技股份有限公司、北京零点有数数据科技股份有限公司、宁波卡倍亿电气技术股份有限公司	
	科创板	属于上交所，主板补充	面向符合国家战略和关键技术的科技创新企业	中芯国际集成电路制造有限公司、深圳市鼎阳科技股份有限公司、上海睿昂基因科技股份有限公司	68 开头
	北交所	中国第一家公司制证交所	主要面向专精特新企业	中航富士达科技股份有限公司、四川长虹新能源科技股份有限公司、山东汉鑫科技股份有限公司	

三、不同板块的发行条件总结

境内的资本市场选择可包括主板（中小企业板）、创业板、科创板及北交所，截至 2022 年 8 月 10 日，A 股上市公司共超 5000 家，其中主板上市公司超 3000 家，创业板上市公司超 1100 家，科创板上市公司超 400 家；民营上市公司数量超过 3000 家，占比上市公司数量约 2/3，那么主板、创业板和科创板的发行条件有什么区别呢？简要总结如下：

（一）主体资格

除科创板对企业所属行业要求（应属于六类高新技术产业和战略性新兴产

业）外，其他板块的主体资格要求基本一致，主要包含下列内容：

1. 公司组织形式应为股份有限公司。

2. 公司持续经营 3 年以上；

有限责任改制前的存续年限可连续计算。

3. 对股本总额有要求。

其中主板发行前股本总额不低于 3000 万元，创业板发行后股本总额不低于 3000 万元。

（二）规范要求

一个上市公司的规范经营是底线要求，各板块的规范要求基本一致，主要包含下列内容：

1. 公司运营规范，无重大违法犯罪记录；

公司主营业务明晰并建立有内控制度，一般而言，上市过程中会要求企业主管政府部门出具无违法记录证明。

2. 公司治理结构依法建立并能够有效运营；

公司治理结构是指公司建立健全了股东会、董事会、监事会等机构，任职人员资格符合，各机构能依法履职。

3. 公司具备独立性；

公司的业务、人员及资产具备市场运营的独立性。

4. 关联交易公允；

一般而言，关联交易应控制在合理比例下，同时关联交易应当具有公允性，以避免存在不当的利益输送情形。

5. 公司实际控制人无实质变更且不存在同业竞争风险；

为保障公司运营稳定性，公司实际控制人应在过去 36 个月内无变更，且其及其关联人员不应与公司存在任何同业竞争情形。

（三）财务指标

在 2023 年全面实行注册制的背景下，企业主板上市财务指标要求如下：

1. 普通情况（三套标准满足任意一个即可）

标准一：净利润 + 现金流量净额或者营业收入

最近 3 年净利润均为正，且最近 3 年净利润累计不低于 1.5 亿元，最近 1 年净利润不低于 6000 万元，最近 3 年经营活动产生的现金流量净额累计不低于 1 亿元或营业收入累计不低于 10 亿元。

标准二：市值 + 净利润 + 营业收入 + 现金流量净额

预计市值不低于 50 亿元，且最近 1 年净利润为正，最近 1 年营业收入不低于 6 亿元，最近 3 年经营活动产生的现金流量净额累计不低于 1.5 亿元。

标准三：市值 + 净利润 + 营业收入

预计市值不低于 80 亿元，且最近 1 年净利润为正，最近 1 年营业收入不低于 8 亿元。

2. 特殊情况

（1）允许发行人设置表决权差异安排。

标准一：市值 + 净利润

预计市值不低于 200 亿元，最近 1 年净利润为正。

标准二：市值 + 净利润 + 营业收入

预计市值不低于 100 亿元，最近 1 年净利润为正，最近 1 年营业收入不低于 100 亿元。

（2）红筹企业申请首次公开发行股票或者存托凭证并上市。

主板、科创板、创业板通用情况——已在境外上市红筹企业

标准一：市值

市值不低于 2000 亿元。

标准二：市值 + 技术优势

市值 200 亿元以上，拥有自主研发、国际领先技术、科技创新能力较强，在同行业竞争中处于相对优势地位。

未在境外上市红筹企业

标准一：市值 + 营业收入

预计市值不低于 200 亿元，最近 1 年营业收入不低于 30 亿元。

标准二：市值 + 营业收入 + 技术

预计市值不低于 100 亿元，营业收入快速增长，拥有自主研发、国际领先技术，在同行业竞争中处于相对优势地位。

标准三：市值 + 营业收入 + 技术

预计市值不低于 50 亿元，最近一年营业收入不低于 5 亿元，营业收入快速增长，拥有自主研发、国际领先技术，在同行业竞争中处于相对优势地位。（见表 6 – 2）

表 6 – 2　企业主板上市财务指标

上市标准	财务指标	财务指标（修订后）（满足任意一套标准即可）	
一般企业	最近三个会计年度净利润均为正，且累计超过 3000 万元； 最近三个会计年度经营活动现金流净额≥5000 万元，或营业收入累计 > 3 亿元 最近一期末无形资产（扣除土地使用权、水面养殖权和采矿权等后）占净资产的比例不高于 20%； 最近一期末不存在未弥补亏损。	净利润 + 现金流/收入	三年净利润为正； 最近三年累计净利润≥1.5 亿元； 最近一年净利润≥6000 万元； 最近三年经营活动现金流净额累计≥1 亿元或营业收入累计≥10 亿元。
		市值 + 净利润 + 收入 + 现金流	预计市值≥50 亿元； 最近一年净利润为正； 最近一年营业收入≥6 亿元； 最近三年经营活动现金流净额≥1.5 亿元。
		市值 + 净利润 + 收入	预计市值 80 亿元； 最近一年净利润为正； 最近一年营业收入≥8 亿元。
已在境外上市的红筹企业	标准一：市值≥2000 亿元； 标准二：市值 > 200 亿元，拥有自主研发、国际领先技术，科创能力较强。同行业竞争处相对优势地位。	市值	预计市值≥2000 亿元。
		市值 + 技术优势	预计市值 > 200 亿元，拥有自主研发、国际领先技术，科创能力较强，同行业竞争处相对优势地位。

续表

上市标准	财务指标	财务指标（修订后）（满足任意一套标准即可）	
未在境外上市的红筹企业	标准一：最近一年营业收入不低于 30 亿元且估值不低于 200 亿元； 标准二：营业收入快速增长，拥有自主研发、国际领先技术。同行业竞争中处于相对优势地位。	市值 + 收入	预计市值≥200 亿元； 最近一年营业收入≥30 亿元。
		市值 + 收入增长 + 技术优势	预计市值≥100 亿元； 营业收入快速增长； 拥有自主研发、国际领先技术，同行业竞争处相对优势地位。
		市值 + 收入 + 收入增长 + 技术优势	预计市值≥50 亿元； 且最近一年营业收入≥5 亿元； 营业收入快速增长； 拥有自主研发、国际领先技术，同行业竞争处相对优势地位。
表决权差异企业	—	市值 + 净利润	预计市值≥200 亿元； 最近一年净利润为正。
		市值 + 净利润 + 收入	预计市值≥100 亿元； 最近一年利润为正； 营业收入≥10 亿元。

注：以上为 2023 年 12 月 31 日信息，上海和深圳证券交易所于 2024 年 4 月 30 日发布更新财务指标，可关注交易所官网获取。

主要变化有：

第一，主板一般企业上市标准由单一财务指标变为三套上市指标，进一步优化主板上市标准，提升了主板市场的包容性。

第二，主板上市三套标准均要求最近一年净利润为正，有别于科创板、创业板和北交所，进一步突出主板以“大盘蓝筹”企业为服务对象的定位。

第三，取消了“最近一期末不存在未弥补亏损”“最近一期末无形资产占净资产的比例不高于 20%”的要求。

第四，主板红筹企业上市标准得以明确，吸取了科创板、创业板此前的试点经验，对红筹企业上市形成统一、公开的监管标准。

第五，增加了主板具有表决权差异安排企业上市标准，完善相关的信息披露制度。

四、新三板和北交所

（一）新三板

“新三板”是全国中小企业股份转让系统的俗称，是经国务院批准继上交所、深交所之后的第三家全国性证券交易场所，主要为创新型、创业型、成长型中小微企业发展服务，下面从市场定位、发展历程和市场数据三方面简单介绍新三板。

1. 市场定位

新三板是证监会统一领导下的多层次资本市场的重要组成部分，主要为以下企业提供展示平台：（1）未来有北交所上市计划的公司；（2）有进入资本市场意愿但不符合其他资本市场条件，或虽符合条件但不愿意漫长等待的公司；（3）已有一定的业务模式，但资金紧张，制约业务规模扩大的公司；（4）希望借助资本市场力量扩大规模，规范经营，为长远发展铺路的公司；（5）具有创新业务模式，需要借此提升品牌价值的公司。

《挂牌公司管理型行业分类指引》（2023 年修订）参照《国民经济行业分类》（GB/T 4754—2017）和《中国上市公司协会上市公司行业统计分类指引》，将全国中小企业股份转让系统挂牌的公司按照经济活动分为门类、大类、中类和小类四级。截至 2023 年 10 月按照门类为例，农、林、牧、渔业的挂牌公司共 119 家，采矿业共 24 家，制造业共 3210 家，电力、热力、燃气及水生产和供应业共 81 家，建筑业共 208 家，批发和零售业共 262 家，交通运输、仓储和邮政业共 121 家，住宿和餐饮业共 22 家，信息传输、软件和信息技术服务业共 1168 家，金融业共 84 家，房地产业共 44 家，租赁和商务服务业共 331 家，科学研究和技术服务业共 299 家，水利、环境和公共设施管理业共 110 家，居民服务、修理和其他服务业共 13 家，教育共 55 家，卫生和社会工作共 27 家，文化、体育和娱乐业共 114 家，如图 6－3 所示。

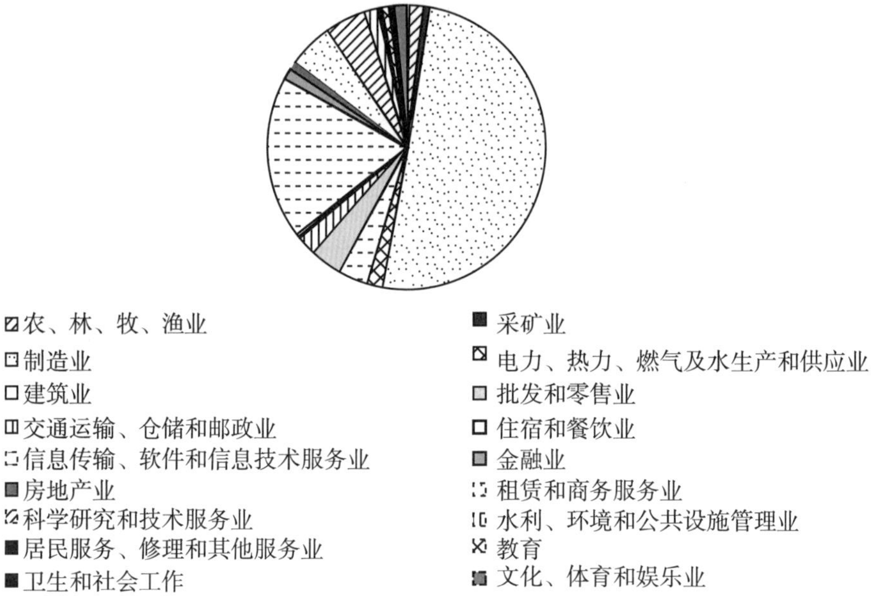

图 6－3　行业分布

首先，新三板对企业所属行业几乎没有限制，挂牌企业行业既包括先进制造业、医药制造、软件开发、集成电路制造等资本市场热门行业，也包括交通运输、租赁和商务服务业等传统行业。

其次，从全国股转系统 6061 家挂牌公司披露的 2021 年度报告来看，基础层挂牌企业的平均营业收入约 1.6 亿元，平均净利润约 595 万元；创新层挂牌企业的平均营业收入约 5.6 亿元，平均净利润约 2646 万元，平均净资产收益率 9.07%。同时，从全国股权系统披露的 2021 年新挂牌企业数据来看，新挂牌企业的净利润中位数为 1026.77 万元，平均净资产收益率 14.05%，约 1/3 企业入选国家级、省市级“专精特新”企业名单。

2. 发展历程

说起“新三板”的发展历程，就不得不提“老三板”。“老三板”是“代办股份转让系统”的俗称，在 2001 年 7 月成立，主要是为了解决主板退市问题以及原 STAQ、NET 系统内遗留问题。2006 年 1 月，国务院批准设立的中关村科技园区非上市股份有限公司股份报价转让系统可谓是“新三板”的前身，2013 年 1 月，新三板即全国中小企业股份转让系统正式揭牌运营。2013 年 12 月，新三板扩容至全国。2014 年 8 月，新三板引入做市商制度。2016 年 5 月，新三板实施基础层和创新层的分层管理办法。2021年，北交所设立并开市。可以说，新三板自设立起一直在深化改革的进程中，承担着发展多层次资本市场基础市场的重任。

3. 市场数据

截至2022年7月4日，挂牌公司总量6727家，总市值为22845.4亿元。2021年度，新三板市场全年成交2148.16亿元，成交数量累计为309.08亿股，是2020年总成交金额的1.65倍。新三板市场估值总体稳定，2020年市盈率为21.1，2021年市盈率为20.48。图6－4至图6－6是2018—2021年度的部分统计数据。①

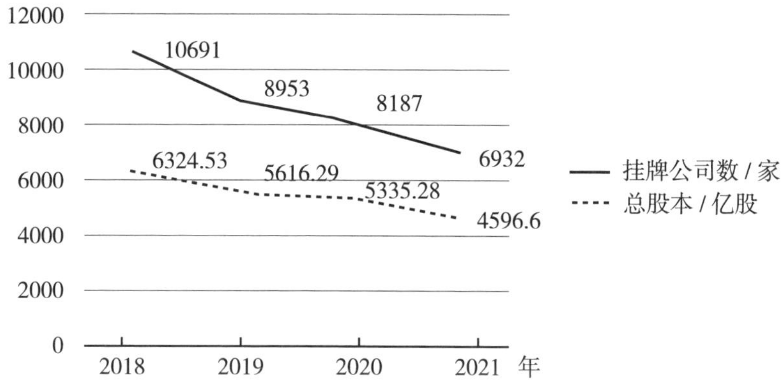

图6－4　2018—2021年新三板挂牌数及市值

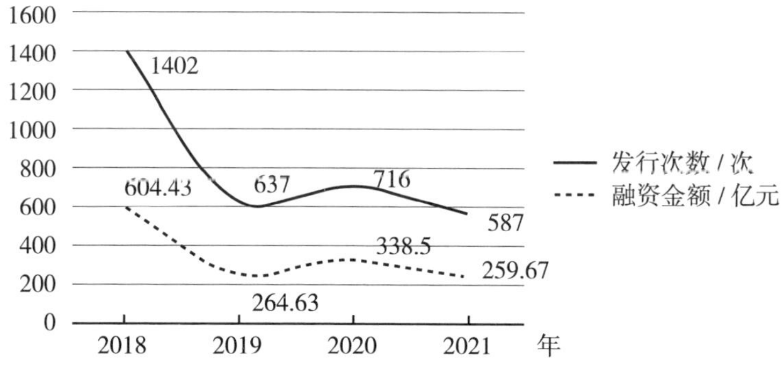

图6－5　2018—2021年新三板发行次数及融资额

① 《新三板是什么?》，载微信公众号“创始人100问”2022年7月5日，https://mp.weixin.qq.com/s?__biz=MzkyNTMzNTAwMA==&mid=2247484245&idx=1&sn=190b817f6ca4989aca3488cd87a94d64&chksm=c1c96fe2f6bee6f487e557db558293e36bde85b212eb9d03feb29560c32ce985ac0960f5721b&scene=21#wechat_redirect。

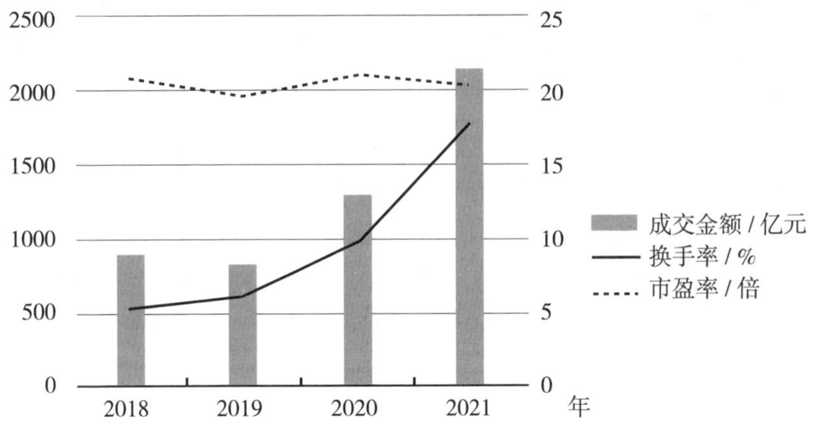

图 6－6　2018—2021 年挂牌公司股票交易情况

（二）北交所

北京证券交易所自 2021 年开市以来，以其创新性和包容性受到中小企业的追捧。根据公开统计数据，截至 2023 年 6 月 30 日，今年上半年共有 42 家企业成功登陆北交所，募资总额 81.78 亿元。北交所上市企业数量达到 204 家，今年前 6 个月总成交量 104.15 亿股，总成交额 1324.73 亿元，6 月份北交所平均市盈率为 16.18 倍，今年以来有 89 家上涨。根据《北京证券交易所股票上市规则（试行）》，北交所发行条件可总结如下：

1. 正向 8 个条件

发行人申请公开发行并上市，应当符合下列条件：（1）发行人为在全国股转系统连续挂牌满 12 个月的创新层挂牌公司；（2）符合中国证监会规定的发行条件；（3）最近一年期末净资产不低于 5000 万元；（4）向不特定合格投资者公开发行（以下简称公开发行）的股份不少于 100 万股，发行对象不少于 100 人；（5）公开发行后，公司股本总额不少于 3000 万元；（6）公开发行后，公司股东人数不少于 200 人，公众股东持股比例不低于公司股本总额的 25%；公司股本总额超过 4 亿元的，公众股东持股比例不低于公司股本总额的 10%；（7）市值及财务指标符合本规则规定的标准；（8）北交所规定的其他上市条件。

2. 财务 4 项标准

北交所的市值和财务指标设置了 4 项标准，企业可选择 1 种适用，总结如表

6－3所示。

表6－3 北交所财务4项标准

标准定位	市值及财务指标
市值＋净利润（盈利）	·市值≥2亿元； ·近两年净利润均≥1500万元，且加权平均ROE平均≥8%； ·或者最近一年净利润≥2500万元，且加权平均ROE≥8%。
市值＋收入＋经营活动现金流（成长）	·市值4亿元； ·近两年营业收入平均≥1亿元，且最近一年营业收入增长率≥30%； ·最近一年经营活动净现金流为正。
市值＋收入＋研发投入（产业化）	·市值≥8亿元； ·最近一年营业收入≥2亿元； ·最近两年研发投入占比营业收入合计比例8%。
市值＋研发投入（研发）	·市值≥15亿元； ·最近两年研发投入累计≥5000万元。

3. 负面6个清单

企业申请公开发行上市，还应当不存在负面清单所列示情形，负面清单主要列示的是企业、控股股东及实控人受到特定的行政处罚及自律监管机构公开谴责，存在特定的违法犯罪情形、失信信息以及企业存在未合规信息披露等情形，具体包括：（1）最近36个月内，发行人及其控股股东、实际控制人，存在贪污、贿赂、侵占财产、挪用财产或者破坏社会主义市场经济秩序的刑事犯罪，存在欺诈发行、重大信息披露违法或者其他涉及国家安全、公共安全、生态安全、生产安全、公众健康安全等领域的重大违法行为；（2）最近12个月内，发行人及其控股股东、实际控制人、董事、监事、高级管理人员受到中国证监会及其派出机构行政处罚，或因证券市场违法违规行为受到全国中小企业股份转让系统有限责任公司（以下简称全国股转公司）、证券交易所等自律监管机构公开谴责；（3）发行人及其控股股东、实际控制人、董事、监事、高级管理人员因涉嫌犯罪正被司法机关立案侦查或涉嫌违法违规正被中国证监会及其派出机构立案调查，尚未有明确结论意见；（4）发行人及其控股股东、实际控制人被列入失信被执行人名单且情形尚未消除；（5）最近36个月内，未按照《证券法》和中国证监会的相关规定在每个会计年度结束之日起 4 个月内编制并披露年度报告，或者未在每个会计年度的上半年结束之日起 2 个月内编制并披露中期报告；（6）中国证监会和本所规定的，对发行人经营稳定性、直接面向市场独立持续经营的能力具有重大不利影响，或者存在发行人利益受到损害等其他情形。

总而言之，北交所上市条件可总结为正向 8 条件、财务 4 标准及负面 6 清单，对于规范运营的新三板挂牌公司而言，核心要求可以理解为两个，一个是公司已进入创新层并在新三板连续挂牌满 12 个月（含基础层时间）；另一个是满足市值和财务指标，也就是公司根据自身情况从利润、营业收入或研发投入等维度选择一套发行标准。

五、上市筹备

（一）支持政策

企业上市不仅能为其自身带来发展优势，还能创造社会价值，例如基于产业链上的供给活跃本区域经济、解决就业以及增加财政收入。为此，地方政府一般会出台政策来支持企业上市，支持政策多数包括财政补助、税费减免、专项资金支持以及上市规范过程中的历史遗留问题解决等内容，其中财政补助能够直接分担或消化企业的上市成本，根据公开途径查询内容，将京津地区的主要财政补助政策或奖励政策简要列示如表 6－4 所示。

表 6－4　京津地区主要财政补助或奖励政策

<table>
<tr><th>序号</th><th>政策文件</th><th>适用地区</th><th>适用条件</th><th>补助/奖励政策</th></tr>
<tr><td rowspan="2">1</td><td rowspan="2">《北京市人民政府办公厅关于进一步支持企业上市发展的意见》（京政办发〔2018〕21 号）</td><td rowspan="2">北京市</td><td colspan="2">市级财政给予每家拟上市企业总额不超过 300 万元的资金补贴，区级财政资金补贴不低于市级标准</td></tr>
<tr><td>完成股改并提交辅导备案，由中国证券监督管理委员会北京监管局通过辅导验收并取得相应证明文件的</td><td>市级财政补贴人民币 100 万元</td></tr>
</table>

续表

序号	政策文件	适用地区	适用条件	补助/奖励政策
2	《北京市企业上市市级补贴资金管理办法》		提交首发申请且取得中国证券监督管理委员会受理相应证明文件的	市级财政补贴人民币120万元
			通过中国证监会发审会审核并取得相应证明文件的	市级财政补贴人民币80万元
			到京发展的A股上市公司、境外上市公司回归A股且注册在北京的	市级财政一次性给予补贴资金人民币300万元
			在京注册并在境外主要证券交易所主板直接上市的	市级财政一次性给予补贴资金人民币300万元
3	《国家文化产业创新实验区"政策50条"》北京市朝阳区人民政府发	北京市朝阳区	企业聘请中介机构进行上市辅导，同时向中国证监会递交上市申请材料的	给予150万元的奖励
			企业完成主板、中小板及创业板首次公开发行股票上市的	给予350万元的奖励
			企业在上海证券交易所科创板首次公开发行股票上市的	分阶段给予300万元的奖励
			企业在境外知名证券交易市场完成首次公开发行股票上市（IPO）的	参照境内上市的标准（合计500万元）给予奖励
			企业在新三板成功挂牌的，在其满足一定标准的基础上，根据专家评分	给予总额不超过100万元的奖励
			鼓励文化企业按照市场原则进行并购重组，符合特定条件的企业	给予总额不超过350万元的奖励

续表

序号	政策文件	适用地区	适用条件	补助/奖励政策
4	《海淀区关于支持企业上市发展的若干措施》（海行规发〔2018〕13 号）	北京市海淀区	在境内外上市的本区企业	给予总额最高 300 万元的补贴
			新三板创新层企业	给予每年 10 万元的补贴
			对促进本区上市（挂牌）企业发展的中介服务机构	给予最高 60 万元的一次性奖励
			对参加上海证券交易所、深圳证券交易所董秘资格培训的本区拟上市企业和上市公司	给予培训费 100% 补贴
			对实施境内外并购的本区上市公司	给予年度最高不超过 400 万元的并购补贴
5	天津市金融局、天津市财政局印发关于加快推动企业上市提升上市公司质量有关政策的通知（津金局规范〔2023〕1 号）	天津市	以下为市级补贴政策，滨海新区参照制定专项政策，其他区在市级基础上制定相应扶持政策	
			对上市申报材料经全国性证券交易所等有权机构正式受理的企业	市财政一次性奖励 200 万元
			对成功上市的企业	市财政一次性奖励 200 万元，其中科创板和创业板奖励金额提高至 300 万元
			对在天津证监局申报上市辅导的企业	市财政一次性奖励 100 万元
			在全国中小企业股份转让系统基础层挂牌成功的企业	市财政一次性奖励 100 万元

续表

序号	政策文件	适用地区	适用条件	补助/奖励政策
			在新三板创新层挂牌成功的企业	市财政一次性奖励 120 万元
			对迁址至本市发展的上市公司、境外上市公司回归 A 股且注册在本市的	市财政一次性奖励 500 万元，其中科创板、创业板，奖励金额 600 万元
			企业通过各种方式获得的上市、挂牌市级专项资金补助累计不足 500 万元的，在上海证券交易所科创板、深圳证券交易所创业板成功上市累计不足 600 万元的	成功上市时予以一次性补足
备注：1. 适用地区是指公司注册地所属区域。 2. 各项财政补助的发放申请和发放时间存在差异，具体需咨询各区金融办				

此外，一个企业从创立到发展至上市规模需要时间积累，为更大限度地扶持和保护发展中企业，各地政府对于符合产业布局的企业亦给予不同方式的财政补助。以天津市滨海高新区为例，其发布的《天津滨海高新区科技型企业梯度支持政策（“科企六条”）》的支持内容概括如表 6－5 所示。

表 6－5　天津滨海高新区“科企六条”

序号	奖励项目	奖励金额
1	高新技术企业	10 万元奖励。在此基础上，根据企业创新积分排名情况，额外给予最高 25 万元奖励
2	瞪羚企业	在市级奖励资金基础上，高新区按市级财政拨付资金 100% 给予一次性奖励
3	科技领军企业	给予一次性 50 万元奖励；对通过评价的天津市科技领军企业，给予最高 100 万元奖励
4	“双五”企业	给予一次性 200 万元奖励
5	独角兽企业	给予一次性最高 800 万元奖励

续表

序号	奖励项目	奖励金额
6	上市奖励	对在上交所、深交所、北交所上市的企业，根据企业上市前后不同阶段累计给予最高 2000 万元奖励
		对在香港联合交易所成功上市企业给予一次性 500 万元奖励，并提供"一企一议"定制化服务

（二）上市周期

企业上市的周期一般是多长？

首先，一个公司从筹备上市到正式提交受理文件需要一定的时间，上市筹备阶段需要完成的主要工作包括确定发行基准日，在证券公司及律师事务所等服务机构指导下开展上市辅导相关工作，比照发行条件完成规范整改工作，健全公司内部控制体系，通过发行的股东会决议以及准备申报文件及其他资料等，一般来说，筹备阶段需要 3—6 个月，具体需要根据企业自身情况来确定。

其次，就受理到发行的周期，各板块存在差异。目前我国上市审核环节属于核准制和注册制并行，其中科创板、创业板及北交所为注册制，主板为核准制。注册制下上市的一般流程为：受理→审核问询→上市委审议→报送证监会→证监会注册→发行上市；核准制下上市的一般流程为：受理→反馈会→初审会→发审会→封卷→核准发行。相对而言，注册制因为简化了审核流程，周期更短。以下为同花顺 iFinD 数据显示的 2021 年平均上市周期，具体到每个企业，实际上市周期取决于排队情况以及企业自身情况，企业自身存在较少反馈问题则会加速上市进度，反之亦然。具体如表 6－6 所示。

表 6－6　三大板块 IPO 排队时长对比　　单位：天

板块	受理上会	过会批文	批文上市	总体
科创板	168	118	44	330
创业板	174	150	43	367
主板	455	86	33	574

最后，就北交所板块而言，其需要先满足新三板挂牌及在创新层满足 12 个月的条件，从最初挂牌新三板开始，其大概的发行周期需要 2 年，简单列示如图

6－7所示。

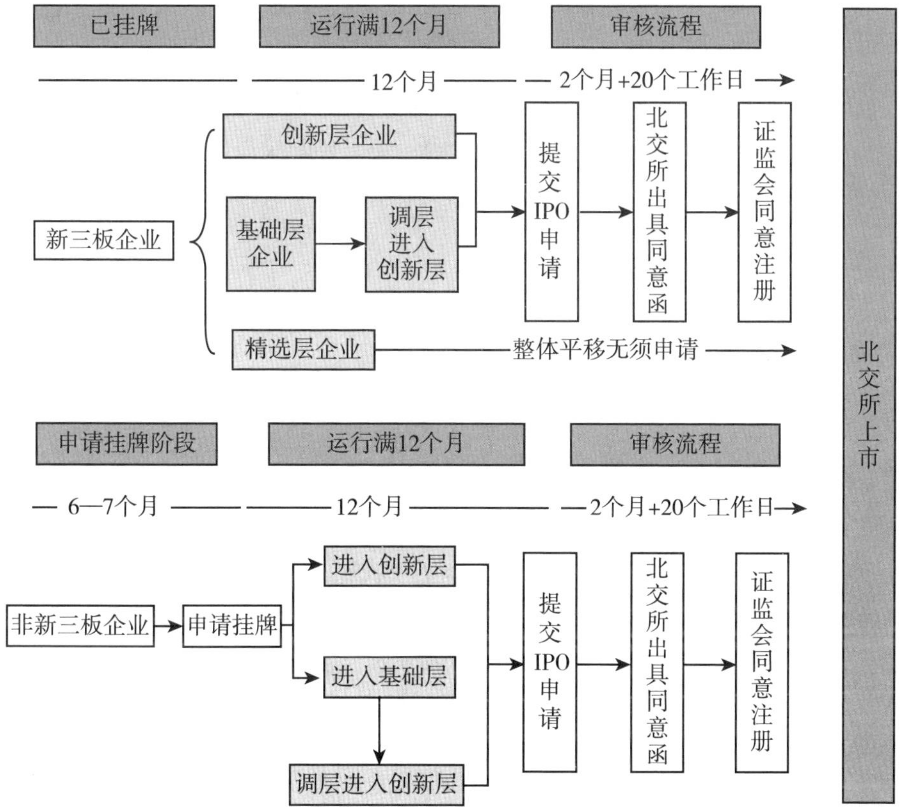

图6－7　北交所上市周期

2021年主板发行为核准制，创业板、科创板及北交所为注册制（2023年2月17日起我国施行全面注册制），就2021年度的统计数据而言，注册制从受理到发行的平均时间为349天，核准制为574天。同时，企业从筹备上市到提交受理文件亦需要一定的准备时间，为有效控制周期和成本，我们建议有上市计划的企业提前着手相关工作，在为经营指标努力的同时着手上市筹备工作。

（三）企业上市的成本有哪些？

1. 直接成本

主要是保荐承销费、审计费、律师费、评估费、可行性研究报告编制费用、发行路演费用等。因为上市需要聘请证券公司（保荐承销机构）、会计师、律师，所以要支付上述中介机构的费用，其中，证券公司的费用（保荐和承销）最多，但是主要部分会在上市成功后收取，一般在上市前会收取几百万元的辅导和保荐费用，上市后根据实际募集资金的规模乘以一个百分比收取承销费用，这个百分比是双方协商的，主要取决于项目规模和复杂程度，如果上市不成功是不收的。综合算下来，券商的费用在几千万元的水平，审计师的费用大概一两百万元，律师的费用大概一百万元。此外，还要考虑到这几家中介机构的食宿差旅费用。

2. 间接成本

主要是公司规范上市的过程发生的费用，如税收成本与社保成本。企业在改制为股份公司之前存在大量避税情况，这是企业上市规范之前普遍存在的问题。比如由于业务层面的原因导致少缴纳部分税款，或者企业财务管理制度不规范，成本支出、收入确认等不符合税法规定，或是企业关联交易处理不慎等问题都可能造成企业的税务成本。社保成本在劳动密集型企业中尤为常见，企业内部易存在劳动用工不规范的问题。比如社保基数降低、用工人数虚报等。发审委对于企业劳动用工的规范要求非常严格，企业 IPO 一般需要进行社保规范而付出较高的社保成本和公积金等。涉及股东出资不到位的情况，则相应股东要补充出资到位等，股改的过程中还可能涉及股东个人的所得税。通常在上市过程中，还可能涉及在媒体方面投入的财经公关费等。

3. 未来成本

（1）上市后的边际经营成本费用。

上市给企业带来品牌效应和信用升级，也同时给企业带来“为名所累”的问题。比如，人力资源成本会因企业身为上市公司而升高，因为慕名而来的高素质人才多了，同时求职者对企业薪资待遇的要求也提高了。再比如，采购成本会因企业身为上市公司而升高，因为有些供应商会因企业是上市公司而抬高价码。因此，一般企业上市后的经营运营成本较上市前高。考虑上市后的边际经营成本费用，有助于企业的上市决策和发展战略的制定。

（2）风险成本。

企业上市决策面临的最大风险就是上市申报最终不能得到发审委的通过，这意味着企业上市工作失败。这一失败会给企业带来许多威胁。严格的信息披露要求，使得公司的基本经营情况被公开，给了竞争对手一个学习的机会。另外，中介机构也掌握着大量企业的重要信息，同样面临流失的风险。上市工作的失败，还使得改制规范过程中付出的税务成本、社保成本、上市筹备费用、中介费用等前期成本费用支出变成沉没成本，无法在短期内得到弥补。

总而言之，企业上市的成本有直接成本、间接成本、未来成本三方面。直接成本主要是保荐承销费、审计费、律师费、评估费、可行性研究报告编制费用、发行路演费用等；间接成本主要是公司规范上市的过程发生税收成本与社保成本等费用；未来成本包括上市后的边际经营成本费用与风险成本。

六、如何筹备上市

一个企业在 1—2 年内有上市计划，首先能够说明其不仅通过了初创期的生存考验，而且其在某个行业或某个细分领域建立了初步的优势。那么上市工作应该如何筹备呢？根据笔者的服务经验，从上市审核要点倒推，筹备可分为两个层面进行：

第一，优化经营指标。

企业在这个阶段可根据行业特点选定初步的资本市场板块，并根据板块的具体要求，发挥产业优势补齐短板。从底层逻辑来看，经营指标的优化依赖于两个角度：第一个角度是原有商业模式的复制和扩张，即在公司现有业务基础上加大市场能力和生产能力，通过产能扩张实现提升经营指标的目标，但产能扩展容易遭遇瓶颈，这往往也是企业上市面临的实际难题。第二个角度则是通过技术或资源链接布局产业上的新业务模式，新业务模式是未来的收入增长点，具体建议则需要根据企业的技术优势、研发投入情况、现金流情况及行业特点等进行量身定制，实践中发行企业亦需面对试错的成本。优化经营指标的过程一般会涉及行业和融资，可寻求证券公司提供筹备阶段服务。等公司经营指标具备一定规模时，亦可委托会计所进行指导和审计，避免会计准则适用调整导致的指标差异。

第二，规范经营事项。

规范经营在越早期实施，成本就越低，等到上市申报过程中再来审视规范经营的问题，最低的成本是补缴税款，最糟糕的情况可能是无法申报上市，根据公开渠道统计信息，仅 2021 年前两个月，超过 40 家企业终止上市，其中大部分为主动撤回上市申请，此种情形很难说与规范经营不相关，因此规范经营的整改工作亦是上市工作重点。具体来说在上市筹备阶段，企业的规范经营整改工作可结合法律审核要点来进行，可包括：股东出资责任检查、关联公司梳理、实际控制人的同业竞争剥离、董监高等法人治理结构的完善、建立业务合同管理体系、规范用工管理等。

在为企业提供法律服务过程中，我们发现得益于日渐完善的资本市场体系及相应的教育宣传，企业根植上市目标的时间较以往大幅提前，一些科技型或技术型公司在设立之初即设定上市目标。然而不可回避的问题是，企业上市除了直接的各类上市费用，还面临更为深远的规范成本，但企业在初创期、成长期和成熟期所具备的生存能力和所能承受的规范成本差异巨大，那么如何衔接现实生存和上市目标，如何兼顾业务发展和规范目标，在何时以何种方式开展上市筹备工作，是创始人经常提出的问题。

第七章 股权融资原理

第一节 股权融资的本质

一、股权的本质——公司价值的合法兑换券

在讨论股权融资的本质前，我们先来充分认识一下股权。当我们讨论股权时，我们在谈什么？关于股权是什么，如果你去问不同的人得到的肯定不是同一个答案，直白的公司创始人可能会说股权就是我投的钱，含蓄的公司创始人可能会说股权就是我的股东权利，接受股权激励的员工可能会说股权就是我的工资报酬或者说就是我财务自由的希望，股权投资者可能会说股权是我们的长期投资，而银行债权人可能会说股权只是我们贷款的担保物。甚至同一个人在不同的场景中可能也会有截然不同的回答，当公司股东面对收购方时，为了提高收购价格，他会说公司股权是多么地有价值，当公司股东面对股权融资时，为了缓解股权被稀释，他会说公司股权没有那么多价值，增资的估值太高了。

那么股权在法律视角上究竟是什么？本书第二章系统地介绍了公司法规定的具体股东权利，诸如利润分配权、表决权、经营管理权、经营监督权、股权转让权等，总结来看，笔者认为股权的本质是公司价值的合法兑换券，第一，股权是

一种法定权利，持有股权即可兑换公司价值，可以说是一种入门性的凭证[①]。第二，兑换是一个市场行为，所持有的股权具体能兑换多少公司价值，取决于所持有的股权是何种内容；取决于兑换的时间，是现在兑换还是未来兑换；取决于兑换的对象，是公司、是其他股东还是外部主体；取决于兑换的目的，是收取投资收益还是退出公司。种种市场因素都会影响兑换的价值。

二、融资的本质——获取现金流

接下来我们来认识一下融资的本质，融资的本质容易识别，因为无论是何种融资方式，其最终要解决的就是公司现金流的问题，在公司运营收入之外能为公司带来现金流的行为都可以称之为广义的融资，融资方式根据公司是否承担偿还义务可区分为债权融资和股权融资，债权融资是更为普遍的融资方式。

债权融资既包括传统的银行借贷、发行企业债券等方式，亦包括新型的保理、供应链金融、融资租赁等方式，债权融资的特点是公司之外的市场主体（基于公司的独立法人地位，公司股东亦属于公司之外的市场主体）向公司提供了现金流，并要求公司在未来某个时点进行偿还，因此偿还的数额在融资发生时就是可确定的，融资成本通常包括公司将要支付的利息、各项费用和为取得融资在前期发生的费用例如服务费用等，公司的融资途径相对明确，就是找到能够提供现金流的市场主体，因此一般会指向金融机构或公开市场例如银行间市场交易商协会或上海/深圳证券交易所，而且相比于单个金融机构，公开市场的信息透明度更高，风险控制体系更完善，因此公开市场的债权融资成本一般低于单个金融机构的融资成本。

股权融资的法律表述是增加公司注册资本即增资，既可由公司现有股东认购该等增加的注册资本，亦可由其他市场主体认购该等注册资本从而成为新的公司股东，注册资本归属于公司，因此股权融资的特点是其带来的现金流当然性地成为公司资产，股东对公司注册资本的投入是其对公司的法定义务，但公司对投入该等现金流的股东并不负有返还义务，股东现金流的收益完全取决于公司的发展，因此收益具有非常大的弹性，如图 7－1 所示，通过公司 IPO 退出的投资回

① 公司员工亦会通过薪酬安排和激励机制参与公司价值的兑换，此处为上下文表述的连贯性，没有额外加入这个内容。

报率可达400%以上，但IPO的公司数量有限，投资亏损亦常有发生。对应地，能够接受这种收益极大不确定性的市场主体才可能选择成为公司股东即股权融资对象，正因如此股权融资的途径相对债权融资来说更为分散，可以是单纯因对公司创始人的感情信任而投资的3F人群①，可以是因看好行业赛道而投资的专业投资机构，亦可以是为了完善本公司供应链而投资的上下游客户。因为这种分散性，公司在股权融资时需要面对更多的市场主体，这也是公司商业计划书、路演安排以及融资财务顾问流行的原因，这些工作的完成费用亦是公司股权融资时的主要成本。

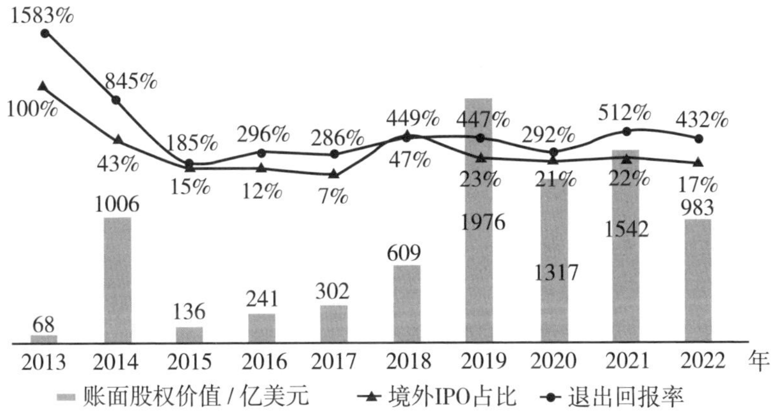

图7－1　2013—2022年VC/PE机构IPO方式退出账面回报及境外IPO占比

数据来源：CVSource投中数据；投中研究院，2023.01。

三、股权融资的本质——置换

总结前文所述内容，股权的本质是公司价值的合法兑换券，融资的本质是获取现金流，那么不难理解股权融资的本质就是置换，置换的一端是公司价值的兑换券，另一端是现金流。站在公司视角，是用未来的公司价值兑换券置换现在的现金流，而站在投资方视角，则是用现在的现金流去置换公司的未来价值，置换之所以能够完成是交易双方均认可置换等式成立或者至少自己这方的价值没有低估，交易之外的主体如何理解置换方向并不影响置换的完成。具体

① 3个以F开头的英文词汇简称，包括家庭Family、朋友Friend以及愚人Fool，其中愚人Fool代指在公司前景不明时就决定投资的人，这三类人群一般是公司的早期投资者。

如图 7 – 2 所示。

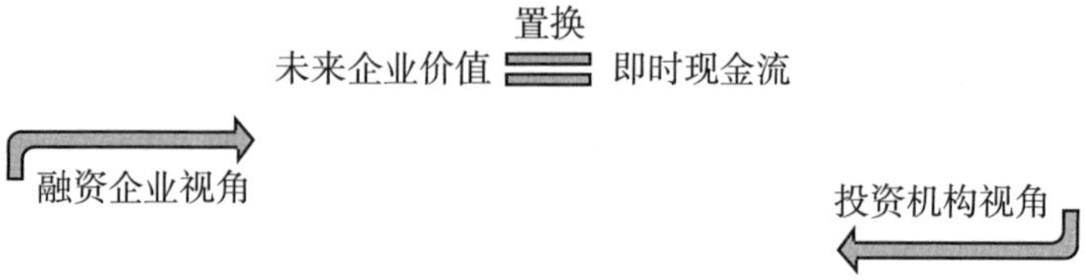

图 7 – 2　置换释义

对公司未来价值的认知就是股权融资中的估值概念，不同公司和不同投资方对此存在明显的认知差异，因此也产生了截然不同的估值方法，传统行业的公司估值通常按照净资产估值法和盈利估值法等相对估值法来确认，主要依赖于公司现有的收入、净利润等运营指标，而对新产业或新技术初创公司的估值方法则更为多样和复杂，因为其在早期融资时往往还没有收入或净利润，不同投资者会运用不同的估值方法，即便所用估值方法基本相同，不同投资者给到同一个公司的估值亦会存在明显差异，这是因为置换两端的各自价值都是这个交易中的双方需要考虑的。站在投资者的立场，一方面不同投资者对拟投资公司所在行业以及公司竞争力的认知不一，估值的某些参数不一，因而对公司未来价值的评估存在差异，另一方面不同投资者看待相同金额投资款的价值亦不同，对于资金充足或者投资收益率要求较低的投资者，其对己方能提供现金流的价值倾向偏低，相反则偏高，这个情形与不同收入的人去消费同一件物品时的决策相似。站在拟股权融资的公司角度，不同公司看待置换两端的各自价值亦是明显存在差异的，有无经营收入、有无其他融资途径以及对于现金流的需求时间都是公司考虑即时现金流价值的不同因素，而对于公司未来价值的认知则取决于创始团队对于行业的了解深度和对于本公司发展战略的清晰程度，所以暂且不论投资者和公司彼此要了解对方有一个置换的场景是否困难，单就投资者和公司能在种种估值考虑因素中达到能够置换的等式也不是件容易的事儿，这实质上是一个资源重新配置的过程，所以公司创始人应当对股权融资可能发生的困难有合理预期，这是股权融资本质所决定的。

第二节 股权融资的基本流程

在介绍股权融资本质后，本节简要介绍股权融资的基本流程。

一、梳理商业模式梳理，制作商业计划书

在开始股权融资的外部接触前，公司应首先梳理自身的商业模式并据此制作商业计划书，通俗理解，公司的商业计划书就如同求职者的简历，以书面可视化的形式进行自我展示，而且展示应当紧紧围绕股权融资的本质即如何说明“公司价值非凡”进行。一个可信的公司价值展示应当包括数据分析并且力求客观，否则就会成为一个空洞的口号，通常来说，公司商业计划书包括公司优势分析（技术/创始团队）、公司产品分析（产品应用场景/市场规模）、所处赛道分析（行业前景/竞争环境）及财务预测（融资额/投资回报）等内容。公司商业计划书的制作还可借鉴市场分析 SWOT 分析法①的思路来进行，着重强调公司优势和行业机会，同时，公司商业计划书随着公司的发展亦会有一个不断迭代的过程。

二、借力财务顾问，寻找投资者

股权融资的关键是要找到匹配的投资者，因此寻找投资者是一个关键步骤，对于首次进行股权融资的公司来说，除了公司创始团队的个人资源链接之外，借助财务顾问的服务亦是常见选项，财务顾问有更为广泛的投资者对接渠道并按照融资额的一定比例收取服务费用。同时公司亦可通过公开的路演渠道对接投资者，目前多数城市建立有各种层次的路演渠道，包括政府服务平台层面、孵化器

① SWOT 分析法是指从 S（strengths 优势）、W（weaknesses 劣势）、O（opportunities 机会）及 T（threats 威胁）四个层面对企业的竞争态势做出分析，该方法是由 Albert Humphrey 首创的分析工具。

园区层面、行业协会层面等。一旦公司在路演或对接投资者时建立了良好的公司形象，投资者之间的信息流通亦会帮助公司找到更多的投资者。

三、对接投资者，签署投资意向书

投资者在看过公司的商业计划书或路演后如果提出更为具体的产品问题或者公司估值的问题，说明投资者对投资公司表现出兴趣，此时投资者往往会要求和创始人进一步沟通，创始人应在所有正式和非正式的沟通中予以谨慎对待，以避免给公司带来负面评价。投资者正式发出投资意向时一般会要求公司同时签署一份投资意向书，虽然文件名称为投资意向书，但投资的关键事项诸如公司估值及投资金额、投资者参与经营管理的权利、投资者特有权利等均会包含在内，可以说是正式投资协议的基调，因此公司对每个条款都应当予以重视，如果有不同意见应及时提出。

四、准备和应对投资者尽职调查

投资者在签署完投资意向书后，会安排对公司的尽职调查，尽职调查通常包含行业、财务和法律三个层面的内容，行业尽职调查通常由投资者自己完成，亦是公司估值的核心因素，财务和法律尽职调查则通常由投资者分别委托第三方机构会计师事务所和律师事务所进行。尽职调查开始前，第三方机构会发送尽职调查清单给公司，让公司来准备相应文件资料，尽职调查开始后，第三方机构通常会入驻到公司办公场所开展工作，除收集文件资料外，还会开展沟通、访谈及外部核查等工作。由于尽职调查工作是股权融资的必有环节，为提高效率，建议公司在实施制定商业计划书步骤时，就参照尽职调查清单同步准备尽职调查文件。

五、磋商并签署投资协议

尽职调查完成后，如果投资者对尽职调查结果基本满意，则通常会推进投资事项，投资者会向公司发出正式投资协议，并展开相关协商。如果投资者认为尽职调查结果严重偏离了对公司的预估情况，则通常会终止该笔股权融资。投资协议在此处是投资类文件的简称，可包括增资协议、股东协议、公司章程等一系列的文件，一般投资基金的投资协议会以正文＋附件的方式展开，正文约定各方的权利义务，附件加入公司的基本情况、保证事项和交割条件等内容。投资协议的磋商与其他商务谈判的情形类似，公司对投资协议的不同意见能否得到投资者的确认，既取决于整个股权融资的惯例做法，又取决于双方的谈判地位，公司可选的投资者越多，其在投资协议中的谈判优势就更为明显，反之亦然。

六、办理交割取得融资款

投资协议签署后，公司应按照投资协议完成交割事项，投资者应按照投资协议支付融资款项，不少公司在初次股权融资时会陷入一个误区，认为签署完投资协议就大功告成了，只等着投资者打款。实际上无论是打款还是交割都是投资协议的履行，公司应当认真对待投资协议，并按照协议约定内容和标准完成交割事项，交割事项一般分为两类，第一类是整改事项，主要场景是投资者对于尽职调查过程中发现的公司运营不规范事项，会要求公司做出限期整改措施或承诺。第二类是目标事项，主要场景是设置一个公司的近期运营目标作为交割条件，例如药物研发的里程碑。

第三节 股权融资准备三要点

一、思想准备

股权融资的思想准备是针对公司创始团队尤其是公司创始人而言的，思想准备的实质是通过反问思考，由公司创始团队结合股权融资的实质去判断公司在现在这个节点进行股权融资是否恰当，该等思想准备可展开为三省三问。

首先是三省，借用三省吾身的传统智慧，公司创始团队在开始股权融资时应首先向内思考，关注这三个问题：公司有价值吗？公司的股权价值能衡量吗？公司能带给投资者什么回报？前文总结股权融资的本质是置换，那么公司有无价值是首当其冲的问题，对这个问题缺乏思考会导致创始团队陷入一种公司价值的自我肯定虚无中。需要说明的是，此处公司的价值判断要以客观理性作为标准，换句话说，这个问题也可以理解为，站在投资者的角度去判断公司有无价值，投资者会考虑公司创始团队愿意投入多少（金钱/时间）去确认这种公司价值，这也是知名的创始团队容易获得股权融资的原因之一，他们的时间价值较高，对公司的时间投入说明了一切。但对于更为普遍亦更为普通的创始团队来说，为公司投入了多少金钱这个指标显得更为重要，所以，用几页 PPT 换来融资，不是不可能，但对于大多数创始团队确实不现实。公司股权价值能被衡量亦是三省的重要内容，因为置换的前提是要等值，只有能够衡量才具备了判断是否等值的基础条件，这也是为什么资源性的创业者难以在创业之处获得股权融资，但通过资源开拓市场规模后容易获得股权融资的原因，因为市场规模将模糊的资源优势进行了量化，具备了衡量基础。公司能够为投资者带来什么回报，是一个创始团队换位思考的问题，但如果答案只是一个模糊的高投资回报或者一个没有支撑的 10% 收益率的概念，那不仅不能打动投资者，更说明创始团队本身对于公司的发展战略和发展路径并不清晰。所以三省的作用是为创始团队的向内思考提供框架，通过这三省更为清晰地认知公司，可以说，三省的思考越深刻，不仅后续对接投资者会越从容，公司的发展脉络亦会更清晰。

其次是三问，三问相比三省是更为具象化的问题，在股权融资开始前，公司创始团队应考虑的问题分别是：融资款花完了怎么办？创始团队将失去什么？有没有替代融资方案？三问的根本原因在于公司的运营是一个连续的过程，是确定发生的，但融资却是一个点状的事件，不确定性更强，如何做到点状事件对连续过程的促进作用，创始团队在开始融资前必须考虑清楚：本次融资款的用途是什么？完成该事项的预估金额是多少？本次融资款的下限金额和上限金额分别是多少？融资款用途能否实现公司运营收入的增加即带来其他现金流？融资款能够支撑公司运营多长时间？需要在什么时间启动下次融资？这些问题总结下来就是一个关键问题，融资款花完了怎么办。这个问题有了解决思路，就能避免现金流对公司运营的冲击，保证公司运营的连续性。在此基础上，创始团队需要考虑的是股权融资的得失和优劣，股权融资不同于其他融资方式，无论是《公司法》规定的法定权利还是投资协议约定的股东权利，均赋予了投资者参与公司经营管理的权利，这在不同程度上均会影响创始团队管理公司的方式，以及创始团队对公司的控制权，换句话说，创始团队应充分地认知到接受股权融资后，创始团队对公司的管理思路、管理方式和外部沟通都会发生变化，在思考这一问题的过程中，如果创始团队能够清晰地认知到其自身对公司管理的最低要求，就找到了可给予投资者的最高条件，这将会帮助公司有效地过滤和筛选投资者，同时，在思考这一问题的过程中，有无替代性的融资方案有无其他获得现金流的方案也是评价股权融资方式优劣的标准之一。通过梳理和思考三问，创始团队能够清晰地认知到公司角度对于股权融资的诉求和可给予的条件，便于后续具体融资工作开展。

二、实战准备

在三省三问充分思考了公司发展脉络和股权融资边界后，股权融资来到了实战准备阶段，实战准备的两个关键内容是审视公司股权架构和优化公司运营事项。

审视公司股权架构是检查确认公司目前的股权架构是否合理，主要包括现有股权架构是否稳定，现有股东的持股比例是否合理，公司有无预留员工的股权激励机制，公司为股权融资所预留的股权比例是否充足，公司股权架构调整可能产生的税负等成本。一个合理的股权架构应当具备稳定性的特点，如前文所述，投资者的加入会冲击创始团队对公司的管理和控制权，因此创始团队内部的稳定性就异常重要，创始股东均分股权、小股东联合股权比例超过创始股东等因素都会导致创始团队股权架构的不稳定。一个合理的股权架构应当具备包容性的特点，为公司发展所需的员工激励机制和多轮次的股权融资预留股权比例，员工的股权激励平台不仅能实现对员工的股权激励作用，通过设立有限合伙企业等形式还可实现创始团队对该员工激励平台的控制权从而间接增强创始团队对公司的控制权，同时，股权融资往往不是一次性结束而具有多轮次的特点，多轮次的股权融资势必会不断稀释创始团队的股权，因此为股权融资预留的股权比例应当考虑这个趋势，避免发生因预留比例不足导致创始团队的持股比例过低而失去公司控制权的被动局面。一个合理的股权架构应当具备延展性的特点，基于股权融资的投资者取得投资收益的方式主要包括公司上市后在二级市场退出和被其他投资者收购股权这两个方式，因此审视公司的股权架构时还应当考虑该架构是否能匹配上市对上市主体的规范要求，既要考虑本公司的股权架构安排，亦要考虑本公司与关联公司之间的股权架构安排，避免发生因股权架构的未来调整将支付大额税负成本或导致不符合上市主体规范要求的情形。

优化公司运营事项的准备可从实质和形式两个层面进行，一方面公司应重实质，在现有公司运营基础上，通过整理行业和细分领域发掘公司价值，另一方面公司亦不能轻包装，应认真对待公司形象展示——商业计划书。优化公司运营事项的实质不是从无到有的设想，其无法脱离公司的现有运营基础，公司可结合市场上的新技术和新兴产业重新去思考公司的定位，优化的方向也许是客户痛点的具象化，也许是产品的新功能，也许是产品销售方向抑或是销售区域的调整。优化公司运营事项的包装准备，应着力做到三点要求：第一，内容有的放矢，突出企业优势和价值；第二，内容真实可靠，赢得投资圈好口碑；第三，形式美观大方，匹配融资金额。在优化公司运营事项这一点上，公司所要思考的问题实质上亦是公司的生存问题和发展问题，而不仅仅囿于股权融资的场景。

下篇

股权融资实战58问

第八章 审视现有的股权架构

问题 1

如何检查公司现有股权架构是否合理？

股权架构与公司发展阶段直接相关，股权架构的设置应该是一个根据公司发展阶段因时制宜的过程，不同阶段的公司，股权架构的重点有不同的偏向，首先要识别公司所处阶段，继而再检查各股东持股比例是否合理。初创公司的股权架构重点是如何确定各股东的合理持股比例，以促进股东形成合力，确保公司能够进入正常运营；成长期的公司面临发展的问题，要考虑人才的股权激励以及对外融资，这时股权架构中会设置若干持股平台，原始股东的股权比例也往往会在这个阶段根据公司运营发展情况适时做出一些调整；有资本市场计划的公司一般会有多轮融资，具体的股权架构亦需要根据与投资方的交易安排而作出调整。

一、常见的股权架构模型有哪些

1. 境内上市公司的通用模型（见图 8－1）

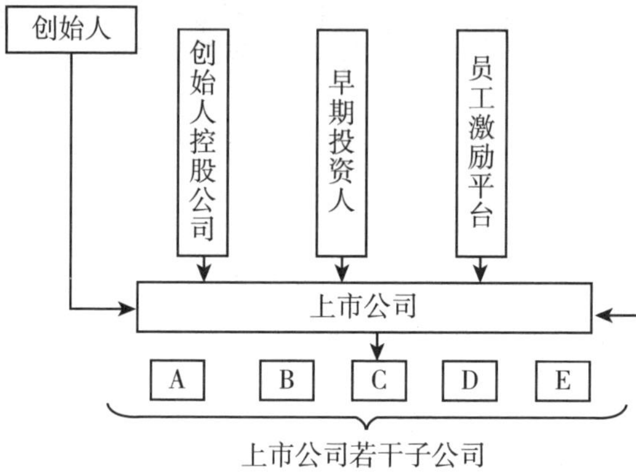

图 8－1　上市公司的通用模型

上市公司的股权架构要点是：

（1）创始人一般作为公司实际控制人，通过直接控股、设立控股公司、间接控制员工持股平台等方式来累计持股比例；

（2）高管或核心员工一般进入持股平台（有限合伙为常见形式）间接持有公司股权（份）；

（3）投资人考虑退出通道一般要求直接持有公司股权（份），实践中投资基金较为普遍，因此以有限合伙持股的形式也较为常见。

2. 阿里合伙人制度的股权架构模型（见图 8－2）

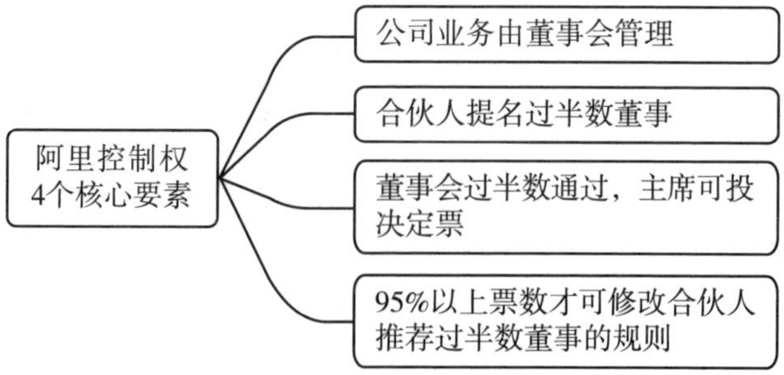

图 8－2　股权架构模型

阿里巴巴合伙人制度的核心内容之一是，赋予合伙人对董事会过半数董事的提名权，也就是说，通过分配董事提名权即股东对“管理层”的控制来实现创始股东对公司的控制。具体来说，如果希望公司为全部创始股东所控制，可以通过设立类似合伙人的机构并赋予其过半数、三分之二甚至全部董事的提名权，从而实现全部创始股东对公司的控制；如果公司需要为一位创始股东所控制，也可以赋予其过半数、三分之二甚至全部董事的提名权，从而实现其对公司的控制。

3. 股权架构简易模型（见图 8 –3）

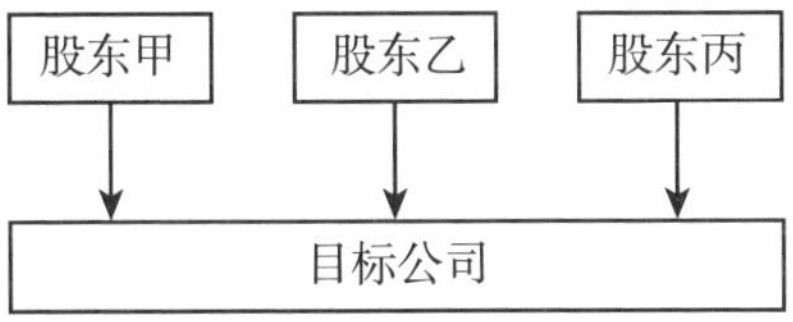

图 8 –3　股权架构简易模型

这种股权架构是实践中最常见也是最简单的股权结构，这种模式下股东的权利都是根据股权比例决定的。股权比例与表决权（投票权）、分红权均一体化。

这种股权架构的变形之一是，将各股东的持股比例与表决权或分红权作差异设置，这种情形需要在公司章程或股东投资协议中作特殊约定。

此外，一元股权结构还有一种变形，即股东只有 1 位的一人有限公司，这种架构可以说是一个雷区。从商业层面来说，一人有限公司的股权设计从生产经营上来说，无法形成股东合力，不利于公司成长，容易形成天花板。从法律层面来说，一人公司存在严重的法律风险，根据《公司法》第 23 条规定，只有一个股东的公司，股东不能证明公司财产独立于股东自己的财产的，应当对公司债务承担连带责任。也就是说，一人有限责任公司不同于一般情形下有限责任制对股东资产的保护，股东需要自证清白，实践案例中因股东较难举证而对公司债务承担连带清偿责任的案例非常普遍，因此设计股权架构时应尽量避免一人公司。

二、如何检查现有持股比例是否合理

股权架构的设置应该是一个根据公司发展阶段因时制宜的过程，不同阶段的公司，股权架构的重点不同，首先要识别公司所处阶段，确定该阶段公司的目标是形成合力还是进行人才激励，抑或是对外融资，继而再检查各股东持股比例是否合理。

检查各股东持股比例，可从以下几个角度考量：第一，是否存在持股比例过于均衡的情况，如公司的大股东之间的股权比例相当接近，没有其他小股东或者其他小股东的股权比例极低的情况（例如各 50% 的双方持股比例，或持股比例分别为 45%、45%、10%）等，该种持股比例容易导致僵局，无法形成有效的股东会决议，或大股东因无法达成一致意见，导致小股东有最终决定权的情形；第二，是否存在其他股东合计持股比例超过创始股东，如超过则不合理，亦容易产生不稳定情形。如出现前述不合理情形，可考量调整股权比例或股东之间签署一致行动协议。

问题 2

如果公司是初设公司，怎么设置合理的股权结构？

对于任何一个初创公司来说，一个合理的股权架构安排无疑是其发展的有力支撑。基于各公司生存及发展所依赖的关键要素不尽相同，公司的创始人团队应根据自身特点设置贡献要素，参照弗兰克股权分配模型来确定股权架构，并通过预期管理修正。

一、弗兰克股权分配模型

对于初创公司的股权分配，创始人可借鉴卡内基梅隆大学副教授弗兰克·戴姆勒（Frank Demmler）总结的创始人股权分配模型，来确定公司的股权结构。该模型的原始版本见表 8 - 1：

表 8-1 弗兰克股权分配模型

要素	权重	创始人 A	创始人 B	创始人 C	创始人 D
		创意提出人，商业计划主导者，出资人	法人和总经理，商业计划参与人	加入公司的行业技术专家	加入公司的行业技术专家
创意	5%				
商业计划	5%				
领域知识	20%				
机会成本风险	20%				
经营责任	30%				
融资	20%				
股份比例	100%				

二、如何利用该模型设置股权结构

该模型的使用方法为：

步骤一：确定公司成立及未来发展成功的关键贡献要素。

步骤二：确定各贡献要素对公司成立及未来发展的重要性程度，赋予其相应权重。

步骤三：罗列公司所有创始人，同时确定各个创始人在各个要素方面做出的贡献如何。

步骤四：计算各创始人的股权比例。计算方式为，各创始人的创始人贡献度占比与对应要素的要素重要性占比相乘，然后将该创始人有所贡献的所有要素相乘结果相加，即得到每个创始人在公司中的股权比例。

步骤五：举例说明，比如表格中创始人 A 在创意要素的贡献率占比 20%，在商业计划要素的贡献率占比 50%，在经营责任要素的贡献率占比为 10%，在融资要素的贡献率占比 50%，则其股权比例计算公式为：20% ×5%（创意）+50% ×5%（商业计划）+10% ×30%（经营责任）+50% ×20%（融资）=16.5%。

但需要说明的是，这个模型仅是确定股权比例的一个参照，不同行业不同公司的差异较为明显，具体到每个公司，还应根据企业的商业模式和创始人特点来确定具体的要素数量、种类及权重。

问题 3

原来的股权代持需要解除吗？

实践中因各种因素限制，股权代持在股权架构中亦是一种常见情形，从现行法律规定来看，除非特别情形（例如涉及经济犯罪），股权代持合同一般认定为有效，但该种有效性不能对抗外部法律关系，亦不能对抗公司其他股东，名义股东承担股东责任的风险，隐名股东承担股权被处置的风险。但是，如公司有上市计划，则应避免设置或提前解除任何代持关系，以符合“股权清晰”的申报要求。

一、什么是股权代持及其效力

股权代持又称委托持股、隐名投资或假名出资，是指基于法律规避或企业改制等原因，实际出资人与他人约定，以他人名义代实际出资人履行股东权利义务的一种股权处理方式。

就股权代持的法律效力及影响，简要总结如下：

1. 如无特殊情形，则代持合同有效

根据《民法典》的规定，合同无效包括若干情形，如违反法律、行政法规的强制性规定，行为人与相对人恶意串通损害他人合法权益；因此，通常来说，实际出资人与名义股东签署的代持合同是有效的，即发生争议时，如一方不能证明存在法律规定的无效情形时，人民法院认定该合同有效。因此，代持合同在名义股东和隐名股东之间具有约束力。

2. 代持合同不能对抗其他法律关系

代持合同虽然有效，但不具有对抗性。具体来说，一方面，名义股东的风险无法避免，即因名义股东原因导致代持股权被查封、冻结或执行，或名义股东擅自对股权进行处置（转让、质押）时，隐名股东主张因名义股东不是真正股东因此其处分行为不发生法律效力的主张得不到支持。另一方面，名义股东亦有可能成为实际股东的“替罪羊”，即承担按期出资及出资瑕疵的赔偿等法律责任。

3. 代持合同不能对抗公司其他股东

代持合同不仅对外部法律关系而言缺乏对抗性，在公司层面亦缺乏对抗性。简言之，在前期无股东投资协议或同等条款的情形下，隐名股东无法在公司层面行使股东权利；当隐名股东拟解除代持协议变更为股东时，如公司其他股东过半数以上不同意，其不能以代持合同当然地要求办理相应变更登记。

4. 代持不能对抗政府监管

此处指的主要是工商登记机关和税务机关，名义股东不能以代持合同对抗任何政府公开登记文件，同时，在解除代持协议变更为实际股东时亦需按照股权转让的税收规定申报和缴纳个人所得税。

二、是否需解除股权代持关系

基于上述分析，股权代持虽在实践中属常见情形，但同时也存在着一定风险。且根据《首次公开发行股票注册管理办法》等相关上市规定，发行人应股份权属清晰，不存在导致控制权可能变更的重大权属纠纷。因此股权权属清晰是作为上市发行的重要条件之一，而隐秘的股权代持则与该要求相冲突，核查股权代持情况一直是上市发行审核中的重要项目，如公司有上市需求，则所涉及的股权代持事项均需要在上市申报前处理妥当。

问题 4

采用何种方式可以调整元老们的股权比例？

良好的股权结构有助于团结各股东，共同推动公司发展。尤其在资本影响因素较小的公司中，股东的持股比例应与其对公司的贡献值保持正相关。为了股权比例能更好地适应公司需求，必须要灵活地调整股东尤其是元老们的持股比例，因此建议公司安排有所准备的股权结构，在签署有股东投资协议情形下，股东的持股比例调整可操作性较强。如果未做事先安排，可尝试通过股权受让或者公司增资的方式来实现元老们的股权比例调整。

一、何时需调整元老们的股权比例?

公司的发展是一个动态的过程，公司的需求随之不断变化。在公司设立阶段的股权结构以及持股比例往往不能满足公司不断变化的发展要求，尤其是影响因素中股东贡献大于资本投入的公司业务，公司的资本投入对公司影响较小，有的股东贡献变多，股权比例不动不合理，而有的股东几乎没有贡献，但股权比例依然保持不变。

如果不及时解决前述问题，则势必会影响公司的活力发展，因此公司必须面临股东股权比例尤其是公司元老们股权比例的调整。

二、如何适时地动态调整股权比例?

股权比例的动态调整主要分两类，简要列示如下：

一类是有备而来型，即在公司设立之初股东投资协议或者公司章程约定了股东任职条件，当不满足条件时可以调整。如公司初始设立时，明确地约定各方持有股权的条件以及变动的方式（具体可参考“问题2　如果公司是初设公司，怎么设置合理的股权结构?”），则可在公司发展过程中相应情形发生时适时调整。当然实践中难免会发生一些无法预见的情形，这时的解决办法有两个，一个是股东投资协议中可以创设一些兜底条款一定程度上扩大使用情形；二是公司可以建立定期评估贡献值的沟通机制。

另一类是机动调整型，即公司在设立时未签署股东投资协议，也即对股权调整无事先约定，而现有股权结构不能匹配公司发展，则创始人只能通过股权转让收购部分股权的方式来降低某一股东的持股比例，或者通过公司增资的方式来稀释其股权比例，但该种方式不仅涉及较大的资金成本，而且均涉及股东会决议程序或类似程序，一定程度上能否启动该种方式本身，亦受到其他股东的限制，实践中一些公司的股权动态调整确实止步于此。

问题5

创始人怎么解决融资后股权被稀释的问题？

股权被稀释带来的是创始人对可能丧失公司控制权的不安，但实际上实现对公司的控制除在持股比例上占有优势外，创始人还可通过法律上和实践上的其他途径来实现对公司的控制。在法律途径上依赖股东权利来实现对公司的控制权，主要方式包括通过表决权影响公司重大经营策略，直接任职以及任免公司管理人员。实践中创始人还可以采用担任法定代表人、控制公司公章、证照、资金支付系统、文件资料及建立管理制度等方式实现对公司的控制权，但需注意，控制权行使应框定在法律规定的范围内。

一、创始人在法律途径上如何实现对公司的控制权？

法律途径上依赖股东权利来实现对公司的控制权，主要方式包括通过表决权影响公司重大经营策略，直接任职以及任免公司管理人员，具体表现为：

1. 表决权。股东通过对公司经营事项的同意与反对表决票来行使控制权，无论是常见股权架构中讲到的AB股还是阿里合伙人制度，都是基于表决权安排的控制权。

2. 任职。股东可通过直接任职公司法定代表人或其他董监高职务来实现控制权，具体来说：

（1）担任法定代表人：股东可担任公司的董事长、执行董事或者经理并担任法定代表人。因法定代表人以公司名义从事的民事活动，其法律后果由公司承受，因此这一任职可直接实现控制权。

（2）任职董监高：股东可任职公司的其他董事、监事或高管，并通过投票董事（会）决议、监事（会）决议及其他职责履行来实现控制权。

3. 人事任免权。如股东为法人股东或不直接任职，则可通过选派公司管理人员（董事、监事、经理及财务人员）的方式来实现控制权。

二、创始人实践中还可通过哪些途径实现对公司的控制权？

2020 年当当网抢公章事件一定程度上能够反映出，公司的控制权是一个远远超出法律规定和文本范围的话题，实践中这种事件也屡见不鲜，总结过往我们所接触到的企业案例，下列这些途径亦可在一定程度上实现对公司的控制权。

1. 法定代表人。如同前述在法律途径上实现控制权所述内容，法定代表人当然地代表公司，法定代表人签字与公章具有同样的效力，因此担任法定代表人本身是一个有效的直接控制途径。事实上很多国家的公司均没有公章一说，而直接以公司授权代表人签字来代表公司。

2. 公章。虽然理论上存在表见代理的争论，但大量审判案例表明，公司印章是最能代表公司意志的实体物，除非有证据证明员工盗用单位的公章或擅自使用单位公章，否则载有公司公章的文件将视为公司认可，因此掌控公章是一个实际的控制途径。

3. 证照。证照作为公司主体的身份证明，当然地代表公司。实践中办理公司印章、公司账户以及其他流程等事项均需要公司证照，所以掌控公司证照一定程度上亦可控制公司。

4. 资金支付系统。掌控公司资金支付系统是实际控制企业资金的主要途径。实践中，创始人也往往通过掌控公司银行账户的具体信息及操作系统来实现控制权。

5. 文件资料。公司作为市场主体，运营会产生大量的合同、财务凭证及其他文件资料，公司的对外行为也应当以前述文件资料作为支撑，因此对公司的系统管理和控制亦依赖于这些文件资料。

6. 管理制度。前述罗列了实际控制的若干途径，但作为创始人不可能事事亲为，因此建立符合运营需求的管理制度既是公司发展的支撑，也是实现控制权的有效途径。

但需要特别说明的是，控制权行使必须框定在法律规定的范围内，否则可能涉嫌违法。

第九章 投资者对接

问题6

企业融资的方式有哪些？

融资是企业在发展经营中最为重要的一项活动，企业根据自身目前和未来的发展状况，通过一定渠道向投资者或债权人去筹集资金，以保证企业能够正常经营和发展。

企业融资的方式有很多种，一般分为内部融资和外部融资。内部融资比外部融资对于融资企业而言更容易操作，但外部融资一般会比内部融资，获得更多的可用资金。

一、内部融资

内部融资是指企业通过内部资源的再利用或自配置满足融资需求。一般内部融资通过留存收益筹资、应收账款融资、商业信用融资等方式进行。

1. 留存收益筹资是融资企业将其盈余公积金和未分配利润等转化为企业项目投资所需的资金，即将企业生产经营所实现的净收益不作为股利进行分配，而是作为原股东对企业追加投资的过程。

2. 应收账款融资是融资企业利用其享有权益但尚未收回的应收账款进行的融资行为。一般有三种形式：应收账款质押融资、应收账款保理和应收账款证券化。通过这种融资方式获得的可用资金，一般以企业提供的应收账款的金额为上限。

3. 商业信用融资是融资企业在购买商品或服务时，基于企业自身的商业信任，在买卖货物时，若作为买方，卖方允许买方在购货后的一定时间内支付款项的融资行为；若作为卖方，要求买方预先支付货款，然后再用货物抵偿的融资行为。常见的融资分为三种形式：应付账款融资、商业票据融资和预收货款融资。

二、外部融资

外部融资是指企业通过外部渠道筹集资金的过程，融资企业通过资本市场吸引投资人进行投资或通过设置债权进行融资的行为，一般有两种形式：股权融资、债权融资。

1. 股权融资是指通过企业增资的方式引进新的股东，从而增加总股本以及公司资金的融资方式。股权融资主要有两大类：公开市场发售和私募融资。公开市场发售主要是企业上市后通过股票市场向公众投资者发行企业的股票来募集资金。私募发售主要是指企业通过自行寻找、吸引特定的投资人，向企业增资入股的融资方式。私募融资的投资者一般为：个人投资者（常称为天使投资人）、风险投资机构、产业投资机构和上市公司。

2. 债权融资是指企业通过向银行或其他机构借款的方式来进行融资。企业与资金提供方之间形成的是金融借款合同法律关系或其他债权法律关系，该种融资的特点是公司需要偿还取得的融资资金，主要采用两种形式：信用融资和项目融资。

企业可以根据以上融资方式，结合企业自身情况，选择最适合企业的融资方式进行融资。

问题 7

企业发展到哪个阶段时股权融资的可能性更高？

一般企业发展可以分为三个阶段，创业的初始阶段、早期成长阶段和快速成长阶段。在这三个阶段中，企业均需要进行股权融资，每个阶段有不同的融资方法。

对于传统行业创业初始阶段的企业来说，由于资产规模小、缺乏业务记录和财务审计等完善的管理体系，因而获得外部融资的可能性较低，一般主要依靠内部融资。当企业进入成长阶段，追加扩张投资使企业的资金需求猛增，同时随着企业规模扩大，可用于抵押的资产增加，并有了初步的业务记录，信息透明度有所提高，于是企业开始更多地依赖金融中介的外源融资；在进入稳定增长的成熟阶段后，企业内部管理体系趋于完备，具有相对稳定的市场竞争力，逐渐具备进入公开市场发行有价证券的条件。随着来自公开市场可持续融资渠道的打通，来自金融中介债务融资的比重下降，股权融资的比重上升，部分优秀的中小企业成长为大企业。

当然，并不是说所有初创型企业难以获得融资，创新型企业融资的发生时间较早。根据 IT 桔子数据显示，2022 年 8 月 24 日—2023 年 8 月 24 日，获得 3 轮及以上融资的企业共有 50 家，其中初创型企业最多，共有 26 家，占比 52%；成长型的公司有 16 家，占比 32%；成熟型的公司有 8 家，占比最少，为 16%。

通过对获得融资的初创型企业进行分析，这类企业一般具有两个特性：一是其所处的行业正是崛起发展之时，这类企业容易得到投资人的关注；二是公司的创始团队具备一定的实力，容易获得投资人的认可。

当然也不是符合上述情况，就一定能获得融资。在投资市场上，也有企业成立 5 年、10 年甚至 15 年内没有获得任何一笔投资，但在突然某一年获得大量的融资。其内在原因非常复杂，既有内在的自身原因，也有外在市场的原因。例如：2021 年 6 月国产三维 CAD 和工业云软件的供应商“新迪数字”获得来自多家基金的数千万元 A 轮融资，这是“新迪数字”成立 18 年以来获得的首轮融资。伴随着国内新能源汽车、高新科技行业的发展，这家企业终于在成立 18 年后受到了投资人的关注。

综合来看，企业获得融资的可能性和企业发展的阶段有一定的关联，但这并不是绝对的，企业要想获得融资，更多的是需要关注自身的核心竞争力以及所处的行业是否正处于蓬勃发展的阶段。

问题 8
如何准备一个 BP？

商业计划书（BP）是企业为了达到融资的目标，根据市场上常见的内容或格式范本进行编制，向有投资意向的投资者进行展示，从而获得投资的一种形式。

目前市面上存在的商业计划书一般包括以下几个部分：公司概况、项目介绍、行业及市场分析、产业化实施、营销策略、公司管理、竞争分析、财务计划、融资计划、风险分析、项目实施计划、发展战略等几个要素。一份完整的商业计划书，可以达到上百页。然而，很少会有投资者愿意花费时间，将商业计划书完整地阅读一遍。所以企业在准备商业计划书时，应重点关注投资者感兴趣的部分，重点突出项目的优势、特色等内容，以此来吸引投资者进行投资。

在准备一份商业计划书时，最先要做的就是要充分了解自己的项目。要找准项目的定位和方向，未来三到五年公司发展的大体形态，未来的对标目标以及未来的业务布局等。创始人需要考虑清楚目前自己的项目和市场上前列项目的差异以及优势，以此来帮助投资人迅速了解项目。

然后在编纂商业计划书时，要明确商业模式盈利方向。如何进行变现，如何让投资人获得回报，是投资人最为关心的问题。创始人可以提供可靠的数据去说服投资人，但要避免出现数据单一或数据没有说服力的情况。

此外，创始人可以在商业计划书中，展示创始团队。一个项目的好与坏，离不开创始团队。如果投资人整体非常看好的行业或项目最终走向破产，除外界因素以外，其创始人也有很大的责任，这就是创始团队的重要性。许多投资人、机构都在强调早期项目团队的重要性，在没有一定数据体量支撑的情况下，投资人50%以上的参考权重都在团队。他们会判断团队的性格、合作、客户资源、执行力情况，以及之前的资源和经验适不适合做这个项目。

目前市场上，大多数的创始人通过PPT演讲的形式代替传统的商业计划书，通过图文并茂的形式，向投资人展示创始人的项目核心内容，帮助投资人快速准确地了解创始人的项目，从而获得投资。

问题9

企业的估值方法有哪些？

企业估值是企业融资的核心问题，投资者将资金投资给企业，需要对企业的价值进行评估。估值的方法一般有市盈率（PE）、市净率（PB）、市销率（PS）、市现率（PCF）、企业价值倍数（EV/EBITDA）、现金流量贴现法（DCF）这六种方法。

一、市盈率（PE）

市盈率是指股票价格除以每股盈利的比率。我们说的市盈率一般分为两种，历史市盈率和预测市盈率。历史市盈率是指当前股价除以公司最近12个月的每股盈利。预测市盈率是指当前股价除以公司未来12个月每股盈利。

用市盈率的方法对企业价值进行评估一般是指行业平均市盈率（PE ratios）来估计企业价值。其估价过程非常复杂，大体分为三部分：1. 选取参照企业。2. 计算市盈率。3. 通过比较和分析差异来修正系数。

市盈率估价法通常被用于对未公开化企业或者刚刚向公众发行股票的企业进行估价。因市盈率的关键在于净利润，若公司亏损，则无法使用市盈率估价法。

二、市净率（PB）

市净率是每股价格除以每股净资产的比率。

通过市净率定价法估值时，首先，应根据审核后的净资产计算出发行人的每股净资产；其次，根据二级市场的平均市净率、发行人的行业情况（同类行业公司股票的市净率）、发行人的经营状况及其净资产收益等拟订估值市净率；最后，依据估值市净率与每股净资产的乘积决定估值。

市净率估值方法适用于高风险企业，企业资产大量为实物资产的企业时受到重视。

三、市销率（PS）

市销率是总市值除以主营业务收入的比率或指股价除以每股销售额的比率。

利用市销率对企业估值的公式为：主营业务收入 × 市销率。

市销率估值法的优点是，销售收入最稳定，波动性小；营业收入不受公司折旧、存货、非经常性收支的影响，不像利润那样易操控；收入不会出现负值，不会出现没有意义的情况，即使净利润为负也可用。市销率估值法对收入乘数对价格政策和企业战略变化敏感，可以反映这种变化的后果。市销率估值法的缺点是，它无法反映公司的成本控制能力，即使成本上升、利润下降，不影响销售收入，市销率依然不变。另外，它只能用于同行业对比，不同行业的市销率对比没有意义，且上市公司关联销售较多，该指标也不能剔除关联销售的影响。

市销率估值方法是对亏损公司常用的估值方法，主要适用于销售成本率较低的服务类企业，或者销售成本率趋同的传统行业的企业。

四、市现率（PCF）

市现率是股票价格与每股现金流量的比率。

市现率可用于评价股票的价格水平和风险水平。市现率越小，表明上市公司的每股现金增加额越多，经营压力越小。对于参与资本运作的投资机构，市现率还意味着其运作资本的增加效率。不过，在对上市公司的经营成果进行分析时，每股的经营现金流量数据更具参考价值。

五、企业价值倍数（EV/EBITDA）

EV 为公司价值，EV = 市值 + （总负债 - 总现金） = 市值 + 净负债。

EBITDA = EBIT（息税前利润 = 净利润 + 所得税 + 利息）+ 折旧费用 + 摊销费用。

相对于 PE 是股票市值和预测净利润的比值，EV/EBITDA 则反映了投资资本的市场价值和未来一年企业收益间的比例关系。

企业价值倍数更适用于单一业务或子公司较少的公司估值，如果业务或合并子公司数量众多，需要做复杂调整，有可能会降低其准确性。

六、现金流量贴现法（DCF）

贴现现金流的方法可分为净现值法与内部报酬率法两种：

1. 净现值法是通过资本的边际成本求出的折现率，将未来的现金收支折现成当期现金。

2. 内部报酬率法则将存续间可能产生的现金流入，依某一贴现率折成现金，使现金收入等于当时的投资成本，则此求出的贴现率即为报酬率。

现金流量贴现法方法的内涵就是把企业未来特定期间内的预期现金流还原为现值。很显然企业价值的真髓还是它未来盈利的能力，而盈利能力则体现为经营活动带来的现金流，因此理论界通常把现金流量贴现法作为企业价值的方法，在评估实践中也得到了大量的应用，并且已经日趋完善和成熟。

问题 10

有哪些途径可以寻找投资人？

一、个人网络

与个人和专业网络中的人联系，包括朋友、家人、同事、校友等。寻找可能对项目感兴趣或能够介绍给其他投资人的人。

二、创业孵化器

创业孵化器是科技企业孵化器的简称，是最早的承担创业服务功能的组织。从制度角度而言，现在各级孵化器的行政许可仍然由科技部/科技厅/科技局完成，政府设有科技部火炬中心孵化器管理处，比如科技寺、联想之星、创新工场、微软创新中心、腾讯众创空间、方糖小镇、粮仓等。

创业加速器则是介于企业孵化器和科技园区之间的一种中间业态，进入加速器的企业和初创团队往往是经过了孵化器孵化后，进入了一个快速发展期，体现在团队、业务、收入的快速上升，所以加速器往往需要比孵化器具备更扎实的资源和服务能力，国际上有名的孵化器很多，比如 PNP、YC、500 Startups、TechStars。

加入创业加速器或孵化器，这些机构通常与投资者有联系，并提供资金和资源支持。参加它们的活动和演示日，与投资者建立联系毫无疑问是寻找投资人的办法。

三、投资者活动和展会

参加投资者活动和行业展会，这些活动通常有投资者参与。准备好项目介绍，与投资者进行面对面的交流和展示。

四、投资者数据库和平台

使用投资者数据库和在线平台，如天使投资者网站、风险投资数据库、CSMAR 财经数据库等，寻找对行业和阶段感兴趣的投资者。创建个人资料，并在这些平台上展示项目。

五、创业竞赛和比赛

参加创业竞赛和比赛，这些活动通常吸引了许多投资者的关注。如果项目获得奖项或认可，可能会引起投资者的兴趣。

六、创业投资基金

研究与行业相关的创业投资基金，了解他们的投资偏好和关注领域。进而联系他们，提交商业计划书，并请求会面。

七、社交媒体和在线平台

利用社交媒体和在线平台，如微信、抖音、B站等，建立个人品牌和项目可见性。在此基础上，参与行业讨论，与投资者互动并分享项目进展。

问题11

目前国内都有哪些活跃的投资机构？

目前国内常见的投资行为，主要有两种，一种是天使投资，另一种是创业投资（又称为“风险投资”）。天使投资一般指个人对公司进行投资的行为，是一种自发而又分散的民间投资方式，一般是拥有一定财富的人士对发展潜力较大的初创企业进行投资，其风险较高的投资行为，因此投资人又被称之为“天使投资人”。

创业投资一般是投资公司帮助创业公司从0到10的过程。我国从20世纪80年代初期就引进创业投资，自2006年3月1日《创业投资企业管理暂行办法》开始实行，我国创业投资迅速发展，其数量和规模已远超发达国家最高水平，下表列示投资界评选的2023年TOP100投资机构（排名不分前后）。

表9-1为2023年投资界TOP100投资人统计情况（排名不分先后）。

表9-1　2023年投资界TOP100投资人

投资机构	投资人	典型投资
蓝驰创投	管理合伙人　陈维广	理想汽车、水滴公司、怪兽充电、青云科技、赶集网
元禾原点	管理合伙人　费建江	阶梯医疗、亚盛医药、寒武纪、江苏北人、云从科技

续表

投资机构	投资人	典型投资
啟赋资本	创始人、董事长　傅哲宽	高途集团、泡泡玛特、航天宏图、精智达
嘉道私人资本	董事长　龚虹嘉	海康威视、富瀚微电子、芯原股份、泛生子、合源生物
峰瑞资本	创始合伙人　李丰	清陶能源、蓝晶微生物、芯翼信息科技、PatPat、三只松鼠
创新工场	董事长兼 CEO　李开复	创新奇智、知乎、Momenta、文远知行、镁伽
英诺天使基金	创始合伙人　李竹	美团、游族网络、德生科技、一径科技、青禾晶元
云启资本	创始合伙人　毛丞宇	英科医疗、英科再生、百布、酷家乐、元戎启行
中科创星	创始合伙人　米磊	源杰科技、天科合达、深信生物、驭势科技、中储国能
策源创投	主管合伙人　元野	BOSS 直聘、美团点评、医联网
金沙江创投	主管合伙人　朱啸虎	滴滴出行、饿了么、满帮
普华资本	董事长　曹国熊	中控技术、果麦文化、臻镭
源码资本	创始合伙人　曹毅	字节跳动、美团、理想汽车
元生创投	创始合伙人　陈杰	纳微科技、开拓药业、亚盛医药、正雅齿科、博瑞生物
东方富海	董事长、创始合伙人　陈玮	佰维存储、奥特维、安恒信息、星源材质、我武生物
顺为资本	合伙人　程天	快手、BOSS 直聘、趣睡科技、货拉拉、茶颜悦色
北极光创投	创始管理合伙人　邓锋	中科创达、卡莱特、奕瑞科技、燃石医学、腾讯音乐

续表

投资机构	投资人	典型投资
GGV 纪源资本	全球管理合伙人　符绩勋	酷家乐、BOSS 直聘、满帮、小鹏汽车、Grab
VIVO Capital 维梧资本	管理合伙人、全球联席 CEO 和亚太区 CEO　付山	科兴生物、药明康德、和睦家医疗、维昇药业、诺诚健华
高榕资本	创始合伙人　高翔	BOSS 直聘、虎牙直播、小鹏汽车
红杉中国	合伙人　郭山汕	拼多多、中通快递、BOSS 直聘、满帮、货拉拉
联想创投	总裁、管理合伙人　贺志强	寒武纪、海光信息、中控技术、思特威、珠海冠宇
启明创投	主管合伙人　胡旭波	泰格医药、惠泰医疗、三友医疗、透景生命、艾德生物
华登国际	董事总经理　黄庆	格科微、翱捷科技、晶晨股份、矽力杰、DJI 大疆
启明创投	创始主管合伙人　邝子平	石头科技、文远知行、优必选、云知声、禾赛科技
GGV 纪源资本	管理合伙人　李宏玮	Keep、小牛电动、金山办公
君联资本	总裁　李家庆	康龙化成、哔哩哔哩、先导智能、优刻得、奕斯伟
深创投	副总裁　李守宇	复旦微电、佰维存储、天岳先进、亚辉龙、易瑞生物
IDG 资本	合伙人　李骁军	芯原股份、恒玄科技、翱捷科技、分贝通、粉笔网
松禾资本	创始合伙人　厉伟	德方纳米、瑞丰新材、华大智造、商汤科技、奥比中光
IDG 资本	合伙人　连盟	SHEIN、安克创新、喜茶、莉莉丝、致欧

续表

投资机构	投资人	典型投资
达晨财智	合伙人、副总裁　梁国智	明源云、道通科技、中微半导体、软通动力
启明创投	主管合伙人　梁颖宇	甘李药业、康希诺、再鼎医药、诺辉健康、启明医疗
DCM 中国	创始合伙人、 董事合伙人　林欣禾	快手、唯品会、量子之歌、大健云仓、药师帮
五源资本	创始合伙人　刘芹	金山办公、小鹏汽车、声网、地平线、PingCAP
达晨财智	创始合伙人、 董事长　刘昼	康希诺、中望软件、明源云、铖昌科技
清控银杏	创始合伙人、 联席董事长、 首席投资官　吕大龙	爱博诺德、安扬激光、海博思创
光速光合	创始合伙人　宓群	拼多多、美团、中际旭创、禾赛科技
深创投	董事长　倪泽望	华大九天、怡合达、康方生物、纳芯微、安路科技
IDG 资本	合伙人　牛奎光	金山云、奇安信、特斯联、天奈科技、思谋科技
盈科资本	创始人、董事长　钱明飞	康华生物、广汽埃安、万向一二三、粤芯半导体、珠海冠宇
红杉中国	创始及执行合伙人 沈南鹏	美团、字节跳动、拼多多、SHEIN、远景集团
国中资本	首席合伙人、 董事长　施安平	华大九天、东微半导、联特科技、莱特光电、嘉元科技
红杉中国	合伙人　孙谦	美团、DJI 大疆、Kurly、东鹏瓷砖、Woowa

续表

投资机构	投资人	典型投资
辰德资本	创始合伙人　谈庆	金域医学、奕瑞科技、健世科技、怡和嘉业、华脉泰科
弘晖基金	创始人、CEO　王晖	迈瑞医疗、药明康德、联影医疗、康龙化成、思摩尔国际
君联资本	联席首席投资官　王俊峰	信达生物、凯因科技、蓬勃生物、六合宁远、嘉因生物
天图投资	董事长　王永华	飞鹤、周黑鸭、百果园、小红书、奈雪的茶
达晨财智	执行合伙人、总裁　肖冰	明源云、新洁能、瑞芯微、凌云光
经纬创投	创始管理合伙人　徐传陞	中国有赞、饿了么、果麦文化、健友药业
今日资本	创始人、总裁　徐新	BOSS 直聘、叮咚买菜、良品铺子、知乎
顺为资本	创始合伙人、CEO　许达来	南芯科技、云从科技、九号公司、声网、金山办公
华盖资本	创始合伙人、 董事长　许小林	华大智造、数坤科技、复宏汉霖、康泰生物、海吉亚医疗
金雨茂物	创始合伙人、 常务副总裁　许颙良	贝泰妮、昭衍新药、爱旭股份、隆达股份、鑫湖股份
钟鼎资本	创始合伙人、CEO　严力	满帮、货拉拉、怡合达、蕉内、Tims 中国
赛富	创始管理合伙人　阎焱	每日互动、天下秀、欧瑞博科技、节卡机器人、瀚天电子
毅达资本	董事长　应文禄	华恒生物、汇川技术、鑫铂股份、瀚川智能、皓元医药
毅达资本	总裁、 创始合伙人　尤劲柏	国联股份、华盛锂电、盛航海运、浩通科技、科威尔

续表

投资机构	投资人	典型投资
IDG 资本	合伙人　俞信华	中微半导体、爱旭太阳能、奕斯伟、古瑞瓦特、高景太阳能
五源资本	合伙人　袁野	快手、Keep、神策数据、逐本
高榕资本	创始合伙人　岳斌	石头科技、Nuro、元象 XVERSE
和玉资本 MSA Capital	创始人、管理合伙人　曾玉	BOSS 直聘、炎明生物、蔚来汽车、Cider、黑芝麻智能
五源资本	合伙人　张斐	快手、商汤科技、小马智行、小冰、超参数科技
经纬创投	创始管理合伙人　张颖	理想汽车、小鹏汽车、容百科技、海辰储能
高榕资本	创始合伙人　张震	拼多多、得物 App、和睦家医疗
祥峰投资	董事长兼管理合伙人　郑俊聪	SES、慧智微电子、微芯生物、瑞科生物
同创伟业	董事长、创始合伙人　郑伟鹤	联特科技、海优新材、杰华特
君联资本	联席首席投资官　周宏斌	药明康德、金域医学、密尔克卫、康龙化成、亚朵集团
红杉中国	合伙人　周逵	讣达、健帆生物、光环新网、贝泰妮、奕瑞科技
华睿投资	创始人、董事长　宗佩民	昱能科技、万兴科技、运达风电、和元生物、双枪科技
深创投	总裁　左丁	翱捷科技、铭利达、荣昌生物、杰华特、统联精密
华泰紫金	董事长　曹群	诺唯赞、荣昌生物、硕世生物、宏微科技、虹软科技
中金资本	董事长　单俊葆	中微半导体、联影医疗寒武纪、宁德时代、理想汽车

续表

投资机构	投资人	典型投资
尚颀资本	执行事务委派代表　冯戟	晶晨股份、长远锂科、道通科技、先惠技术
上海科创集团	党委书记、董事长　傅红岩	中微公司、晶晨股份、芯原股份、奕瑞科技、普冉股份
鼎晖投资	创始合伙人　胡晓玲	百丽国际、美的集团、达利食品、Babycare
春华资本	创始人、董事长兼 CEO　胡祖六	远景集团、健世科技、美赞臣中国、百胜中国、字节跳动
前海方舟	副总经理　孔翔	海优新材、瑞丰新材、恒铭达、圣元环保、博盈焊特
小米集团	董事长兼 CEO　雷军	金山云、石头科技、芯原股份、珠海冠宇
大钲资本	董事长、CEO　黎辉	瑞幸咖啡、泰邦生物、小鹏汽车、孩子王
腾讯投资	管理合伙人　李朝晖	快手、BOSS 直聘、满帮、粉笔网、贝壳
高瓴	创始合伙人　李良	蔚来汽车、翱捷科技、普源精电、蓝晶微生物、昌进生物
临芯投资	董事长　李亚军	澜起科技、新洁能、中微公司、芯原股份、思瑞浦
平安资本	董事长兼首席合伙人　刘东	万国数据、药明康德、宇信科技、台商行、信达生物
德弘资本	董事长　刘海峰	通化东宝、大童保险、美华医疗、前程无忧、健美生
CPE 源峰	CEO　刘乐飞	美丽田园、巨子生物、集创北方、立景创新、华大半导体
金浦投资	总裁　吕厚军	中银证券、华海清科、和元生物、弘信电子、天岳先进

续表

投资机构	投资人	典型投资
联新资本	创始合伙人　曲列锋	联影医疗、心脉医疗、上海瀚讯、迪赛诺、奕瑞科技
加华资本	创始合伙人、董事长　宋向前	东鹏饮料、老乡鸡、巴比食品、洽洽食品、爱慕股份
国科投资	董事长　孙华	纳芯微、海光信息、中科环保、星环科技、佰维存储
复星创富	复星国际执行总裁、首席投资官复星创富董事长　唐斌	韵达股份、乐鑫科技、中光防雷、PingCAP、纵腾
华平投资	董事总经理、中国区总裁　魏臻	美中宜和、孩子王、海吉亚医疗、中通快递、华宝基金
淡马锡	淡马锡中国区主席全球科技与消费投资联席总裁、全球企业发展联席总裁　吴亦兵	美团、快手、药明康德
高瓴	联席首席投资官、创始合伙人　易诺青	时代天使、君实生物、百济神州、药明康德、纳微科技
鼎晖百孚	管理合伙人　应伟	龙芯中科、观宇科技、神州细胞、鲁西集团、微众银行
高瓴	创始人　张磊	飞利浦、百丽、Zoom、地平线机器人、美团
基石资本	董事长　张维	香农芯创、韦尔股份、全亿健康、商汤科技、小鸟看看
海通开元	董事长　张向阳	新强联、盛美上海、天岳先进、中芯集成、高景太阳能
华控基金	董事长　张扬	三角防务、北摩高科、睿创微纳、炬光科技、容百科技

续表

投资机构	投资人	典型投资
弘毅投资	董事长　赵令欢	中国巨石、先声药业、新奥股份、中联重科、天境生物

资料来源：《2023“投资界TOP100”投资人发布》，载微信公众号“投资界”2023年7月19日，https：//mp. weixin. qq. com/s/IcszWkgj5 – u6pYw1e9M5Cw。

问题12

如何准备一次路演？

如果没有一次“完美”的路演，即使有“完美”的商业计划书，创始人也很难获得投资。

早期创始人通过“电梯游说”法则来游说投资人。“电梯游说”法则最早来自麦肯锡公司，在为一家重要客户做完咨询结束后，项目负责人在电梯里遇见了客户公司的董事长，董事长问项目负责人，“你能不能说一下结果呢?”由于项目负责人没有准备，在电梯运行短暂运行的30秒钟，未能很好地回答董事长的问题，导致麦肯锡公司最终失去了这个重要客户。经过这件事情，麦肯锡公司要求员工凡事都要简明扼要地阐明观点、直奔主题，后来演变成“30秒钟电梯理论”或“电梯演讲”，成为创始人游说投资人的重要法宝。现在“电梯游说”法则仍然在路演当中至关重要，即用简明扼要的语言，推广自己的项目。

如何进行有效的路演？从步骤上来看，路演包含三个方面：选择路演形式、路演内容的准备、路演现场。

一、选择路演形式

路演形式的选择非常重要，这决定了这场路演面向的受众群体，以及这场路演活动准备的方向。融资路演可以分为四大类型：参观型路演、活动型路演、展示型路演、互联网+路演。

1. 参观型路演。

参观型路演是指创始人邀请投资人来企业内部进行参观，从而让投资人对企业有更直观的感受，能切身体验企业文化、项目的特性等。但这种参观型路演并不是每个企业都能进行的，需要企业具有一定的名气和特有的项目，以此来吸引投资人。

2. 活动型路演。

活动型路演是指创始人通过举办沙龙活动来吸引投资人。这种路演一般需要花费大量的时间和精力，通过举办活动，分享企业的文化，展现项目的优势以及在行业中的突出特性，来吸引投资人的目光。

3. 展示型路演。

展示型路演一般最为常见，这种路演方式让创始人和投资人直接对接，通过直接交流，更便捷地展示创始人的优势，更能打动投资人。这种路演，需要借助平台作为一定的安全保障，并且需要创始人提前准备好一场有效的路演。

4. 互联网 + 路演。

互联网 + 路演是随着互联网的发展，产生的一种新型的路演方式。这种路演的方式多种多样，并且以低门槛、快速便捷、信息对称性等优势快速进入大家的视野当中。互联网 + 路演的方式有效避免传统路演的缺点，为创始人能够有效进行融资提供有效的帮助。

二、路演内容的准备

在路演时，内容是至关重要的，创始人团队需要明确路演针对的受众群体，根据受众，选择投资人最为关注的内容。如果受众不了解创始人项目所处在的行业背景，那么创始人在路演中，需要重点讲述其项目所处的行业背景、行业前景等内容。换言之，如果受众对创始人的项目背景，行业发展非常了解，那么创始人就不用再过多进行讲解。

三、路演现场

一场好的路演，离不开主讲人现场的表演。与传统的商业计划书相比，音像结合的表演形式更容易打动投资人。路演的主讲人可以采取一定的讲演技巧，例如：设问法、对比法、类比法等，引出自身项目存在的优势。也可以借助科学技术手段，制作引人注目的 PPT、语音影像等，来吸引投资人的目光。

问题 13 如何选择适合的投资人？

在融资过程中，创业者和投资人之间是彼此双向选择的关系。在投资人根据自己的职业判断挑选适合自身投资的项目的过程中，创业者也需要全方位考量投资人的素质，预测其是否与团队以及公司发展理念相匹配。选择合适的投资人，有助于企业的进一步发展，使其在资源和资本方面获得更大优势。

创始人在选择投资人时，首先需要明确融资的需求和创始人能够接受的底线方案，创始人应在满足自身项目需求的情况下，对投资人的情况进行评估，评估投资人的资金实力以及选择这个投资人能给企业带来的优势等。创始人可以从以下两个方面着手：

一、评估投资人的方式

1. 网络资信调查

对投资人的资信进行调查，如同企业考察其他合作伙伴一样，相当于通过公开途径对投资人进行尽职调查，以排除异常或风险级别很高的投资人。通常来讲，企业可通过企业信用信息公示系统、裁判文书网或付费软件来查询投资人的基本信息和涉诉信息，并可通过网络检索该投资人的投资案例和新闻，对于股权融资而言，投资人的注册资本额度、股东情况、已有项目的投资规模、与已有项目发生的纠纷情况等都是创业公司的重点关注内容。

2. 已投项目反馈

股权融资仅仅是投资人和创业公司建立链接的开始，投资人在退出前将持续参与或影响创业公司的运营管理，为此，创业公司还可通过与投资人的已投项目进行接触或通过检索已投项目信息等方式，来进一步了解投资人的投资风格和管理风格等软性指标。

二、选择的侧重点

1. 资金与资源。

创业公司在选择投资人时，应当重点关注投资人能给其带来的资金支持和资源支持，资金实力强大的投资人，不仅能够确保顺利完成本次融资的交割，而且还有机会继续跟进创业公司的下一轮融资。投资人的资源支持主要是指其对于创业公司商业运营的支持，例如供应链支持、客户资源支持、产品研发支持等。

2. 理念与价值观。

与资金和资源相比，理念与价值观属于选择投资人的软指标，该指标可反映在多个方面，例如投资人的投资布局、投资风格，投资人以什么形式进行投后管理，是否尊重和信任创始团队，是否干涉创始团队的决策权等，投资人对创始团队的态度尤为重要，比较理想的模式是创始团队与投资人形成一种合作关系，各司其职，沟通顺畅。

问题 14

遇到强势投资人，如何协商融资条件？

企业在投融资的过程中，投资人一般处于强势的地位，这时候双方在协商融资条件时，创始人就需要掌握一定的谈判技巧，来帮助双方达成融资目的。

一、准备充分，以保障谈判顺利进行

创始人在进行谈判之前，应做好最充分的准备，除了解自身项目的情况以外，还需要了解投资人的背景，关注投资人的投资方向和投资人的需求，提前准备好投资人最关心的问题以及投资人的心理预期，从而营造良好的谈判氛围，以促进谈判顺利进行。

二、同时对接多个投资人，增加融资成功的概率

创始人在投融资谈判过程中，可以同时对接多个投资人，和多位有投资意向

的投资人进行磋商谈判，从中选择最适合的投资人进行合作。同时对接多个投资人，从而营造一种良好的“供求关系”，很大程度上保证双方处于一个平等磋商的环境中。此外，这种方式也能增加创始人获得融资的可能性，即使有一个投资人不对创始人进行投资，还会有其他的投资人有可能进行投资。从而避免创始人处于被动的局面。

三、以扩大彼此双方的总体利益为基础

在融资谈判过程中，创始人切忌仅考虑自己能获得的收益。应当共同把“蛋糕做大”，在扩大彼此双方总体利益的基础上，再去进行利益划分，才能保证谈判能顺利进行，才能实现双赢，让创始人和投资人均获得客观的利益。

四、提前预设谈判条件

创始人在融资谈判过程中，应提前做好预算，即投资人投资多少资金能获得公司的董事会席位等。创始人在做好充分预算的前提下，提前预设谈判条件，避免在谈判过程中仅能被动地接受投资人的条件，创始人可以从中找到交换条件，以此来和投资人进行磋商谈判。

有时候过程会比结果重要。在融资谈判过程中，创始人首先应该树立合作共赢的观念，只有双方共赢，才能达成彼此利益最大化。在过程中，创始人可以不断向投资人输出自己的理念，通过运用适当的谈判技巧，让投资人充分了解项目本身，以及创始人的需求。在不断磋商过程中，及时调整彼此的预期，从而达成合意，实现共赢。

问题 15
一定要和意向投资人签署 TS 吗？

一般将投资条款清单（英文为：Term Sheet of Equity Investment）简称为 TS。从其本质上来看，TS 就是创始人与投资人就未来可能达成的投融资交易所

达成的原则性约定，其主要内容包括：基础交易框架、投资者相关优先权、公司治理、对创始人及团队的限制等，这些内容都将反映在最终的正式投资协议之中。

在实务操作中，多数投资人会与创始人签署 TS 协议，其目的主要是确定双方后续交易细节谈判框架，以避免双方在一些问题上的意见分歧过大，从而达不成统一而浪费彼此的时间。一般 TS 的内容，仅是双方初步达成的合意，需等待未来签署协议对实际权利进行进一步的确认。需要创始人注意的是，部分投资人在签署投资意向书中会要求增加排他性条款，即在一定期限内，创始人不能接受其他投资人的投资。这个期间内一般投资人会对创始人进行尽职调查，为了避免在此期间被其他投资人抢占先机，所以一般通过排他期条款来进行约束。对于创始人来说，如果排他期过长，会使创始人陷入被动的局面，不利于后续争取有利的合作条件。一般建议排他期约定的时间不超过 2 个月。

创始人和投资人是否一定要签署投资意向书，取决于投资意向书是否能对彼此产生法律上的约束力，这需要根据意向书的内容确定。在法律上，对于当事人约定在未来一定期限内订立合同的意向书等，构成预约合同。预约合同一般具有意思表示不明确、标的物和数量均不确定的特性。除非 TS 协议中，存在具体且具有强制约束力的内容以外，否则 TS 协议很难对投资人产生法律上的约束力，换句话说，即使签署了 TS 协议，投资人也可以违反约定，不对创始人进行投资。

在最高人民法院（2018）最高法民终 661 号的案例中，法院认为，意向性协议并非关于合同性质的分类。一般来说，意向性协议并无实质性内容，对协议双方缺乏明显的约束力。但如果双方签署的《框架协议》与《会议纪要》已就股权转让的主要内容作出了约定，且明确约定在排他性谈判期满时签订正式的股权转让协议，则该约定对协议双方具有约束力。

按照最高人民法院的裁判观点，如果双方在签署意向书中明确排他期满后双方签署正式的合同，属于“预约合同”，按照法律规定，若一方当事人不履行预约合同约定的订立合同义务的，对方可以请求其承担预约合同的违约责任。若 TS 协议中有明确约定违约责任或者定金责任的，可以依据协议进行主张。但若 TS 协议中没有明确违约责任的条款，在司法实践中，很难确认损害赔偿的范围也很难要求双方继续履行 TS 协议。

从而可以得出一个结论，一般不涉及具体约束力的 TS 协议，是没有法律约束力的，换句话说，这种TS协议即使违反也不会承担什么法律责任。那么实践中，为什么很多投资人还要和创始人签署TS协议？TS协议本身不是为了当纠纷发生时双方可以按照约定去解决争议，而是为了通过双方彼此的协商，达成合作的意向，促成最终的合作。

问题16

如何应对尽职调查

尽职调查是投资人在进行投资决策前必须进行的一项重要工作，旨在了解目标公司的财务、法律、商业等方面的信息，以评估目标公司的潜在风险和投资价值。对于被投资的公司来说，尽职调查是无法避免的必要阶段，所以创始人应该尽早准备应对尽职调查的方案，做到及时响应，有的放矢。

一般来说，尽职调查的主要内容包括了行业、法律和财务三个角度。

法律方向的尽职调查是指由法律顾问等专业人士，针对拟投资的创业企业中与本次投资有关的法律事务的调查，主要内容包括对公司股权、企业财产及负债状况、重要的书面合同、企业涉及诉讼及风险等方向的审查。

财务方向的尽职调查主要是对企业财务基本情况的调查，具体包括基本财务情况、财务管理、适用税费政策等。行业视角的尽职调查多数用来判断创业公司的商业模式和商业价值。

问题17

投资机构的内部机构设置

了解投资人的内部机构设置和决策流程有助于创始团队更好地与投资人对

接，目前主流的投资机构是私募基金模式即有限合伙企业的组织形式，因此，投资人的内部机构设置和决策流程实质上就是有限合伙企业的运行模式，投资机构一般包括管理层、投资团队和支持团队三个模块，管理层一般为合伙人、董事总经理或投资决策委员会；投资团队包括投资经理及投资合伙人等负责具体的投资业务，创业公司通常的对接人员即为此类；支持团队一般由法务风控和 IT 等专业人员组成。

清科研究中心发布的《2022 年中国股权投资机构运营管理和激励机制研究报告》中典型的头部 VC 如图 9－1 所示：

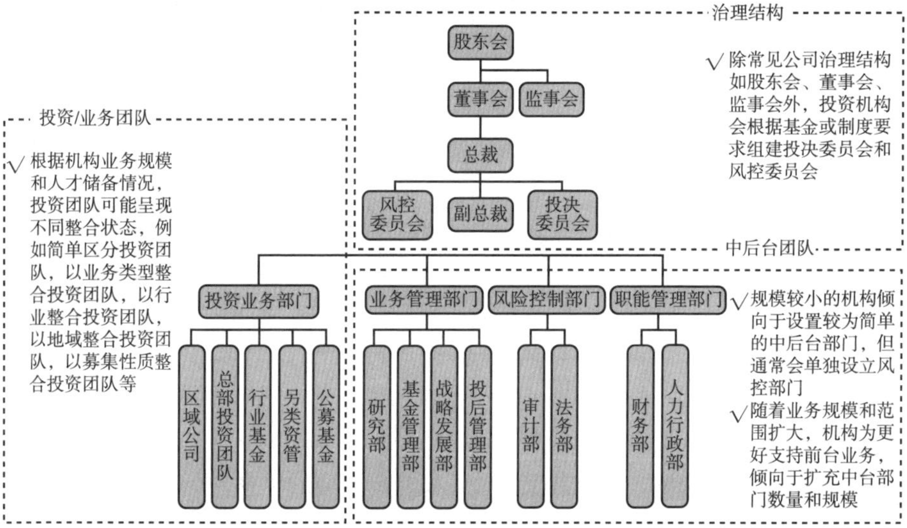

图 9－1　典型头部 VC 机构投资团队设置案例展示

投资机构的内部主流投决流程一般为，由投资管理团队负责做项目的前期工作（包括但不限于项目评估、调研等），最终经投资决策委员会评议决定是否投资，后续投资协议等法律文本由风控部门协助处理。

第十章 融资要点及谈判策略

问题18
公司给予投资人的常规权利包括哪些？

股权融资过程中，融资公司与投资人之间的博弈的一个方面会围绕着投资人可以享有哪些权利展开，包括但不限于控制类权利、收益类权利，通常用核心投资条款的形式来确定投资协议中的相关事宜。为方便读者更加直观、更加全面地了解相关内容，我们在此将投资人的常规权利按照财产权益类和控制权类来进行介绍（见表10－1）。

表10－1 投资人常规权利

序号	权利	介绍
1	分期权	分期权指投资方在投资过程中享有采取多轮式、分期式的投资策略的权利。在股权融资实务中，设定分期权的具体条款一般只对首次投资的事项进行明确约定，后续各轮投资事项不进行明确约定，而是由投资方根据目标公司的经营现状、市场竞争力、财务情况以及投资方自身的投资战略、财务预算等内容，由投资方选择追加投资或者放弃投资，一般目标公司达到事先约定的目标，投资方会选择追加投资。因此，对于投资方来说，该项权利可以降低投资方因自身

续表

序号	权利	介绍
		决策失误导致的风险，同时加强自身对融资方、目标公司经营管理上的制约。对于融资方来说，该项权利可以为后续融资提供一定的兜底作用。
2	估值调整权	估值调整权指的是投资协议中的对赌条款或者双方另行签订的对赌协议，在投资前由于投资方对目标公司、融资方的信息掌握有限，进而产生信息不对称、不确定等风险，投资方会选择与融资方在投资协议中设立对赌条款或者签订对赌协议，来对投资行为进行纠错，对投资估值进行调整。 但是需要融资方注意的是，在实际操作过程中，融资方为了尽快得到融资，投资方为了规避风险，双方将估值调整作为推进交易的工具，进而为后续埋下了重大的隐患。因此，融资方需注意不要把交易变成赌博，应当调查清楚投资背景、估值预期等，同时在设立估值调整权时，尽量设定业绩下调的幅度，保证估值调整的弹性，尽量避免无法实现约定业绩的风险。
3	回购权	回购权指如果目标公司在约定的期限内没有完成投资协议约定的要求，包括但不限于业绩要求、上市要求，目标公司及创始团队要以约定的价格购买投资方此前购买的全部或部分目标公司股权，通俗来说就是“退钱”，可以理解为估值调整权的一种形式。融资方需要注意在必须接受回购的情况下，要重点关注对自身的保护性条款及权益，尤其是对合理回购价格的约定。
4	强卖权	结合上述对第 3 项回购权的介绍，强卖权指如果目标公司在约定的期限内没有完成投资协议约定的要求，包括但不限于业绩要求、上市要求，融资方需按照投资方与第三方约定的价款及条件与投资方一起出售自身持有的股权，可以理解为估值调整权的一种形式。融资方需要注意该条款涉及的结果非常严重，甚至会导致融资方彻底失去对目标公司的控制权利，因此需要慎重考虑该条款。
5	优先认购权	优先认购权指当目标公司增资或其股东有意转让持有股权时，投资方为了保证持股比例不被稀释，按其持股比例优先购买该股权。对于投资方来说，这是保证自身持股比例不变的重要权利。对于融资方来说，可以保证目标公司各股东、投资方之间的利益平衡，减少纠纷。

续表

序号	权利	介绍
6	关于设置董事会席位的权利	设置董事会席位的权利指投资方为监督、参与目标公司的日常管理，在目标公司董事会中设立一定数量董事席位的权利，以便进一步在目标公司的经营管理范围内行使股东权利，包括但不限于一票否决权、检查权。融资方需要注意的是，在实务中，股东权利实际通过董事会来执行，因此投资方会要求在董事会中设立一定数量董事席位，该占比会直接影响融资方对公司的控制权，应结合实际情况合理安排董事席位。
7	一票否决权	一票否决权指投资方通过目标公司的股东会、董事会来行使对相应事项决策的一票否决权利，来进一步保障投资方的利益、安全以及获得投资回报的可能性。关于融资方如何应对一票否决权将在“问题22”详细展开，在此不再进行赘述。
8	检查权	检查权基于《公司法》及其司法解释赋予股东的相应权利，也是投资方了解公司真实经营情况的重要途径。融资方应关注投资方实施检查权的范围是否符合法定及约定要求。
9	反稀释权	反稀释权指投资方在多轮次投资中，防止自身的持股比例被稀释的权利，触发该权利的前提是后轮次融资的估值更低，前轮次的投资方的持股比例就会相应被稀释，此时投资方有权要求目标公司平价增资或由融资方向投资方转让股权，确保投资方对于目标公司的控制力不会因持股比例被稀释而减弱，但融资方的份额会相应缩小。
10	共售权	共售权指投资方通过对融资方转让股份权利的限制，来避免融资方短期出售公司股权，或者其他股东进入的权利。共售权分为单向与双向两种，单向共售权指当融资方有机会出售自己的股权时，融资方要单方面给投资方共售权的机会，但是投资方出售股权则反之。双向共售权则对双方均有约束，融资方应尽量约定双向共售权。

问题 19

交易模式是选择股权转让还是增资扩股？

解决交易模式的问题需要考虑交易方以及交易目的。融资方和投资方各自的目的不同，具体的项目交易背景不同，实际最终选择的交易模式也有所不同。股权融资中既可以选择股权转让亦可以选择股权增资，实践中亦有两者叠加的情形。股权转让和股权增资最核心的区别是投资金额的流转不同，股权转让时，投资金额进入转让股东手中成为股东资产，而股权增资时，投资金额进入公司成为公司资产，可以看出，股权转让能够实现原始股东的部分资金退出。

一、股权转让与增资扩股模式的区别

股权转让指的是目标公司原有股东将持有的公司股权转让给受让方，收取股权转让款的行为，增资扩股指的是新股东投资入股或原股东增加投资，从而增加公司注册资本的行为，两种不同的交易模式对应了不同的交易主体、转让程序、权利义务、财税处理模式。

1. 交易主体不同

股权转让的交易主体是目标公司的股东与投资方，即投资方从目标公司股东手里取得相应的股权，从而拿到目标公司相应比例的股权。增资扩股的交易主体是目标公司与投资方，即投资方通过向目标公司注资，稀释原股东的持股比例，从而拿到目标公司相应比例的股权。因此两种模式的交易主体不同，进而导致了取得股权的方式不同，投资方支付股权转让款之后，原股东减少持有的股份或退出目标公司，投资方从原股东获得对价的股权，属于继受取得。投资方直接向公司注资，支付出资款之后，投资方直接向公司投资取得全新股权属于原始取得。

2. 转让程序存在差异

首先股权转让和增资扩股均需要有限责任公司现有的其他股东放弃优先购买权或者优先认购的份额。新《公司法》删除了对外转让股权须经其他股东过半数同意的限制，增资扩股的最低程序限制是三分之二以上表决权的股东通过股东会增资决议，但公司章程可以对上述比例约定更高的人数或者比例限制。

3. 财税处理不同

（1）节税效应。

股权转让中的转让股东可以直接拿到相应股权转让款，但也需要承担所得税，如转让股东为自然人需要依照法律规定承担相应的个人所得税，如转让股东为企业需要承担企业所得税。增资扩股中目标公司不需要承担相应的所得税，但是短期内原股东无法拿到出资款。

（2）对于溢价款的处理。

此处的溢价款指超过注册资本每股价格的部分。在股权转让中，是否溢价转让或者平价转让需要交易双方结合交易背景进行协商确认。在增资扩股中，如果支付对价相较于注册资本金的价格存在溢价部分，对出资款中等同于注册资本的价格计入注册资本，溢价部分计入资本公积。

（3）在获取同样股份的情况下，增资扩股需要的资金一般情况下会大于股权收购，如果对应的基数较大，投资方的资金实力往往是非常重要的考量因素。

4. 权利义务不同

（1）实缴出资义务。

目前我国实行注册资本认缴制，股东所持有的股权，可能存在认缴未实缴的情况。从股权转让方式出发，投资方需要与转让方在转让合同中明确转让股份是否实缴，如未实缴需要由受让股东履行实缴出资义务，即投资方除支付股权转让款外，还需要履行股东的实缴出资义务。从增资扩股的角度出发，投资方存在着相应的实缴义务，但由于增资扩股属于新增加的股权份额，投资方需要向公司支付相应的出资款，所以该部分股权已经完成了实缴出资。

（2）股东身份的认定。

结合交易主体不同的特点，股权转让交易模式中对于股东身份的认定需要对已经受让或者以其他形式继受公司股权，且不违反法律法规强制性规定的事实进行证明，即对继受取得的事实认定标准承担举证责任。增资扩股交易模式中对于股东身份的认定需要对已经依法向公司出资或者认缴出资，且不违反法律法规强制性规定的事实进行证明，即对原始取得的事实认定标准承担举证责任。在不同个案中，由于形式上的记载和证明和实质上的外在表现不同，对于是否取得了股东身份应具体问题具体分析。

(3) 在针对原股东的权利义务方面，股权转让方式中，受让方将继承原转让股东在公司中的权利与义务，同时原股东存在完全退出的可能。增资扩股方式中，新增资本对应股东不受原股份的制约，其享有的权利义务，需要有股东具体协商处理，并且原股东并未退出公司，原股东在一定程度上承担了担保的义务。

二、交易模式的选择

通过上述多方面多角度对股权转让和增资扩股两种交易方式的总结梳理，我们发现并不能完全得出“股权转让优于融资扩股或者融资扩股优于股权转让”的结论。不同主体在不同的股权融资阶段，以及不同项目的具体情况不同，选择的交易模式也会有所不同。

从股权投资机构角度来说，融资公司处于不同的融资阶段，投资人对于股权交易模式的选择也会有不同的侧重。因此，在融资公司的股权融资场景中，选用哪种交易模式往往取决于投资机构的决定。

1. 种子轮/天使轮

种子阶段或者天使轮的融资公司往往还停留在概念层面，或者产品刚刚投入，不够成熟。此时，投资人一般会更加聚焦创业者本身，甚至会有投资人成为创始人的合伙人。投资人重点关注创始人是否值得投资，而非公司本身，创始人是否为理想的出资人选，包括创始人是否有足够的知识储备和认知层次，是否有相关的行业经验，是否具备创业技能等，并且投资金额不会特别高。因此，该阶段投资人一般不会选择大量持股，不会通过股权转让的方式“放走”重要的创始人、创业者，或者大量增资稀释创始人的控制权，这样才能保证投资人看重的“人”不会流失。该阶段如果选择增资扩股的方式加入融资公司，增资金额不会太大，如果选择股权转让的方式加入融资公司，转让的股权比例不会太大，也可以采取两种方式结合的方式。

2. A 轮及 B 轮

当融资公司具备初步的用户群体，可持续的收入以及可预期的收入时，便可以准备开展后续融资，A 轮和 B 轮融资主要用于扩展规模、优化用户基础等，该阶段往往由风险投资基金、私募股权基金、创业投资机构担任投资人对融资公司进行投资，投资人更加关注融资公司的长期盈利策略，理解将要投资的产品可以解决的问题，以及融资公司的成长程度和爆发可能。投资人是否愿意将资金注入融资公司，还是转让老股权。

此时，投资人在考虑交易模式时，除考虑不同交易模式对公司业务发展的影响外，一方面要考虑创始团队部分资金退出的需求，尤其是创始团队在公司发展早期使用了家人或朋友的资金时，这部分资金退出的需求是较为强烈的，另一方面投资人要考虑公司现有资本的认缴、实缴以及拟增资方案，不同交易方案的风险及风险控制措施，最终根据各方协商结果确定交易方案。

3. C轮及后续

通常来讲，投资人会选择增资扩股的方式将资金投入目标公司，以促进目标公司的经营发展；有时基于前面轮次投资人的退出需求或创始团队的现金流动需求，在后的投资人亦会通过股权转让的方式从在先投资人或创始团队处继受取得部分股权，并同步通过增资扩股的方式向公司进行投资，不同的是，在先投资人通过股权转让方式退出融资公司的情形较为常见，而创始团队往往在融资公司被整体收购时才可实现全部退出。

另外，投资前的融资公司注册资本与承担风险呈反比，因此增资扩股前后的注册资本差距加大时，融资公司的创始股东要承担的风险相对变小了。而股权转让的方式并不会相对地减少创始股东承担的风险。

值得注意的是，交易模式的选择并非二元对立的思考逻辑，在现实操作中，还可以将股权转让和增资扩股结合起来，利用增量资本盘活存量资本，来处理对投资方不信任、套现困难、企业发展受阻等难题。

问题20

股权比例的关键数有哪些？

根据《公司法》的相关规定，在股权比例对应相同比例表决权的前提下，即公司章程规定“同股同权”的前提下，持有不同的股权比例对应了不同的法定股东权利，也恰恰意味着不同的股权比例会直接影响股东所享有的权利。在股权融资过程中，融资方和投资方都需要重点关注交易的股权比例，结合项目实际目标确定最终的股权比例。下面列举部分具体的股权比例，供融资方在股权融资过程中参考（为简便理解，保留至整数位，见图 10－1）。

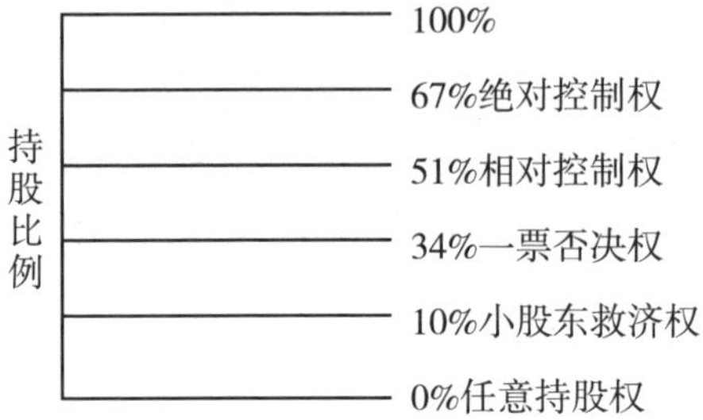

图 10－1　持股比例

一、67%——重大事项表决权

67%具体对应法律规定中“三分之二以上”的数值要求，对应的股东权利包括以下几个方面：

1. 有限责任公司中享有重大事项表决权，根据《公司法》的规定，股东会会议作出修改公司章程、增加或者减少注册资本的决议，以及公司合并、分立、解散或者变更公司形式的决议，必须经代表三分之二以上表决权的股东通过。如股东的持股比例达到三分之二以上，即达到 66.67%以上，享有对涉及公司重大事项的一票通过权，对有限责任公司实现了“完全控制”。

2. 股份有限公司中享有重大事项表决权，根据《公司法》的规定，股东会会议作出修改公司章程、增加或者减少注册资本的决议，以及公司合并、分立、解散或者变更公司形式的决议，必须经出席会议的股东所持表决权的三分之二以上通过。在股份有限公司中，达到该持股比例同样享有重大事项的一票通过权，但该数值会受到出席会议的股东数影响。

3. 上市公司处理相关资产事项的表决权，根据《公司法》的规定，上市公司处理资产金额超过公司资产总额百分之三十的，需经过出席会议的股东所持表决权的三分之二以上通过。该项权利与第 2 点对应权利情况基本一致。

二、51%——部分事项表决权

51% 具体对应法律规定中“过半数以上”的数值要求，对应的股东权利包括以下几个方面：

1. 有限责任公司及股份有限公司对于对外担保事项的表决权，根据《公司法》第 15 条的相关规定，公司向其他企业投资或者为他人提供担保的，在剔除关联利益方以后，由出席会议的其他股东所持表决权的过半数通过。如股东持股比例达到 50% 以上，即过半数，对于该类事项有权表决通过。

2. 股份有限公司创立大会事项表决权，根据《公司法》第 103 条的相关规定，成立大会应当由持有表决权过半数的认股人出席，方可举行为前提，同时成立大会行使的职权和事项必须经过出席会议人员所持表决权过半数通过。同理，股东持股比例达到 50% 以上，对成立大会事项有权表决通过。

3. 股份有限公司股东会部分决议的表决权。根据《公司法》第 116 条的规定，股东会作出决议，必须经出席会议的股东所持表决权过半数通过。因此股东持股比例达到 50% 以上，有权对股东会部分事项表决通过。

4. 具备公司法上“控股股东”的条件，根据《公司法》第 265 条的规定，控股股东指出资额占有限责任公司资本总额百分之五十以上或者持有的股份占股份有限公司股本总额百分之五十以上的股东。该身份的认定主要是基于股东对公司表决权的影响力。

三、34%——否决权

34% 具体对应法律规定中“三分之一以上”的数值要求，对应的股东权利包括以下几个方面：

1. 有限责任公司中享有重大事项否决权，根据《公司法》的规定，股东会会议作出修改公司章程、增加或者减少注册资本的决议，以及公司合并、分立、解散或者变更公司形式的决议，必须经代表三分之二以上表决权的股东通过。我们换个角度来看，如果股东持有股份达到公司三分之一以上，其他股东不可能达到三分之二以上，因此该股东对重大事项便有了否决的权利。

2. 股份有限公司中享有重大事项否决权，根据《公司法》的规定，股东会作出修改公司章程、增加或者减少注册资本的决议，以及公司合并、分立、解散或者变更公司形式的决议，必须经出席会议的股东所持表决权的三分之二以上通过。同样地，股份有限公司持有三分之一以上股份的股东对股东会的三分之二以上表决权的决议事项有了相对否决的权利。

四、30%——上市公司收购要求

30%具体指的是《证券法》及相关上市发行规则中收购上市公司时应向股东发出要约的要求，《证券法》规定，投资者通过证券交易所的证券交易、协议交易，持有上市公司已发行的有表决权股份达到百分之三十的，继续收购公司股份时应向所有股东发出收购要约。

五、10%——小股东救济权

10%具体对应法律规定中“十分之一以上”的数值要求，对应的股东权利包括以下几个方面：

1. 召开临时股东会会议的权利。

根据《公司法》的规定，在有限责任公司场景下，代表十分之一以上表决权的股东，有权提议召开临时会议的。董事机构、监事机构不履行召开股东会会议，代表十分之一以上表决权的股东可以自行召集和主持。

在股份有限公司的场景中，代表十分之一以上表决权的股东，除前述提议召开临时股东会的权利外，还可提议召开董事会临时会议。

2. 请求人民法院解散公司的权利。

根据《公司法》的规定，如公司经营管理发生严重困难，继续存续会使股东利益受到重大损失，通过其他途径不能解决的，持有公司百分之十以上表决权的股东，可以请求人民法院解散公司。

六、5%——重大股权变动警示线

5%具体对应法律规定中“百分之五以上”的数值要求，对应的股东权利包括以下几个方面：

1. 根据《证券法》相关规定，持有上市公司百分之五以上股份的股东及其董事、监事、高级管理人员，公司的实际控制人及其董事、监事、高级管理人员，为证券交易内幕信息的知情人。

2. 持有公司百分之五以上股份的股东或者实际控制人持有股份或者控制公司的情况发生较大变化，公司的实际控制人及其控制的其他企业从事与公司相同或者相似业务的情况发生较大变化为重大事件。

对于上市公司，当持股5%以上股份股东持有公司股份情况发生变化的为上市公司应当披露的重大事件。

3. 根据《证券法》的规定及上市发行相关规则，关联法人包括持有上市公司5%以上股份的法人（或者其他组织）及其一致行动人和关联自然人为直接或者间接持有上市公司5%以上股份的自然人。

对于上市或拟上市公司而言，持有公司5%以上的股权的股东，应被认定为公司的关联方。

七、1%——临时提案权

1%具体对应法律规定中“百分之一以上”的数值要求，对应的股东权利为《公司法》规定的单独或者合计持有公司百分之一以上股份的股东，可以在股东会议召开十日前提出临时提案并书面提交董事会的股东临时提案权。股东提出的临时提案应当属于股东会的职权范围，并且有明确具体的议题和决议事项。

八、1%——代位诉讼权

1%具体对应法律规定中“百分之一以上”的数值要求，对应的股东权利为股份有限公司中享有连续持股180日且持续1%以上股份股东享有代位诉讼权，根据《公司法》相关规定，针对董事、高级管理人员的违法行为，上述的股东有权书面请求监事亦或者监事会提起诉讼，监事或者监事会拒绝履行的，在一定条件下，股东可自行提起诉讼。使用代位诉讼权的前提，包括董事、高管违法违章损害公司利益，或者监事违法违章损害公司利益，如果都有问题，股东则可以直接以自己的名义直接向法院提起诉讼。

问题21

融资的股权比例应当如何设定？

不同的股权比例对应着不同的股东权利，那么在确定投资方与融资方、其他股东之间的股权比例时，还应考虑目标公司的现有整体股权架构，进而确认股权融资的比例以及股权融资完成后各方对应的股权比例。下面我们将从几个方面分别展开讨论。

一、股权融资前的股权架构

股权融资前目标公司的股权架构关系着投资方与融资方之间股权分配比例的合理性，甚至能够决定股权融资的成功与否。审视的目的是发现现有股权架构的问题，并在投资人介入前提前调整。

在多种股权架构中，最应避免采用均分式股权架构。均分式股权架构是指各股东持股比例相同或接近，例如公司有两个股东，持股比例均在50%左右，或公司有三个股东，持股比例均在33%左右。因为，有限公司以人合性为主，不同的股东发挥的作用是不同的，同时，这样会导致目标公司没有绝对控制权的股东，当目标公司需要作出重大决策的时候，股东之间由于没有任何一方有绝对的控制权，所以非常容易产生不能达成统一意见的局面，目标公司可能会因此错失机会，最终导致股东之间因为利益产生冲突矛盾。

通常来说，为了防止投资方过多干预目标公司经营管理等事务，股权融资后的股权架构亦应避免采取均分式。

在股权融资过程中，投资方和融资方之间对于股权融资的目的不同，也会导致股权架构的不同，在不同的阶段也可以适当地对股权架构进行调整，所以在不同的阶段应当根据目标公司的实际情况来确定最合适的股权架构。例如，当融资方希望通过股权来进行融资，但同时不希望失去对公司的控制权，那么在股权架构上，应当保证自身的股权比例可以达到三分之二以上。

而相对较优的是提前预留股权的架构，这种架构是指创始团队在公司设立时即规划了股权融资或股权激励并预留了相应的股权比例，未来在新股东进入公司时只需释放相应股权比例即可，不会对创始团队的股权份额造成巨大的稀释或冲击，这样保证了创始团队的股权稳定，是一个预则立的正面典型。在股权融资过程中，在目标公司设立初期为新的投资方预留部分股权的做法，能够在避免在股权融资时回购现有股东的股权份额或者稀释自身股权份额，为目标公司的发展提供成长机会。

除了上述基本的股权架构外，还包括有限合伙、混合控股、控股公司、海外股权，属于在股权层级上进行了相应的设计，在此不进行深入分析。

同时，在股权融资过程中，转让或者增资势必会稀释创始人的股权比例，进而导致创始人的控制权减弱。因此，可以采取设立 AB 股模式、表决权代理协议、一致行动人协议等技术手段，保证创始人在进行股权融资后，仍对目标公司具有控制权。

二、规划未来的股权架构

在这个环节中，创始团队应该清晰了解其在未来希望达到的相对稳定的股权架构如何，例如公司有上市计划的，则上市前创始团队希望保留的最低股权比例；公司没有上市计划的，则在业务成熟期时创始团队希望保留的最低股权比例是多少。通过对未来股权架构的规划，创始团队可相对明确整个股权融资可释放的股权比例，再结合本行业的融资轮数和融资金额，则每一轮融资的大概股权比例就会相对清晰起来。

三、在融资过程中应关注股权比例的变动

如果投资方的持股比例、股权分配情况不合理，会给后轮次的投资方带来困难，导致股权融资无法推进，也会对融资方或者创始人的控制权以及目标公司的经营管理带来不利影响，导致目标公司经营出现各种阻碍。作为融资方要重点关注目标公司的价值，控制融资规模，掌控好手中的股权。种子轮、天使轮尽量不要交出超过 30% 的股权，建议保持在 20% 以内。现代公司往往需要经过多轮融资，为了给后续投资者留下投资空间，就要提前预留足够的股份空间，与投资人约定股权同比稀释。

问题 22

如何应对投资人的一票否决权？

一、关于公司法规定的一票否决权与约定的一票否决权

在股权比例的相关数字中，存在“三分之一以上”对应的股东相对否决权的

法律规定，在有限责任公司中，股权持股比例达到三分之一以上即对公司重大事项享有相对的否决权。在股权融资过程中，为了保证创始人或者投资方的相关权利和利益，可以在股权融资协议或者公司章程中加入一票否决权条款，另行赋予其范围更大的一票否决权，来决定目标公司的事项。但一票否决权也是一把双刃剑，下面将展开介绍，一票否决权的重要性以及如何应对投资人的一票否决权。

二、一票否决权的重要性

一票否决权属于控制性条款，从股权融资条款来看，站在投资人视角，是通过过程管理来保证投资结果即保障资金安全的重要条款。站在创始团队视角，是通过主动性管理来降低股权融资带来的不利影响。

提到一票否决权，很多股权融资课程和书籍都会提到“OFO 小黄车”作为案例。“OFO 小黄车”的主体公司北京拜克洛克科技有限公司由戴威牵头的创始团队成立于 2015 年 8 月，在不到 3 年的时间里完成了天使轮到 E + 轮的融资，吸引了金沙江、经纬、阿里及滴滴等众多知名投资人，并给予了这些知名投资人一票否决权，公司的战略合并、收购等业务机会亦因创始团队或不同投资人的分歧而错失，最终公司在整个市场环境变化的情况下走向了衰亡。

三、设置一票否决权的策略

1. 一票否决权的事项

有些投资方虽然持股比例比较少，对目标公司的经营不具有控制权，但为了在关键时刻保证自身权益，往往会在目标公司经营、资金使用、人员任用等方面要求享有一票否决的权利。具体事项的条款设置上，尽量做到量化，因为过于宽泛的一票否决权，会导致投资方过度参与公司决策，不利于公司的运营决策，例如关于财务事项的一票否决权，可以设立一定的金额水平线，高于水平线金额的事项，纳入一票否决权范围，低于水平线的日常非重要事项，由公司正常做出决策。

2. 一票否决权的实现路径

根据《公司法》的相关规定，股东会、董事会、监事会分别具有不同的职责分工，其中股东会与董事会都会对公司的部分重大事项进行决策，股东会是公司的最高权力机构。一票否决权的实现路径可以通过股东会或者董事会的法定职权划分来分层实现，如果一票否决权通过股东会来进行，则需要关注具体事项的内容。如果一票否决权需要由投资方委派董事参与董事会决议的方式来实现，则需要重点关注董事会席位、人员构成、任期、召开方式、有效人数、职权范围等与董事会职权、程序有关的内容。

3. 谨慎同意一票否决权

基于投资人的一票否决权对目标公司经营、资金使用、人员任用、融资等方面都会施加影响，如果公司决策受到阻碍，将会影响公司发展。因此，为了减少这种风险，创始团队应当明确给予一票否决权的最低持股比例范围，低于该投资比例的投资人如要求该种权力可予以拒绝，具体在洽谈投资条款时，再行结合融资轮次、融资规模、投资方的行业地位，慎重考虑接受投资方的一票否决权要求。

综上，投资方的一票否决权机制更多的是用于保护自身利益的手段，有其合理性，但过多的一票否决权不利于融资公司的决策，可能阻碍其决策意见或流程，甚至影响公司的未来发展，创始团队应当予以慎重考虑。

问题 23
设置 AB 股的条件和情形？

AB 股指“双层股权结构”，即同股份但 A、B 股各代表了不同的股东权利，通常来说是代表了不同的表决权，设置 AB 股的主要目的是保证创始人对公司享有实际控制权。AB 股的出现最早可追溯到 20 世纪初的美国，美股、港股的上市公司中均有较为广泛地应用，例如百度、京东、小米、美团等。

一、AB 股具体结构

通常来讲，A 类股被设置为普通股，1 份股权代表 1 份表决权，由投资人持有，B 类股被设置为特别表决权股，1 份股权代表多份的表决权，由创始团队持有，B 类股可以通过一定程序或者直接转化为 A 类股，但 A 类股无法转化为 B 类股。

我国《公司法》允许设置多种类别的 AB 股，例如优先/劣后分配利润类，优先/劣后分配剩余财产类，表决数多于或少于普通股以及前述分配和表决的组合。以读者熟知的京东集团为例，除公司章程另行规定的内容外，其设置的 A 类普通股持有人每股可投 1 票，B 类普通股持有人则每股可投 20 票，根据其在 2020 年港交所上市文件中披露的主要股东信息，刘强东持股比例为 15.1%，但基于 AB 股 1∶20 的表决权差异，其占总投票权百分比高达 78.4%。

二、设置“AB 股”及发行上市要求

我国《公司法》对设置“AB 股”给予了公司股东充分的自由，有限责任公司直接在公司章程中约定具体股东的表决权比例或利润分配比例即可，股份有限公司可在公司章程中明确该种类别股的具体权利义务，并且股份公司公开发行时不能发行利润分配或表决权存在差异的类别股，表 10－2 为 AB 股公司在科创板上市要求。

表 10－2　设置 AB 股的公司在科创板上市的具体审核要求

阶段	分类	内容
上市前	市值及财务指标	1. 拟上市公司预计市值不低于人民币 100 亿元。或 2. 拟上市公司预计市值不低于人民币 50 亿元，且最近一年营业收入不低于人民币 5 亿元。
	前置审批程序	发行人首次公开发行并上市前设置表决权差异安排的，应当经出席股东会的股东所持三分之二以上的表决权通过。
	特别股股东资格要求	持有特别表决权股份的股东应当为对上市公司发展或者业务增长等作出重大贡献，并且在公司上市前及上市后持续担任公司董事的人员或者该等人员实际控制的持股主体。
	持股比例限制	1. 持有特别表决权股份的股东在上市公司中拥有权益的股份合计应当达到公司全部已发行有表决权股份 10% 以上。 2. 上市公司应当保证普通表决权比例不低于 10%。
	表决权限制	每份特别表决权股份的表决权数量应当相同，且不得超过每份普通股份的表决权数量的 10 倍。
	其他股东权利	除公司章程规定的表决权差异外，普通股份与特别表决权股份具有的其他股东权利应当完全相同。

续表

阶段	分类	内容
上市后	增发限制	上市前不具有表决权差异安排的，不得在首次公开发行并上市后以任何方式设置此类安排。
	转让限制	特别表决权股份不得在二级市场进行交易，但可以按照有关规定进行转让。
	自动转换	出现下列情形之一的，特别表决权股份应当按照1∶1的比例转换为普通股份： （1）持有特别表决权股份的股东不再符合本规则第4.5.3条规定的资格和最低持股要求，或者丧失相应履职能力、离任、死亡； （2）实际持有特别表决权股份的股东失去对相关持股主体的实际控制； （3）持有特别表决权股份的股东向他人转让所持有的特别表决权股份，或者将特别表决权股份的表决权委托他人行使； （4）公司的控制权发生变更。 发生前款第（4）项情形的，上市公司已发行的全部特别表决权股份均应当转换为普通股份。 发生本条情形的，特别表决权股份自相关情形发生时即转换为普通股份，相关股东应当立即通知上市公司，上市公司应当及时披露具体情形、发生时间、转换为普通股份的特别表决权股份数量、剩余特别表决权股份数量等情况。
	特别表决事项	上市公司股东对下列事项行使表决权时，每一特别表决权股份享有的表决权数量应当与每一普通股份的表决权数量相同： （1）对公司章程作出修改； （2）改变特别表决权股份享有的表决权数量； （3）聘请或者解聘独立董事； （4）聘请或者解聘为上市公司定期报告出具审计意见的会计师事务所； （5）公司合并、分立、解散或者变更公司形式。 上市公司章程应当规定，股东会对前款第二项作出决议，应当经过不低于出席会议的股东所持表决权的三分之二以上通过，但根据第4.5.6条、第4.5.9条的规定，将相应数量特别表决权股份转换为普通股份的除外。

续表

阶段	分类	内容
	其他	1. 上市公司具有表决权差异安排的，应当在定期报告中披露该等安排在报告期内的实施和变化情况，以及该等安排下保护投资者合法权益有关措施的实施情况。 2. 上市公司具有表决权差异安排的，监事会应当在年度报告中，就下列事项出具专项意见： （1）持有特别表决权股份的股东是否持续符合本规则第 4.5.3 条的要求； （2）特别表决权股份是否出现本规则第 4.5.9 条规定的情形并及时转换为普通股份； （3）上市公司特别表决权比例是否持续符合本规则的规定； （4）持有特别表决权股份的股东是否存在滥用特别表决权或者其他损害投资者合法权益的情形； （5）公司及持有特别表决权股份的股东遵守本章其他规定的情况。 持有特别表决权股份的股东应当按照所适用的法律法规以及公司章程行使权利，不得滥用特别表决权，不得利用特别表决权损害投资者的合法权益。 3. 上市公司或者持有特别表决权股份的股东应当按照本所及中国结算的有关规定，办理特别表决权股份登记和转换成普通股份登记事宜。

问题 24

如何应对投资人的对赌条款？

一、什么是对赌条款？

对赌条款，又称为估值调整机制（Valuation Adjustment Mechanism），《全国法院民商事审判工作会议纪要》（以下简称《九民纪要》）给出的相关定义为：投资方与融资方在达成股权性融资协议时，为解决交易双方对目标公司未来发展的不确定性、信息不对称以及代理成本而设计的包含了股权回购、金钱补偿等对未来目标公司的估值进行调整的协议。在实践过程中，对赌条款的主体可以是投资方与创始团队，也可以是投资方与目标公司，投资方与创始团队及目标公司。图 10－2 为一个业绩对赌条款样例。

第一部分　业绩承诺

1. 业绩承诺

1.1. 承诺期：甲方投资当年度及其后的 2 个年度，具体指　年、　年、　年。

1.2. 承诺业绩

乙方承诺目标公司在承诺期内的业绩达成以下所有指标：

（1）甲方投资当年度的目标公司净利润不低于人民币（大写）　　元（￥　　元）；

（2）甲方投资后的第 1 年度、第 2 年度的目标公司净利润同比增长率均不低于＿＿%（百分之＿＿）。

2. 业绩核算

2.1. 核算时限：承诺期满后 10 个工作日内完成业绩承诺实现值核算。

2.2. 实现值以目标公司年度审计报告审计结果为准进行核算。

2.3. 审计机构由双方一致同意的机构担任。如双方未能在该年度结束后 30 日内就审计机构选任达成一致，则甲方有权在四大注册会计师事务所中选择任何一家进行审计。

2.4. 乙方与目标公司应配合业绩核算，并承担审计费用。

2.5. 乙方与目标公司不配合业绩核算致使无法确定实现值的，视为业绩承诺未实现。

2.6. 核算实施人：乙方。

2.7. 核算确认人：甲方。甲方确认的核算结果作为最终核算结果。

图 10－2　业绩承诺样例

二、为什么要关注对赌条款?

估值调整机制为舶来品，在我国本土化的适用过程中，偏离了投资的原本路径和投资属性，成为股权融资纠纷的高发领域。

三、常见对赌条款纠纷及融资方的应对方式

1. 效力问题

关于对赌条款的效力，因签订主体不同，最终的对赌条款效力也存在不同结果。《九民纪要》中规定投资方与融资方（目标公司的股东或者实际控制人）订立的对赌条款，如无其他无效事由，认定有效，投资方与目标公司订立的对赌条

款，不当然无效，应根据实际履行情况来进行具体判定。从司法实践角度，从2012 民提字第 11 号到 2020 最高法民再 350 号、2020 最高法民申 1191 号，法院对于认定投资人与目标公司对赌条款效力，由原则上无效转变为在一定条件下予以支持。

作为投资方，为保证投资方与目标公司签订的对赌条款有效以及相关履行确认，需要结合法律规定以及司法实践中的观点中明确的相关要素进行排除，包括但不限于：

是否会损害公司利益及公司债权人利益；

是否损害资本维持原则；

是否符合公司法关于“股东不得抽逃出资”及股份回购的强制性规定；

目标公司是否完成减资程序；

目标公司利润情况等。

而投资方与创始团队之间形成的对赌条款的有效性问题，需要投资方重点关注是否存在《民法典》中的法定合同无效事项，还应结合自身企业性质、资产情况、行业政策、交易背景来认定有无其他无效事由。

2. 投资者是否有重大影响

投资方对公司存在重大影响事件是业绩承诺无法达成的可能原因之一，因此业绩承诺能否达成需要考虑是否存在投资方的重大影响事件，可以概况为投资方与创始团队的管理权之争。根据《〈企业会计准则第 2 号——长期股权投资〉应用指南》的列举，判断是否对被投资单位具有重大影响的情形包括但不限于：

在被投资单位的董事会或类似权力机构中派有代表；

参与被投资单位财务和经营政策制定过程；

与被投资单位之间发生重要交易；

向被投资单位派出管理人员；

向被投资单位提供关键技术资料。

3. 对赌条款担保相关的风险

创始团队要求其控制的其他公司为业绩对赌目标公司提供担保，是对赌条款常见的一种增信方式，也是常见的纠纷类型。创始团队可以提供其实际控股的其他公司为对赌条款提供担保，投资人在实现自身权益时更倾向于选择财产更优化的公司作为诉讼对象，可以减轻创始团队承担的担保责任，但应当确认担保行为有效（如公司其他股东知情/经过公司法定程序确认等）。

对于目标公司就创始团队的对赌义务承担担保责任是否有效，争议较大，司法实践中倾向于参考《九民纪要》中对于投资方与目标公司对赌协议的效力的观点，即担保合同中没有违反担保事项的相关强制性规定时认定为有效。

综上，从创始团队角度出发，在签订股权对赌条款时应重点谈判锁定创始团队的责任范围；在争议阶段，则在定损中争取话语权，减少己方的责任。

问题25

如何保证接受投资后，创始人对企业的控制权？

公司获得股权融资款项的同时引入了投资人股东，创始团队如何保证自身对于目标公司的实际控制，防止失控情况，是实践中创始团队最为关心的话题之一，下文根据我们的服务项目经验做一简要总结。作为融资方在通过增资或者转让股权的方式获得融资后，如何保证自身对于目标公司的实际控制，防止创始人对目标公司失控的情况，是本部分讨论的重点问题。下面将对融资方接受投资后如何保证控制权的模式和思路进行列举分析。创始人的控制权在大的维度上是股东权利安排，下面从具体角度来讲实际的运营管理权。

一、设置AB股

AB股，即同股不同权，也被称为“表决权差异化”“特别表决权”“不同投票权架构”，具体指将公司的股票分为AB两类，通常A类股为普通股，每股对应1票投票权，由投资方、普通公众等一般股东持有；B类股为具有特别表决权的股份，每股拥有更多的投票权，由核心创始人持有。AB股的股权架构可以使融资方在持股比例较低的情形下，享有足够比例的表决权，实现对目标公司的控制权。对于AB股的具体内容前文已进行了具体展开，在此不再赘述。

二、采取一致行动人模式

一致行动人模式主要是指投资者通过协议、其他安排，与其他投资者共同控制其所能够支配的一个公司表决权数量的行为。创始团队可以与其他股东签订一致行动协议，将原本分散的表决权集中起来，对外形成控制权的绝对优势，保证对目标公司的控制权。针对一致行动人的具体内容将在后续文件中展开介绍。

三、设立有限合伙持股平台

有限合伙平台模式是指创始人通过有限合伙企业作为搭建的持股平台，利用有限合伙企业法中规定的普通合伙人、有限合伙人的身份及对应权限，通过执行合伙事务来实现对持股平台的控制，并由此间接对目标公司形成控制权。其中创始人担任有限合伙企业的普通合伙人（GP），投资方、员工作为有限合伙人（LP），根据《合伙企业法》的相关规定，有限合伙企业的 LP 不参与企业管理，由 GP 对合伙企业进行经营管理与决策，因此创始人可以控制有限合伙企业，进而增强对目标公司的控制权。

马云实际控制的蚂蚁金服实际就是采用了有限合伙平台模式的方式。

四、委托投票模式

委托投票模式是指公司部分股东通过股东协议约定，自愿将其所有的投票表决权委托给其他特定股东行使，创始人往往作为特定的股东。根据《公司法》的规定，股东委托代理人出席股东会会议的，应当明确代理人代理的事项、权限和期限；代理人应当向公司提交股东授权委托书，并在授权范围内行使表决权。因此，当创始人股权被稀释后，可以由其他股东委托融资方作为行使表决权的代表，进而在股权被稀释的情况下获得对目标公司的控制权。

五、直接任职

股东可通过直接任职公司法定代表人或其他高管职务来实现控制权，具体来说：

（1）担任法定代表人：股东可担任公司的董事长、执行董事或者经理并担任法定代表人。因法定代表人以公司名义从事的民事活动，其法律后果由公司承受，因此这一任职可直接实现控制权。

（2）任职高管：股东可任职公司的其他董事或高管，并通过投票董事（会）决议及其他职责履行来实现控制权。

六、人事任免权

创始团队还可通过选派公司管理人员（其他董事、经理及财务人员）的方式即通过对人员的把控来实现对具体事务的控制权。

七、其他途径

前文讲述了如何利用股东权利设置和法人治理结构安排这两个法律途径去保障创始人的控制权，同时，在实践中，公司的控制权是一个远远超出法律规定和文本范围的话题，公司的运营从微观角度看是一个个具体的事务，具体事务的执行离不开“人、财、权”三个要素，为此，创始团队还可从其他层面实现对公司的控制权，详见问题5创始人怎么解决融资后股权被稀释的问题。

此外，创始团队的控制权和让渡给投资人的股东权利密不可分，因此，在股权融资谈判阶段，创始团队也应谨慎对待投资方要求一票否决权、增加董事会席位的设定等对于控制权有影响的条款的签订，该问题在前文中已经展开，在此不再赘述。

问题26

如何签署一致行动人协议？

一、什么是一致行动人协议

一致行动人协议指投资者通过协议、其他安排，与其他投资者共同扩大其所能够支配的一个上市公司股份表决权数量的行为或者事实，在上市公司的收购及相关股份权益变动活动中有一致行动情形的投资者，互为一致行动人。非上市公司股东在实践中也可以参照上市公司中对此一致行动人的要求，通过签订《一致行动人协议》等方式共同扩大其能够支配的公司股权数量。实践中的问题在于如何判断《一致行动人协议》的有效性以及《一致行动人协议》的相关注意事项。图 10 – 3 为《一致行动人协议》示例。

一致行动人协议

甲方：

统一社会信用代码：

乙方：

统一社会信用代码：

丙方：

统一社会信用代码：

本协议各方经平等自愿协商，根据《中华人民共和国民法典》《中华人民共和国公司法》及相关法律法规，就一致行动事宜，签订本协议以共同遵守。

1. 一致行动事项

1.1. 本协议签署之日，________（统一社会信用代码：________）（以下简称“目标公司”）的股权结构如下：

公司股权结构如下：

股东	出资比例	认缴出资	认缴出资日期
合计	100%		/

1.2. 各方均认可自目标公司成立至今所形成的事实上的一致行动关系的真实性、有效性，均认为该事实上的一致行动关系保障了目标公司控制权的稳定性，且该行为未影响目标公司治理的规范性和有效性。有鉴于此，各方同意根据《中华人民共和国公司法》等有关法律、法规、规范性文件及目标公司的公司章程(包括对其的不时修订，以下简称“《公司章程》”)的规定，对目标公司的决策及经营管理的重大事项采取一致行动，该等事项包括但不限于：

（1）决定公司的经营方针和投资计划；

（2）选举和更换非由职工代表担任的董事、监事，决定有关董事、监事的报酬事项；

（3）审议董事会的报告；

图 10 – 3　一致行动人协议

二、《一致行动人协议》的有效性

一致行动人协议可以视为特殊的合同，作为数名股东在表决权上进行联合的约定。从合同角度来看，一致行动人协议的相对方为公司的数名股东，根据合同相对性原则，一致行动人协议受合同相对性的约束，属于合同相对方内部合约，该联合关系仅发生在合同相对方之间，无法对合同外第三人发生效力。但是从签订协议的目的来看，一致行动人协议直接关系着目标公司的控制权和股权结构，因此协议的履行会对公司的生产经营产生重大影响。那么根据一致行动人协议带来的股东表决权上的联合，除影响一致行动人的股东利益外，也会对目标公司及一致行动人协议之外的其他股东的利益和预期带来影响，甚至可能波及其他股权融资的相对方。从上市公司角度来看，一致行动人协议需要进行对外公示，使得其不仅在一致行动人间具有内部效力，同时也具备着相当程度的外部性。在司法实践中，法院关于一致行动人协议效力问题，一般认为只要一致行动人协议是各方当事人的真实意思表示，协议的内容不违反法律、行政法规的效力性强制性规定，则一致行动人协议合法有效，当事人应当按照合同约定履行，此观点符合法律对于合同有效性的认定。

三、《一致行动人协议》的相关注意事项

通常情况下，《一致行动人协议》应当包含合同所含有的基本条款，包括但不限于合同主体、合同标的、争议解决等基本条款，具体而言一致行动人协议应包括以下几个方面：

（1）签署一致行动协议的股东；

（2）参与一致行动股东持有的股份数量及对应的表决权情况；

（3）一致行动对应的具体事项范围；

（4）参与一致行动股东发生纠纷的解决方式以及该股东间达成合意的程序；

（5）一致行动协议的履行期限。

其中，第4点纠纷解决方式及合意程序是《一致行动人协议》的重点内容。一般包括如下的处理方式，约定其他股东无条件与某位特定股东的意见保持一致，或者以某位特定股东的意见为准；约定签署一致行动人协议的股东按照一定的议事规则形成统一决议。

问题27

融资需要签署哪些文件？一般需要多长时间？

一、股权融资需要签署的文件并不固定，其中包括必须签署的文件，也包括需要结合股权融资项目实际情况、投资方与融资方谈判结果来选择签署的相关文件

1. 股权融资准备类文件

（1）保密协议

创始团队一旦开始接触投资人，不可避免地会介绍融资公司的经营情况，而投资人所关心的问题通常会涉及到融资公司的技术信息、财务信息等至关重要的商业信息，为了防止投资人或其相关主体泄露融资公司的商业信息给融资公司造成损失，通常来说，在创始团队首次接触投资人时，即应当签署保密协议，要求各方履行保密义务。需要说明的是，实践中发生过投资人泄露融资公司信息给竞争对手的若干案例，因此，创始团队不仅要重视保密协议的签署，还应对投资人进行背景调查，在初期接触时谨慎对待投资人提出的问题。

（2）投资意向书/投资条款清单（TS）

融资公司如果与投资人达成关于投资的初步意向，并希望以这一意向为基础继续讨论融资事项，则双方可签署投资意向书或投资条款清单，就基础交易框架、投资人相关优先权、公司治理、对创始团队的限制等内容作出原则性的规定，但不同于一般合同，这类型的文件通常会明确约定其内容本身没有约束力，只是确定双方后续交易细节谈判框架，以避免双方意见分歧过大，因此实践中也有很多公司并不签署这类文件而直接签署正式文件。

2. 融资正式文件

（1）投资协议

投资协议是股权融资的核心文件，根据交易形式，投资协议可以分为增资扩股协议或者投资转让协议，前者更为常见，这类型文件集中体现投资人和融资公

司就股权融资交易的谈判成果，各种权利义务的最终安排都体现在投资协议中。部分场景下，投资人和融资公司会将通用的条款放在投资协议中，而较为特殊的内容例如创始团队的对赌责任则签一份补充协议进行约定。

（2）股东协议

股东协议是投资协议的延伸内容，协议主体由投资人、融资公司扩展到融资公司的现有全部股东，股东协议是公司章程的基础，用以确定各股东的权利义务、确定公司法人治理结构的产生和人员任命及各股东享有的特殊性权利的顺次安排。

（3）公司章程或章程修改草案

股权融资完成后，公司的股东信息发生变更，股东协议亦对股东权利义务作出约束，因此公司章程势必要进行相应调整，融资公司在公司章程调整后并应根据投资协议的时间安排办理相应的工商变更登记或备案。

（4）投资人和融资公司之间的其他协议

前述1－3个文件是融资协议的核心，此外，在投资人和融资公司之间还可能签署关于业务运营的协议，例如将某类业务授权某个投资人进行运营管理，则签署《委托运营协议》或类似文件；在融资公司采用VIE架构模式下，投资人向境外公司进行投资应当经过ODI审批，此时，为了解决时间差问题，投资人和融资公司一般会签署《可转债协议》，通过可转债方式解决融资公司的资金问题。

（5）融资公司创始团队之间的协议

这类型协议主要是指创始团队之间的《一致行动人协议》以及作为股权激励平台的有限合伙企业《合伙协议》，这类文件如果没有在股权融资前安排，在股权融资时，投资人为保障公司运营的稳定性，也往往会提出明确的签署要求。

（6）担保协议

在股权融资过程中，有时目标公司为了增加融资的可能性，会采取增信措施提高自身信用，如选择对目标公司提供担保或者由其实际控制的其他公司或者具有一定资产的自然人股东来为目标公司提供担保，此时投资方可以与提供担保一方签订担保协议。另外，如股权融资交易涉及其他的需要担保事项例如有一定完成周期的交割事项，也可签订担保协议。

以上列示了股权融资过程中需要签署的各类文件供创始团队参考，需要说明的是，前述文件的名称和内容仅是通常内容的示例，每个公司在股权融资时还需要签署的文件需要结合项目情况、投资人与融资公司的谈判结果来确认。

二、股权融资时间和流程

股权融资一般会经历前期准备、接触投资人、商讨估值、签署投资意向、投资人尽职调查、签署正式投资协议及附属文件、支付对价、股权交割及办理工商登记等多个流程，因此，股权融资的实现通常需要一定的周期，而不是立即完成。根据我们的服务经验，从最初的投资人接洽到正式协议的签署一般需要经过3—6个月的时间，在融资环境严峻的期间里，这一时间可延长到8—10个月之久。此外，VIE架构公司的境内融资因涉及境外直接投资（ODI）的审批流程，整个交割时间会更长，一般会在前述时间上额外增加3—6个月的ODI审批时间。

第十一章 融资交割

问题28 如何应对投资人提出的交割条件？

交割条件虽然不是股权融资能否顺利达成的核心要点，但实践中确实会存在交易双方对交割条件认知不一，或者因公司不重视交割条件的协商导致投资协议签署后无法完成交割条件的情形。那么站在公司的创始团队角度应如何应对投资人提出的交割条件呢？

首先，创始团队要充分重视交割条件的内容，投资协议签署完成可不是万事大吉，交割条件一般在投资协议的后期磋商阶段才会提出，前期双方的协商重点是估值和股权比例、是董事会席位、是投资者一票否决权等内容，在达成一致准备签署投资协议时，投资者才会补充交割条件，交割条件是顺利拿到投资款的必备项，因此创始团队首先应同样重视该内容，并对该内容的履行胜券在握。

其次，对交割条件分类进行处理，投资者的交割条件一般根据其在对公司尽职调查中发现的问题提出：一类交割条件是整改措施类，是投资者认为对公司规范运营比较重要的事项，因此要求公司予以完善，例如公司和创始股东的某笔往来账务未作规范的财务处理，公司和核心员工没有签署竞业限制协议，公司历史上的某笔股权转让没有履行个人所得税完税程序等，对于这类交割条件，公司积极保持和投资者以及其委派的会计师事务所/律师事务所的沟通，按照沟通要求进行整改即可，对于确实无法即时完成整改或无法整改的事项，和投资者协商调整为以创始团队承诺的方式予以解决。另一类交割条件是业绩条件类，是投资者认为公司运营应当达到的某个客观指标，因此要求作为某笔投资款支付的前提条件，例如设定公司产品的上线时间、取得公司核心技术专利授权等，对于这类交割条件，公司只能以业务发展作为抓手，全力地完成该等目标，如公司认为目标认定过高，应在前一个阶段即和投资者的协商阶段提出，确保目标的可落地，以确保未来股权融资款项的顺利支付。

问题 29

投资协议签署后，投资者款项迟迟不到位怎么办？

股权融资对于公司而言最重要的作用就是获得现金流，实践中，如果投资协议签署后，投资者迟迟不付款，公司应如何应对？

如前所述，投资者的投资款通常会以公司完成交割条件为前提，因此如公司已满足交割条件：一方面应当在第一时间内以书面形式向投资者发出付款通知并附带交割条件完成的相关证明，如果双方在投资协议中明确了联系人和联系邮箱等联系方式，通知应向确定的联系人发出。另一方面应积极保持和投资者的沟通，探究其没有付款的真正原因，不付款有可能是因投资者的内部审批流程还未完成，有可能是投资者认为公司并未满足交割条件，亦有可能是投资者本身的资金发生困难，此时此前双方签署的投资协议内容就显得尤为重要，如果投资协议明确约定了投资者的违约责任以及公司的单方解除权，则公司主动处理的灵活度较高，如果投资协议没有该等内容，公司要依据原则性的法律规定来主张权利，则会较为困难。对于公司而言，最需要警惕的就是投资者本身资金困难这种情形，因为这可能导致整个股权融资计划失败，如公司分析认为投资者发生该种情形，应当再次发出书面通知，告知公司所需资金的用途，不能完成融资可能的后果，以及投资者应当要承担的违约责任，与此同时，为避免产生现金流对公司运营的不利影响，公司应同时接洽其他投资者或寻找其他的融资方式，寻找公司短时间内的现金流补充方案。

问题 30

交易协议签署后，遇到了更好条件的投资者怎么办？

对于公司创始团队而言，如果说股权融资的苦恼之一是找不到投资者，那苦恼之二便是晚遇了更好的投资者，如果此时公司已签署完投资协议，公司应如何处理？

如前所述，一般而言公司的股权融资是个多轮次的过程，此时继续保持和新投资者的接触非常有必要，并可进一步了解投资者的投资理念、对本公司的估值判断、投资者希望进入的最晚时间等关键信息，以进一步判断新投资者是否真的要投资，以及有无可能等待下一轮融资时进入，如投资者明确提出希望进入该轮融资，公司亦可尝试与已签署协议的投资者进行披露和协商，通常来说，投资者并不反对更多的投资金进入公司，相反更希望看到这种局面，毕竟股权投资的收益取决于公司的未来发展，在先投资者考虑的因素一般是公司会给到新投资者何种权利，新投资者是否会影响其参与公司经营管理的权利，如果能在这些问题上达成一致，则新投资者就有机会进入该轮融资。同时，向已签署协议的投资者披露其他投资者的信息，亦会加强在先投资者对公司价值的认可，对投资者支付投资款以及未来其参与公司经营管理时充分信任公司创始团队都会产生正面影响，因此，公司大可披露接触新投资者的信息，但需要说明接触的途径，以避免产生在先投资者对公司的误解。

问题 31

股权交割过程中可能产生哪些纠纷？

股权交割是指股权转让过程中，转让方将股权实际交付给受让方，从而受让方真正取得股权，成为公司股东的重要始点。股权交割是履行股权转让合同中最重要的内容，是股东股权变动发生法律效力的标志，也是新老股东是否要对公司债务承担责任的时间节点，因此在股权交割过程中往往会存在以下问题：

一、股权交割时点的认定标准不同会影响受让股东身份的认定

股权交割时点意味着新股东取得股东身份，对交割时点认定标准不同，会影响新股东行使股东权利。依据《全国法院民商事审判工作会议纪要》第 8 条规定："当事人之间转让有限责任公司股权，受让人以其姓名或者名称已记载于股东名册为由主张其已经取得股权的，人民法院依法予以支持，但法律、行政法规规定应当办理批准手续生效的股权转让除外。未向公司登记机关办理股权变更登记的，不得对抗善意相对人。"由此可知，对于股东身份的认定，先以公司内部的股东名册记载为准，但未经工商变更登记，无法获得权利外观，无法对抗善意的交易主体。

二、因"过渡期"发生的争议

一般股权交易，都会对标的公司进行一个评估，对公司的资产负债进行估值。如果没有评估的，双方以某一时间节点的股权价值作为交易价值。从评估价值、签订合同到股权实际交割完成，这期间就是过渡期。协议双方通常会在过渡期内明确约定在此期间公司的经营状况、人事安排等条款。如果有一方违反过渡期内条款约定则可能会导致协议无法履行，股权收购方有权据此终止合作。在过渡期内股权收购方往往容易以公司隐瞒重大事实为由，主张要求解除合同。

案号：（2019）京02民终10197号

案件事实摘要：原告与被告签订《产权交易合同》，约定由原告购买被告持有标的公司51%的股权。双方依据《资产评估报告》的评估价值确定转让价格。原告支付完毕股权转让款后对被告提起诉讼。具体理由为：原告主张在过渡期内被告迟迟不愿按照合同约定将标的公司的资产清单、权属证书、批件、财务报表、档案资料等移交给原告，使得原告无法对公司进行正常经营。此外，在《资产评估报告》作出日之后、《产权交易合同》签署日之前，标的公司先后与四人签署高额工资的劳动合同，给标的公司带来110多万元的负债。被告未按照《产权交易合同》约定及时交接标的公司的资产资料，未对标的企业的资产、债务等重大事项进行披露，并违背诚实信用原则给公司增加110多万元债务而不及时披露，对产权转让价格造成影响，故原告主张解除合同。

争议焦点节选：原告是否有权解除《产权交易合同》并要求被告返还股权转让款并支付违约金。

法院认定结果：

1. 依据《产权交易合同》约定，产权交易完成后七个工作日内，双方商定具体日期。合同履行过程中，签订《产权交易合同》并取得北交所出具的《企业国有资产交易凭证》后，原被告在三个月内已配合完成标的公司工商登记信息变更事宜，被告不再是标的公司股东，并由原告取得标的公司最新营业执照及公章。被告曾发送律师函积极要求原告尽快确认资料交割日期及地点，并在此后通过微信、短信与原告持续沟通资料交割事宜。但原告出具的授权委托书中载明的签字与《产权交易合同》中的签字明显不同，授权委托书的真实性存疑，故未能完成交割。因此，在《产权交易合同》签订后，被告一直积极配合原告进行工商变更登记及资料交割，并无拒绝交割或恶意拖延交割的情形。

2. 被告是否未依约披露应当披露的重大不利事项：（1）原告主张被告未披露标的公司存在的不当大额支出，《产权交易合同》约定合同过渡期内，被告对标的公司及其资产负有善良管理义务，标的公司出现任何重大不利影响均应及时通知原告。本案中，原告主张的大额支出有三笔，经审查，第一笔支出是为满足标的公司行业政策、商务接洽及后期外包需求产生，第二笔支出是归还此前收到的欠款，第三笔是依据标的公司与四人签订的劳动合同所作支出。三笔均系公司经营产生的正常支出，具备合同依据，未对标的产生重大不利影响。另外，根据标的公司2017年10月的审计报告，标的公司在2017年9月30日前不存在营业外支出及不规范财务行为，虽然公司的资产额相比挂牌交易前披露的资产评估报告中载明的资产额减少了731806.25元，但负债额亦减少了548430.38元，净资产变化不足20万元，并未超出公司经营正常浮动的程度。因此，原告提交的证据不能证明被告存在隐瞒给公司造成重大不利影响的交易支出的行为，亦不足以使法院产生标的存在异常支出的合理怀疑。最终一、二审法院判决驳回原告诉讼请求。

通过上述案例可以给到转让方的启示是在合同中明确约定过渡期内的资料交接环节，包括时间、地点、交接人、交接清单等。在股权受让方未及时履行合同时需要及时催促以尽到最大限度的合同履行义务。同时在过渡期内标的公司产生任何的债权和债务均需及时通知受让方，以尽到转让方在过渡期内对标的公司善良管理的责任。

第十二章 融资退出

问题32

融资股权退出的方式有哪些?

一、公司 IPO 后退出

IPO（Initial Public Offerings），指企业第一次将股份公开出售。其实质是将企业由一家私人控股的公司转变为由公众可购买股票的公司。企业通过公开出售股票的方式，可将原始股东的股份在更广阔的市场平台进行出售，进而实现出售股权回报的利润。IPO 上市也是大多数企业实现股东利益的首选方式。

依据 CVSource 投中数据显示，自 2013 年至 2022 年期间 IPO 方式退出 VC/PE 的渗透率日益走高。2022 年，共有 511 家中企实现 IPO 上市，其中 403 家上市公司背后有 VC/PE 机构背景，渗透率达 79%（见图 12－1）。

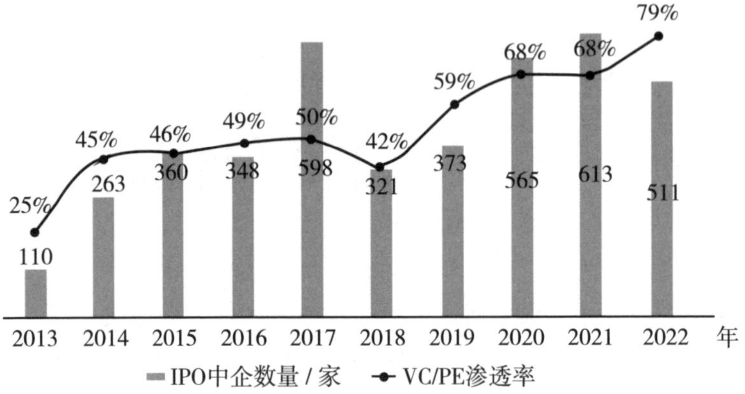

图 12－1　2013—2022 年 IPO 方式退出 VC/PE 渗透率

数据来源：CVSource 投中数据；投中研究院，2023. 01。

在 2023 年上半年，共计 222 家中企在内地、香港及美国上市，其中 143 家上市公司背后有 VC/PE 机构支持，渗透率为 64. 41%，平均账面回报率为 3. 52。2023 年上半年 IPO 账面退出回报总规模为 1820 亿元，其中 5 月退出回报规模为 526. 80 亿元，最为突出（见图 12－2）。

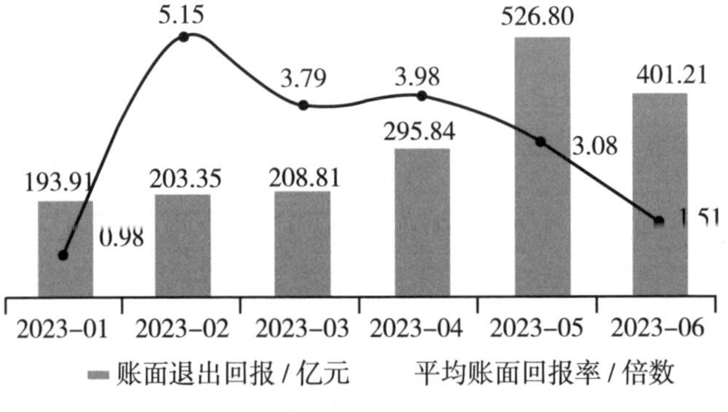

图 12－2　2023 年上半年 VC/PE 机构 IPO 退出账面回报

数据来源：CVSource 投中数据；投中研究院，2023. 07。

与其他股权价值实现方式相比，IPO 有以下优点：第一，股东收益回报率高，股权出售的市场可接受度高。能够进行 IPO 上市的企业均经过严苛的审核程序之后才能正式发行股票，因此市场认可度高，而且基于原始股东持有的股份期权成本低，因此经过股票市场的交易后可获得巨大的利润。众多企业如京东、阿里巴巴、拼多多等高管均是通过上市途径实现了财富自由。第二，拓宽企业融资渠道，促进企业更好发展。基于二级市场的受众主体广泛，IPO 上市可以更广阔地拓宽企业的融资渠道，通过吸纳公众资金以具备更多现金流，促进企业的更好发展，进而将股东利益推向更高阶段。第三，股权价值更透明，股权交易更公平。基于 IPO 市场的公开交易，企业的股票价格更透明，相较于非公开化的股权交易而言，减少了交易双方的价格拉锯环节，股东出售股票时所面临的风险更小。

除了上述所列的优点之外，IPO 也有以下缺点：第一，IPO 上市周期较长，成本较高，失败的概率也更高。基于证监会对公开发行股票的公司有较高的要求，因此在正式发行股票之前企业要经过严苛的程序审核，且要付出较高的成本，而一旦失败，成本无法回收。第二，控股股东/实际控制人所持股份的限售期较长，实现股权利益的周期长。“限售期”是指股东在公司上市后的一段时间内不得出售所持股票。依据上交所、深交所的上市规则，以及《公司法》的相关规定，不同持股主体可出售所持股票的锁定期不同。最长的锁定期为 3 年，针对的主要是控股股东、实际控制人及关联方。因此对于持股比例较大的股东而言，实现股权利益的周期较长。第三，公司上市后内部管理更透明，内部信息披露较多。基于证监会对上市公司的管理要求，上市公司需要按时披露公司财务信息及交易信息，因此上市公司的商业信息会更多地被公众了解，在一定程度上对公司的合规程度也会要求更高。

二、并购退出

并购（Mergers and Acquisitions）是指股东通过与其他企业达成协议的方式，按照协议约定的价格、方式、将持有的企业股份进行外部转让。并购包括兼并和收购两层含义、两种方式。国际上习惯将兼并和收购合在一起使用，统称为 M&A，在我国称为并购。企业并购主要包括公司合并、资产收购、股权收购三种形式。

并购的优点在于：首先，企业前期投入成本低。相较于前述的 IPO 方式，并购方式无须经过严格的审批，无须企业达到一定规模，只要找到合适的买家，即可通过协议方式将股权变现。其次，完成交易手续简单，操作方式灵活。基于并购均是现有公司主体之间的交易，因此免去了新设公司的手续流程，且进行交易公司的人员、设备、场地均是现有资源，对于交易双方而言，可以更直观地对资产或股权进行评估。企业管理层直接进行谈判就可较便捷实现交易达成。最后，并购可使企业在行业内做大做强，减少交易对手，扩大企业自身在本行业内的优势。并购企业通常是同行业内的资源整合，因此通过并购的方式，股东在实现财富增值。

下图为投中网统计的自 2022 年 8 月至 2023 年 8 月中企并购市场的交易趋势。最高峰值在 2022 年 12 月，其中显示披露并购金额为 334.95 亿美元（见图 12 – 3）。

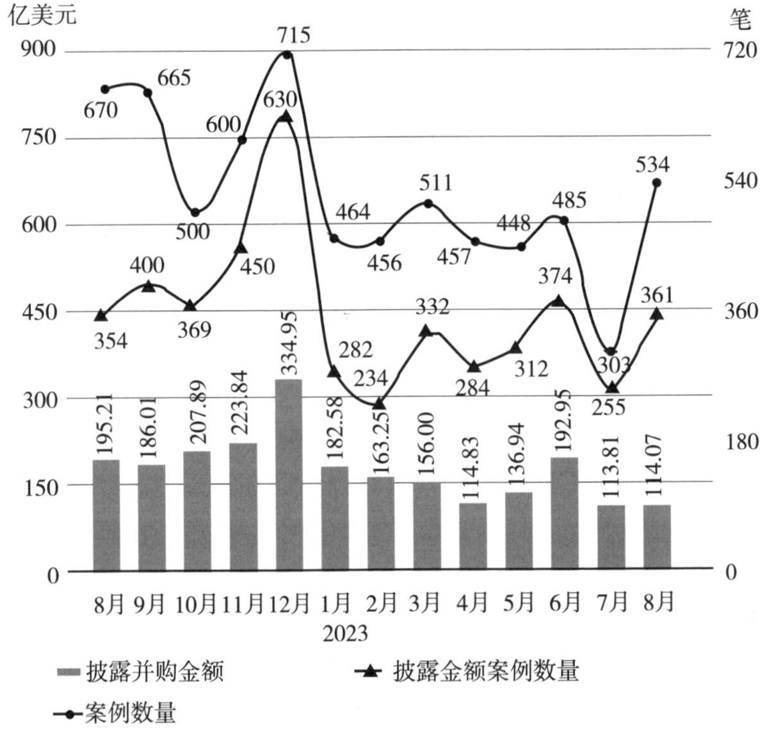

图 12 – 3　2022 年 8 月—2023 年 8 月中企并购市场宣布交易趋势

数据来源：CVSource 投中数据；投中研究院，2023. 09。

三、股权回购

股权回购是对内股权转让的形式之一，指的是公司与投资人之间签订股权回购条款，约定如公司在一定时间内无法达到 IPO 等约定条件，或股东无法通过转让方式实现退出，公司将股权进行回购，协议中会约定回购价款及回购条件。

股权回购协议又称之为“对赌协议”。依据《全国法院民商事审判工作会议纪要》的规定，为鼓励投资方对实体企业特别是科技创新企业投资原则，从而在缓解企业融资难问题的情况下，法院不会轻易认定对赌协议的无效，但投资方主张实际履行的，人民法院应当审查是否符合公司法关于“股东不得抽逃出资”及股份回购的强制性规定，判决是否支持其诉讼请求。投资方请求目标公司回购股权的，人民法院应当依据《公司法》关于“股东不得抽逃出资”或者关于股份回购的强制性规定进行审查。经审查，目标公司未完成减资程序的，人民法院应当驳回其诉讼请求。

四、减资退出

减资退出是指企业经过法定程序通过减少注册资本的形式，向退出股东返还股款。减资指公司资本过剩或亏损严重，根据公司实际情况，依法减少注册资本金的行为。减少公司注册资本，既直接关联公司资本确定与维持原则，又涉及公司债权人的相关权益，公司减资必须依照法定条件和程序实施。

1. 制定减资方案

依据《公司法》规定，公司进行减资，应由董事会或股东会制定减少注册资本的方案。方案一般应包括减资原因、目的、减资基准日、减资方案、减资后各股东股权份额比例、减资后的公司章程、减资对价支付等问题。

2. 股东会决议减资事项

股东会需要对减少注册资本事项进行决议，该决议事项必须经代表三分之二以上表决权的股东通过。此事项可通过书面形式进行表决，即在不召开股东会会议的情况下，由全体股东在决定文件上签名、盖章，以书面形式一致表示同意。

3. 签署减资协议

减资协议并非《公司法》规定的公司减资的必备文件，但是为了定分止争，以明确减资环节各方的具体权利义务，一般由公司与全体股东方签署减资协议，也可由减资股东与不减资股东签订协议，同时公司作为支付减资对价的一方在协议中签字。减资协议的主要内容一般包括：（1）减资前公司名称、住所、注册资本额、实收资本额；（2）股东清单以及股东持股比例；（3）减资股东的姓名或者名称、住所、持有的股权比例以及本次减资的股权比例；（4）减资基准日及公司的估值；(5) 减资价款的金额、支付条件、支付方式和支付期限；(6) 减资完成后公司的注册资本额、实收资本额、股东及股东的持股比例；(7) 违约责任；(8) 减资实施期间的过渡安排（主要涉及减资期间债权人对减资争议引起诉讼的责任承担、代表减资股东高管人员任职安排）；(9) 争议的解决方式及其他事项。

4. 通知或公告公司债权人，清偿债务或提供担保

依据《公司法》规定，公司减少注册资本时，必须编制资产负债表及财产清单。应当自作出减资决议之日起十日内通知债权人，并在三十日内在报纸上公告。债权人自接到通知书之日起三十日内，未接到通知书的债权人自公告之日起四十五日内，有权要求公司清偿债务或提供相应担保。基于公司减资行为会影响相关债权人的权利，因此法律规定公司进行减资时需通知债权人，而对于潜在的未知的债权人要通过公告方式进行告知。同时，债权人有权要求公司对债务进行清偿，或提供担保。此时需注意公司章程对公司对外提供担保的相关决议要求。

5. 修改公司章程，收缴或换发出资证书

减资完成后，减资企业需对章程进行相应调整，并同时收缴或者换发出资证书，变更公司股东名册。

6. 到工商部门办理变更登记

在发布减资公告之日起四十五日后，由公司向工商部门提交变更登记申请。一般需要提交《公司变更登记申请书》、修改公司章程的决议、修改后的公司章程或章程修正案以及减少注册资本公告的有关证明、公司债务清偿或债务担保情况的说明。

问题 33 股权融资退出的价格如何确定？

股权融资退出的价格与其退出的方式直接相关，如投资者在公司 IPO 发行后退出，退出价格取决于公司股票价格，而且此处的股票价格并非发行价格，而是

投资者所持股票在锁定期届满后可出售时的股票价格。下面简要介绍回购、并购和减资时的退出价格确认方式。

一、以投资金额+固定投资收益率进行确定

如投资者通过回购方式退出，则回购条件和回购所需支付的投资收益率通常来说在回购条款中均会有明确约定，因此其退出价款基本以股东出资金额作为定价基础，按照约定投资收益率和投入时间进行计算，这种约定方式的风险在于股权回购价格是固定的，因此具有了债权投资的特点，在某些情形会被直接认定为债权，具体在下一问中展开。

二、以第三方评估结果作为定价基础

由交易双方委托第三方机构对公司价值进行评估，以评估价格作为定价基础。通过引入第三方公司对股权的价值进行评估，也是一种常见的做法，国家出资企业的股权价值评估更是国有资产交易的必备流程。在司法诉讼过程中，对于股权转让价格双方存在争议的，也通常会选择委托评估公司进行价格评估。

三、交易双方协商价格

回到股权融资的场景，更多的情形是两个投资基金对公司股权价值的协商确定，由股权的转让方和受让方按照双方协商结果确定股权转让价格，股权转让双方按照各自对股权的估值通过协商确定价格，通常来说，早进入的投资基金按照自身的投资金额和可接受的投资收益测算一个转让价格，拟进入公司的投资基金按照公司现有估值判断转让价格可接受，转让交易就会达成。

各方关于股权转让价格发生争议时，只要协议双方是真实有效地进行交易，那么裁判者一般会尊重协议约定。在（2021）苏06民终3531号案件中，法院认为：一般情形下，股权对应公司资产的价值，股权转让实际是对公司资产的转让，按照等价交易原则，其转让价格应等同于被转让股权所对应的公司资产价值，这是确定股权转让价格最常用的依据。但需要注意的是，某些情况下，由于各种各样的原因，股权转让的当事人可能脱离股权的真实价值而另行确定股权的转让价格，比如，股权受让人基于对公司发展的良好预期或者基于为了争夺公司控制权等原因而愿意提高价格等。当事人自行确定转让价格是一种商事行为，是

其享有的民事权利，除非有确凿证据证明转让双方存在恶意串通抬高价格损害第三人利益的行为，否则即使转让各方当事人约定的股权转让价格与股权真实价值不符，只要此种约定是其真实意思表示，亦可以作为认定股权转让价格的依据。

问题 34 股权回购合同在什么情形下会被认定为借款合同？

根据最高人民法院民二庭第五次法官会议纪要的相关规定，“名股实债”应根据当事人的投资目的、实际权利义务等因素综合认定其性质。投资人目的在于取得目标公司股权，且享有参与公司的经营管理权利的，应认定为股权投资；反之，投资人目的并非目标公司股权，而仅是为了获取固定收益，且不享有参与公司经营管理权利的，应认定为债权投资，投资人是目标公司或有回购义务的股东的债权人。可通过以下两个案例关于股权回购合同性质认定进一步了解实务中的认定规则。

案例一：股权回购合同被认定为借款合同的案例

案号：（2014）渝高法民初字第 00010 号

基础事实：江峰房地产因建设购物广场项目需要向新华信托公司出具《关于密州购物广场项目的借款申请》，需向新华信托公司申请借款 1 亿元。同日，江峰房地产向新华信托公司出具《还款计划》。后续双方陆续签订了《合作协议》《财产抵押合同》《借款合同》《股权转让合同》《股权质押合同》，以及相关补充协议等合同文本。2012 年 6 月 20 日，新华信托公司与江峰房地产公司签订《收益权转让合同》，约定将广场项目的收益权由江峰房地产公司转让给新华信托公司。其中明确回购款的支付条件。（1）乙方应支付的收益权回购款包括两部分：收益权回购价款本金和回购溢价款。（2）收益权回购价款本金与甲方支付给乙方的收益权转让价款金额相等，自甲方将首期收益权转让价款划入乙方账户之日起满12个月当日由乙方支付给甲方全部转让价款。（3）回购溢价款是指本合同约定的乙方除收益权回购价款本金以外需支付的金额。回购溢价款为收益权转让价款的每年24%。如乙方未按时履行收益权回购款支付义务，则甲方有权处置抵、质押物，已预售给甲方指定第三人或个人的直接过户……若乙方未按期支付收益权回购款，甲方有权要求乙方限期支付，同时对逾期未付的收益权回购款按日计收万分之五的滞纳金，并对未支付的滞纳金计收复利……

争议焦点：1. 新华信托公司与江峰房地产公司之间法律关系的性质；2.《收益权转让合同》是否生效等。

法院认为：新华信托公司与江峰房地产公司签订的《合作协议》和《收益权转让合同》的实质均为借款合同。双方合意以后一份《收益权转让合同》项下借款偿还前一份《合作协议》项下借款。现《合作协议》已履行完毕，双方的权利义务应当按《收益权转让合同》的约定履行。关于《收益权转让合同》是否生效的问题。法院认为，协议已生效，双方合同约定的“收益权回购款”实为借款本金；约定“按24%/年的标准支付回购溢价款”，实际是约定借款期内利息的计算标准；约定“对逾期未付的收益权回购款按日计收万分之五的滞纳金”，实际是约定借款到期后逾期罚息的计算标准。双方约定按24%/年的标准计算借款期内利息符合法律规定，本院予以支持。而双方约定逾期罚息的计算标准是在借款期内利息的基础上按每日万分之五的标准加收，超过了中国人民银行关于金融机构逾期罚息应在借款合同约定的贷款利率水平上加收30%—50%的规定，本院依法予以调整，对超过该规定的部分不予支持。

案例二：法院认定股权回购协议不属于借款协议的案例

案号：（2019）最高法民终355号

基础事实：协议四方农发公司、通联公司、汉川公司、汉台区政府共同签订了《投资协议》，其中对股权回购条件约定如下，（1）汉川公司遇有关闭、解散、清算或破产之情形；（2）发生增资款被挪用情形的；（3）未在约定期限内完成抵质押登记的；（4）农发公司的投资收益连续两个季度或累计三个季度无法按时足额收回的；（5）其他可能对农发公司权益产生重大不利影响的情形。本案原告以回购条件成就为由诉请被告回购股权，支付股权回购款1.87亿元，并支付投资收益款。并请求协议另一方主体承担差额补足责任。

争议焦点：本案案件性质是什么，是股权转让纠纷还是借款纠纷等？

法院认定：首先，农发公司根据《投资协议》以向汉川公司增资 1.87 亿元的方式取得汉川公司 31.86% 的股权，在汉川公司发生财务危机的情况下，要求通联公司按照《投资协议》约定的条件回购其股权，据此，本案的纠纷属于股权转让纠纷。其次，对通联公司及汉台区政府提出农发公司向汉川公司的出资实质系借款，本案属于借款纠纷的主张，本案《投资协议》虽约定了农发公司年投资收益率为 1.2%，即农发公司的收益为固定收益，但该收益是基于农发公司所持汉川公司股权而获得的收益，因此，其性质为股权收益。再次，借款法律关系是指借款人向贷款人借款，到期返还借款并支付利息的法律关系，在借款法律关系中，涉及相对的两方当事人，即借款人与贷款人。本案农发公司依据《投资协议》向汉川公司出资 1.87 亿元，从而享有汉川公司 31.86% 的股权，同时，该协议约定的内容还包含了农发公司在汉川公司所享有的股东权利，其中包括对公司章程修改等公司重大事项享有表决权，故双方约定的权利义务的内容已超出借款法律关系的内容。最后，本案中，农发公司向汉川公司进行增资，但其请求的是通联公司回购其股权，汉台区政府承担差额补足责任，涉及四方当事人，与借款法律关系显然不同，综上，《投资协议》约定的农发公司的增资行为不属于出借借款的行为，本案不属于借款合同法律关系。

通过以上案例可知，投资协议中约定的回购条件应避免设置为“附期限”的条款（“在一定期限届满后进行回购”），而应设置为“附条件”的条款。附条件的条款不一定成就，而“附期限”的条款下只要约定期限一到则必然出现回购结果，则容易使裁判者认为名为投资实为借贷的情况。

问题 35

什么情况下能够由公司回购股权，而非创始团队回购股权？

在投资者要求公司和创始团队签署的对赌协议中，投资者为最大限度地保护自身利益，通常会约定由公司和创始团队共同承担回购股权的义务，那么何种情形下，可由公司向股东进行股权回购，而非由创始团队回购股权？总结来说，除法律明确规定的公司可回购本公司股权/股份情形，以及能够达到与公司回购效果相同的公司减资程序之外，公司均不可直接向投资者支付任何投资价款，此两种情形之外，对投资者的支付义务由创始团队来承担。

因公司回购股权会减少公司的资产，因此现行《公司法》对于公司收购本公司股份/股份有明确的限制条件，对于有限责任公司而言，回购情形包括：（一）公司连续五年不向股东分配利润，而公司该五年连续盈利，并且符合本法规定的分配利润条件；（二）公司合并、分立、转让主要财产；（三）公司章程规定的营业期限届满或者章程规定的其他解散事由出现，股东会通过决议修改章程使公司存续。对于股份公司而言，回购情形还包括减少公司注册资本；将股份用于员工持股计划或者股权激励；将股份用于转换上市公司发行的可转换为股票的公司债券；以及上市公司为维护公司价值及股东权益所必需等。

在司法审判实践中，亦以前述法律规定作为裁判依据，（2019）最高法民申4797号民事裁定书显示，案件基本事实为盘古公司向目标公司梓昆公司增资，并与目标公司梓昆公司和目标公司的股东中基公司签订《增资协议书》和《补充协议》，约定在触发条件成就时由梓昆公司或中基公司按照约定价格回购盘古公司的股权。本案盘古公司以回购条件成就为由，要求目标公司与股东共同向其支付投资款，并按照年利率支付投资回购款。案件争议为回购条款是否有效？最高院裁判认为虽然各方出具的协议明确目标公司需要回购盘古公司持有的目标公司的股权，但是依据2018年《公司法》第142条规定，除法律规定情形外，公司不得收购本公司股份。本案中，盘古企业未能举证证实存在前述规定的梓昆公司可以收购本公司股份的法定情形，且盘古企业作为梓昆公司的股东，要求梓昆公司回购股份有违“资本维持”原则，将损害梓昆公司及梓昆公司债权人的利益，违反《公司法》规定。因此，二审判决认定盘古企业和梓昆公司达成的股份回购条款无效，并驳回盘古企业对梓昆公司的诉讼请求，并无不当。

问题 36

非上市公司回购股权的具体流程是什么？

一、有限责任公司

1. 股东向公司发出收购请求：股东需向公司说明收购其股权的原因，并向公司提出书面回购股权的申请。

2. 股东会决议：公司需就是否能够收购股权进行股东会决议。

3. 达成收购协议：自股东会决议通过之日起 60 日内，公司需与拟被收购股东之间达成收购协议，明确收购价格和款项支付等条件。

4. 如无法达成收购协议，股东可以自股东会会议决议通过之日起九十日内向人民法院提起诉讼。通过向法院诉讼的方式实现股权退出，要求法院判决公司收购股权。

二、股份有限公司

因股份有限公司可以收购股东股权的情况不同，要求的程序不尽相同。

1. 因减少公司注册资本要求收购股权：首先要进行股东会决议，并自收购之日起注销股权。

2. 持有本公司股份的其他公司合并原因要求公司收购股权的：（1）需通过股东大会决议；（2）签订股权收购协议；（3）公司在收购股权后 6 个月内转让或者注销其股权。

3. 将股份用于员工持股计划或者股权激励：（1）可以依照公司章程的规定或者股东会的授权，经三分之二以上董事出席的董事会会议决议；（2）与员工签订回购协议。

4. 股东因对股东会作出的公司合并、分立决议持异议，要求公司收购其股份：与股东签订股权回购协议，并在六个月内将公司回购股权转让或注销。

问题 37

创始人如何行使优先购买权？

股东的优先购买权，是指有限责任公司的股东在对外转让其股权时，在同等条件下，其他股东具有优先购买权。相关法律依据为《公司法》以及《最高人民法院关于适用〈中华人民共和国公司法〉若干问题的规定（四)》（以下简称《公司法司法解释四》）的相关解释。在其他股东对外转让股权时，为了保证企业的人合性，创始股东一般会主动行使优先购买权，将股权回购，本问题将介绍创始人如何行使优先购买权。

一、优先购买权使用场景仅限于“有限责任公司”＋“对外转让”

前述两个条件缺一不可，有限责任公司的现有股东之间进行转让时，除非公司章程另有约定，并不需要遵循优先购买权，原因是股东内部转让并不涉及优先购买权的人合性基础。

二、行使优先购买权的行使

股东有权对内或对外转让股份。优先购买权中的“优先”是指相较于股东以外的人，公司内股东有优先权利。股东对外转让股权，应通过以下方式进行。

1. 对外转让股东就其转让事项通知其他股东以征求意见。

2. 创始股东应自接到书面通知后 30 日内进行答复，如未答复，视为同意对外转让。

3. 在转让股权条件相同的情况下，创始股东可以行使优先购买权，优先获得购买股权的资格，并与对外转让股权方签订股转协议。

4. 如果其他股东在对外转让股权时，未通知创始股东，则优先购买权受到侵犯的股东，可自知道或者应当知道优先购买权的同等条件之日起三十日内或自股权变更登记之日一年内，通过诉讼要求行使优先购买权。

三、如何界定优先购买权中的“同等条件”？

依据相关法律规定，优先购买权需考虑转让股权的数量、价格、支付方式及期限等因素。人民法院在裁判案件中考虑“同等条件”时不仅考虑转让股权的数量、价格、支付方式及期限等因素，还会根据案件的具体情况考量超过上述范围的交易因素。如在（2012）沪二中民四（商）终字第 16 号案件中，法院阐述到“所谓优先购买权的同等条件，是指出让股东与股东以外的第三人之间合同确定的主要转让条件，如出让股东与受让人约定的投资、业务合作、债务承担等条件，也应认定为主要条件”。因此，对于“同等条件”的考量，除了股权转让协议中的必备条款之外，其他涉及股东实质利益的条款也应属于“同等条件”的考量范围。

四、优先购买权异议之诉的法定期限以及诉讼请求

依据现行法律规定，股东应自知道或者应当知道优先购买权的同等条件之日起三十日内或自股权变更登记之日一年内，向侵犯其权利的股东行使权利，要求按照同等条件购买股权。

在此类案件中，首先需要关注行使权利的时间，要在法定时间内行使权利。其次要明确诉讼思路，即先提起股权转让协议无效或撤销之诉，并同时在诉讼请求中提起以同等价格购买转让股权。

（2018）京 02 民终 3929 号案件二审认为“在本案一审诉讼过程中，经一审法院释明，上诉人坚持仅请求确认《股权转让协议书》无效，而未提出以同等价格购买转让股权等请求。故根据相关司法解释的规定，上诉人的诉讼请求，与法律规定相悖，一审法院不予支持”。认定一审判决有效，驳回上诉人的请求。

问题38

股权转让协议中“共同出售权”和“拖售权”的区别及适用情形

一、共同出售权条款概念、适用场景与法定效果

1. 概念与特征

共同出售权（Co－Sale Right），是指目标公司首次公开发行之前，投资股东与创始股东事先协商一致，如果创始股东向任何第三方转让股权，投资人则有权按照创始股东与第三方之间达成的价格，共同出售股权。现行《公司法》中并未对共同出售权作出明确规定和禁止，因此，共同出售权框架下的权利义务关系主要由投资者和公司创始者之间的股权转让协议约定，由《民法典》以意思自治的方式加以确认。

2. 适用场景

（1）共同出售权的主要作用。

共同出售权的主要作用有以下两点：第一，防止创始股东退出公司。投资者对公司的投资，在看好公司成长性的同时，亦是看重了创始股东，通过主张共同出售权可以有效阻止创始股东退出公司；第二，在拟进行的交易中进行部分获利。共同出售权为投资人创造了一个退出的机会，如果创始股东发现了优质的潜在买家并希望通过出售部分股权的方式获取高额收益，则投资人可通过行使共同出售权的方式分享这份利益。

（2）法律后果：共同出售权的行使不得对抗第三人。

根据《公司法》的相关规定和投资人与创始人所签署的投资转让协议作为合同的相对性，共同出售权的法定约束力并不及于非签约方的潜在股权受让方。因此，在出现潜在股权受让方基于各种原因考虑，仅愿意受让创始人持有的公司股权，而拒绝购买投资人持有的公司股权的情况时，可能会出现投资人无法行使

其共同出售权的情形。

二、拖售权条款的概念、适用场景与法定效果

1. 拖售权条款的概念及特征

“拖售权”是指由各股东之间事先达成一致协议约定，在条件成立的前提下，一个股东售出股权的同时有权要求其他股东，在同等条件下一并出售其股权。

2. 适用场景

通常情况下，投资方持有目标公司的股权较少，若在约定条件成就时，有第三方拟收购目标公司较多股权或收购控制权时，该拖售权人有意出售，其有权强制其他股东出售股份，进而实现资金退出，实现投资效益与资金安全的平衡。因此，设置拖售权的商业逻辑通常为：投资方与创始人股东之间可能存在的理念差异，整体出售是投资方退出的有效方式。

3. 法律后果

（1）拖售权条款行使的法定效果。

一个或多个享有拖售权的股东，在其将所持股份出售给第三方时，有权要求其他股东以相同的价格、同等的条件出售其股份。

（2）行使拖售权需履行通知义务。

拖售权人需将行权事项通知其他股东。拖售权人未履行通知程序无法行使权利。

三、共同出售权条款和拖售权条款对被投资公司的影响

共同出售权形式上是投资人与创始股东共同出售股权，但实质是为创始股东出售股权增加了障碍，也是投资人留住创始股东的方式之一。拖售权的设定多是为了公司股东利益的绑定，以及转让股份的一致性，一定程度上剥夺了创始团队继续运营公司的权利，但对公司而言不排除整体转让更有利于公司的发展。

问题39

股权回购协议中的“差额补足”条款在司法实践中如何认定？

一、差额补足条款的概念与性质

1. 差额补足条款的概念

差额补足通常是指投资人在未达到预设的投资目标的前提下，对现实投资回报与预期投资回报之间的差额要求相关股东进行补足。

2. 差额补足条款的性质及比较

差额补足条款在司法实践中一般被认定为保证合同条款或债务加入条款。法院最终认定的结果不同，债权人主张权利的方式不同。

（1）构成保证担保。

根据《九民纪要》第91条，“信托合同之外的当事人提供第三方差额补足、代为履行到期回购义务、流动性支持等类似承诺文件作为增信措施，其内容符合法律关于保证的规定的，人民法院应当认定当事人之间成立保证合同关系。其内容不符合法律关于保证的规定的，依据承诺文件的具体内容确定相应的权利义务关系，并根据案件事实情况确定相应的民事责任”。在（2021）京民终754号案件中，因协议约定“为保障丁方在回购协议中约定的义务的履行，甲方同意向乙方提供本协议约定的差额补足义务；若丁方未能按照回购协议的规定及时支付回购价款，则乙方有权要求甲方按照回购协议中约定的回购价款进行差额补足；如果甲方按照本协议约定履行了最高限额差额补足义务，有权根据《补充协议》的约定行使追偿权”。基于协议中有“对不能履行部分承担责任、追偿权”等提供保证的意思表示，故法院最终认定《补充协议》为保证合同。

（2）构成债务加入。

根据前文《九民纪要》的观点，当股权回购协议中差额补足条款未被认定为担保合同时，则也有可能被认定为债务加入。在（2020）最高法民终 295 号案中，案涉《差额补足协议》约定“金涛公司、朱某宁已充分知晓其在案涉《借款合同》项下的全部义务及风险，并承诺将无条件履行《借款合同》项下可能产生的科特公司所获取的固定收益及本金的差额补足义务，金涛公司、朱某宁对上述义务承担无限连带责任”。最高人民法院认为，从《差额补足协议》约定看，差额补足人的差额补足义务不具有债务从属性，一审判决认定金涛公司、朱某宁属于债务加入并无不妥。

二、保证担保和债务加入在主张权利上的区别

一是与既存债务协议是否具有从属性。保证合同中保证人承担的债务为从属性债务。在债务加入中，第三人作为连带债务人，其承担的债务与债务人的债务具有同一性，二者之间不存在主从关系。

二是是否会受到期间的双重限制。连带保证受到保证期间与诉讼时效的双重限制，保证期间属于除斥期间，有约定的以约定为准，没有约定的为主债务履行期限届满之后 6 个月。债权人必须在保证期间内要求保证人承担保证责任，否则保证期间届满后保证人不再承担保证责任；债务加入则不受保证期间的限制，仅受诉讼时效的制约。

三是是否享有对债务人的追偿权。保证人享有追偿权，即保证人承担保证责任后，享有债权人对债务人的权利，有权在承担保证责任范围内向债务人追偿；在债务加入的场合，第三人在清偿债务后，是否可以向债务人追偿，取决于其在债务加入时与债务人之间的具体约定。

第十三章 股权激励

问题40 股权激励与股权融资的关系

股权激励，又称期权激励，是企业为留住高管、核心管理人员以及业务骨干等人才的长期激励机制，股权激励的目的是“留人”；股权融资，是企业为了筹集资金，将部分股权出售给投资者，以获取资金支持与发展机会，目的是“找钱”。股权激励本身也是一种股权融资，员工支付对价即为融资，不同的是，定价要考虑激励性，价格优于市场价格。另外在股权融资过程中，投资人为了确保核心团队的稳定，也会要求公司建立和实施股权激励制度。

一、什么是股权激励?

股权激励是企业为留住高管、核心管理人员以及业务骨干等人才的长期激励机制。主要是通过给予核心员工股权的方式，让员工成为公司股东，同时参与股息的分配，与公司成为利益共同体，公司与员工共同成长。企业采用股权激励更有助于调动员工的长期热情、激发主动性和创造力，管理者和技术人员共同作为企业股东，便拥有了共享公司收益的能力。

二、股权激励与股权融资的关系

1. 股权激励属于一种股权融资

股权激励是融资的一种方式，企业通过实行股权激励，可以促使激励对象购买企业股权，在股票期权模式下，需要激励对象即企业员工为行权支付对价，对于一部分资金流紧张但发展空间大的企业而言，股权激励不失为融资的一种较好的途径。

但股权激励与普通的企业融资又有不同，如在股权激励方式中，因为考虑到此种方式的激励性目标，在定价时，股权激励的行权对价势必会优于普通融资时的市场价格。

2. 激励制度是股权融资过程中的重要环节

在股权融资过程中，部分投资人之所以选择为目标企业注资，实则看重目标企业的核心团队、技术人才，此时为了确保目标企业核心团队的稳定性，也会在投资过程中要求目标公司建立和实施股权激励制度。

问题 41

创始团队如何通过股权激励增加公司控制权？

当企业选择限制性股票或股权期权等实股激励工具时，则不可避免会稀释企业创始人的控股股权。为确保创始人控制权，通常从股权激励比例、激励对象选择、设置明确的股权激励退出机制和动态调整机制等方面确保对公司的控制权。

一、确定合理的股权激励比例

公司在初始设立时应当预留一个期权池，用以激励包括高管、核心员工。通常的做法是创始团队之间确定好股权比例后，同比例稀释一个期权池，大部分公司设置的期权池比例在10%—20%，确保根据《公司法》规定创始人能够始终拥有企业重大事项的一票否决权，但是根据不同公司的业务属性，具体的比例会有所不同。

二、设立有限合伙企业作为持股平台，激励员工通过持股平台实现间接持有企业股权的目的

结合《合伙企业法》规定，激励员工作为有限合伙人（LP）只出资不参与合伙企业的经营管理，创始人作为普通合伙人（GP）同时担任执行事务合伙人，负责管理和决定合伙事务，此种机制可确保创始人始终掌控员工持股平台的管理权限，不会因实施股权激励而稀释其在企业内部的控制权。若涉及激励员工的人数较多，入伙、退伙较为频繁，在该种机制下仅需在持股平台层面上进行合伙人变更操作，不会造成企业层面的股权变动，具有稳定性。

三、慎重选择被激励对象

一般而言，被激励的对象除应属于企业核心管理人员、业务骨干之外，还应当认可企业价值观，能与企业同甘苦共患难，同时对企业过去的发展作出过重要贡献，还能对企业未来发展持续作出贡献。股权激励对象要对创始团队有精神依赖与支持，是创始团队的运营依托。

四、设置明确的股权激励退出机制和动态调整机制

虽实施股权激励的初衷是好的，然而股权激励过程中免不了会有不确定的情形发生，为减少不确定性、保证创始人的控制权，股权激励的退出机制的设计尤为重要。

退出机制的核心是退出情形、退出方式以及退出价格的确定。退出情形包括过错性退出和非过错性退出，过错性退出如违反公司规章制度、给公司造成严重损失等；非过错性退出如激励对象未在行权期限内行权、激励对象死亡或失踪等情形。退出方式可包括直接退出、创始人回购等，根据退出方式以及退出情形的不同，还需设定不同的退出价格。

问题 42

公司在什么阶段需要考虑股权激励？

“股权激励”是通过近期给“小蛋糕”来实现“做大蛋糕”远期目标的一套方法，一般来说企业应当在成长阶段，即度过生存期，业务增长还需要核心人才支持时实施股权激励，实施的典型节点包括（1）首次股权融资时；（2）发展新板块业务时；（3）准备上市前。非典型节点包括（1）企业设立时；（2）创始股东退出时；（3）上市后。

一、股权激励的优势

股权激励是近年来创始人比较关注的一个话题，其核心逻辑是“共同做大蛋糕”，优势显而易见：一是从企业层面来看，股权激励能够更好地激发员工的主观能动性，提高企业运营效率，增加企业利润。二是从员工层面来看，通过股权激励这种方式，员工更容易认可公司的愿景，对公司未来发展更有信心。

二、公司考虑股权激励的时机

企业实施股权激励需要考虑自身的发展阶段，主要是业务前景和人才支持的匹配情况。企业实施股权激励表明其“股权”具有经济价值，可以说明两点：第一，企业和拟激励人员对目前的经营状况认可，看到的是未来业绩增长及可持续发展，此时公司度过了生存期阶段。第二，创始股东为了留住核心人才，提升企业整体业绩和竞争力，让渡了其关于股权的部分权益。

结合前述内容，一般来说企业处在上升阶段，业务增长还需要核心人才支持的阶段，实施的“股权激励”才是必要和有成效的。

具体来说，从我们服务的股权激励项目来看，企业选择股权激励的时间节点包括：

（1）首次股权融资时。此时无论是创始人还是投资方，一般都要求核心团队的稳定，股权激励便应运而生。

（2）发展新板块业务时。此时企业需要独立于公司原有业务的核心人才支持，实施股权激励是一个较好的人才融合办法。

（3）准备上市前。此时出于对创始团队奖励、整体股权架构设计及控制权等因素考虑，企业如未在此前实施股权激励，一般会在此时实施。当然因为是pre－IPO阶段，此时合规性要求增加，操作难度加大。

（4）企业设立时。部分企业会提前至设立时预留股权激励平台。

（5）创始股东退出时。此时实施股权激励主要是为了稳定和激励管理团队。

（6）上市后。实践中亦有部分企业选择在上市后才实施股权激励。

前述（1）—（3）是典型的股权激励阶段，（4）—（6）是企业根据自身情况决定的非典型实施阶段。

问题43

什么是股权激励的“十定原则”？

“十定原则”对应股权激励的十个关键要素，要素完善完整，股权激励才可能有的放矢，真正做到为企业的愿景和使命服务。“十定原则”按顺序依次为定目标、定人、定股、定时、定源、定量、定规、定价、定变以及定机制。

“十定原则”是目前股权激励实施阶段的一种方法论，通过“十定”来解决股权激励的十个核心问题，指导股权激励的推进，具体来说，“十定原则”包括如下内容：

1. 定目标

定目标是首要工作，但就我们的项目服务经验，定目标却是很多企业在股权激励中最容易忽略的内容。究其原因，企业会认为股权激励的目标显而易见，那就是留住人才或者吸引人才，不需要再讨论，而实际上这种停留在表面的目标，并未深入企业的发展战略和规划，很难在未来作为激励目标的支撑。

2. 定人

顾名思义，定人就是确定股权激励的人选，高管 + 核心骨干是常规的企业人选。

3. 定股

定股即确定股权激励的模式，是直接授予还是期权？是直接持股还是持股平台？下一问将展开论述具体的股权激励类型。

4. 定时

定时包含两层意思，一个是企业在什么阶段实施股权激励，详见前一问题，另一个是在期权情形下什么时间行权。

5. 定源

定源即确定激励股权的来源，股权激励的激励池怎么创建？除了创始股东转让还有无其他方法？

6. 定量

定量即确定股权激励的数量，一个是总量，股权激励的激励池多大？另一个是个量，要给不同的人员授予多大比例的股权或期权？

7. 定规

定规即确定股权激励的规则或者说约束条件，股权激励的生效条件是什么？期权的成熟期如何设定？

8. 定价

定价即确定股权激励的取得价格，股权激励是否设定员工出资？回购价格是多少？

9. 定变

定变即股权激励的动态管理，就股权激励中可预见的变化进行管理，以实现可增可减、可进可退的目标。

10. 定机制

定机制即确定被激励对象的管控机制，核心内容是退出机制，转让限制及回购。

问题44

股权激励有哪些类型？

股权激励的常见类型包括股权、股权期权、限制性股权、虚拟股权及股权增值权等，由此又发展出了一些演变形式，如动态合伙股权，具体类型可根据公司所在行业、发展阶段、经营情况、激励对象等情况来进行选择。

梳理股权激励的类型，主要包括如下五种方式，特别说明，就股东权益的表述，有限责任公司的"股权"、股份有限责任公司的"股份"及上市公司的"股票"各类规范表述不同，为简化表述，本文统一使用"股权"一词。

一、股权

股权激励是最早的激励方式之一，通过直接授权员工公司股权给予激励，后续其他方式实际上是对股权激励的创新，该处的股权对应公司法意义上的股东权利，员工成为公司股东，并在工商登记部门进行登记。但因直接持股的种种弊端，后续又演变出员工进入持股平台，由持股平台持有公司股权的形式，持股平台的主流形式是有限合伙企业，补充形式是公司。

二、股权期权

股权期权，是指企业授予激励对象在未来一定期限内或特定条件下以预先确定的价格和条件购买本公司一定数量股权的权利。一般来讲，股权期权的来源是公司创始股东将其一定比例的股权分割出来形成期权池，激励对象可以通过行权来购买一定数量的公司股权，亦可以放弃该种权利。同时，如果行权的条件与业绩相关，亦可称之为业绩股权，激励对象达到业绩目标之后，允许员工用奖金来购买一定数额公司的股权，激励对象获得业绩股权后，还需要满足一定的时间和基本业绩条件即可受益。

三、限制性股权

限制性股票是上市公司广泛采用的一种股权激励模式，是指事先授予激励对象一定数量的公司股票，但对股票的来源、出售条件作出限制，激励对象只有在工作年限或业绩目标符合股权激励计划规定的条件后，才可出售限制性股票并从中获益。限制性股权是依据限制性股票而来，一般情况可参考上市公司《上市公司股权激励管理办法》中的相关规定。

四、虚拟股权

股权的核心权益是表决权和分红权，虚拟股的实质就是剥离表决权后的分红权，公司授予激励对象虚拟股权后，激励对象可依此享受一定数量的分红权，但没有所有权，没有表决权，不能转让和出售，一般在离开公司时即自动失效，因此虚拟股亦不需要办理工商登记。新型的动态合伙股权或绩点式合伙激励本质上属于虚拟股权。

五、股权增值权

股权增值权模式是虚拟股权的一种变种，是指公司授予经营者一种权利，如果经营者努力经营企业，在规定的期限内，公司股权价格上升或公司业绩上升，经营者就可以按一定比例获得这种由股价上扬或业绩提升所带来的收益，由公司支付现金、股权或股权和现金的组合。该种模式要求公司股权价格或业绩标准是可实时量化的，非上市公司较难采用。

问题 45

股权激励有无人数限制，激励对象一般包含哪些？

激励对象的“定人”原则需区分公司性质，对于上市公司及拟上市公司而言，应当遵守《上市公司股权激励管理办法》等监管规则。非上市公司则有更强的自主性。从实践中来看，上市公司与非上市公司的主流激励对象一致，即核心管理人员、核心技术人员以及核心业务人员，涵盖公司运营的关键人才要素。

股权激励的目的之一是留住和吸引人才，并促进实现激励对象个人利益与公司利益一致，从而实现共担共赢。因此，能否合理“定人”成为实现利益最大化的关键要素。

一、上市公司或拟上市公司

上市公司或拟上市公司的股权激励有较强的监管规则，应遵守《上市公司股权激励管理办法》的规定及各交易所的相关规定，根据前述管理办法，激励对象可以包括上市公司的董事、高级管理人员、核心技术人员或者核心业务人员，以及公司认为应当激励的对公司经营业绩和未来发展有直接影响的其他员工，但不应当包括独立董事和监事。同时，该办法也规定了不能参与股权激励人员的负面清单，包含：（1）单独或合计持有上市公司5%以上股份的股东；（2）实际控制人及其配偶、父母、子女，此处需要注意的是，科创板和创业板在对激励对象的限定上作出突破，允许大股东及其近亲属成为激励对象；（3）最近12个月内被证券交易所认定的不适当人选；（4）最近12个月内被中国证监会及其派出机构认定为不适当人选；（5）最近12个月内因重大违法违规行为被中国证监会及其派出机构行政处罚或者采取市场禁入措施；（6）具有《公司法》规定的不得担任公司董事、高级管理人员情形的；以及兜底情形；（7）法律法规规定或证监会认定不得参与上市公司股权激励的情形。

二、非上市公司

非上市公司的激励对象没有特殊的法律限制，公司有更多的自主选择权。从实践来看，常规的激励对象基本与上市公司的范畴一致，即核心管理人员、核心技术人员以及核心业务人员，涵盖公司运营的关键人才要素。此外，实践中亦有部分企业实行“全员激励”，即激励对象不需要满足特定的岗位条件或任职条件，在职员工均可通过出资成为持股主体，这种情形的重点侧重“共同分配共同富裕”的理念而非“激励”，在早期国有企业中较为常见。

问题 46

设置多大的股权激励池比较合适？

本问题讲述问题 43 股权激励十定原则中的“定量”，其中包括股权激励池的大小是“定总量”、授权具体员工股权数量的“定个量”、二者共同构成了十定中的“定量”。根据以往服务经验及公开数据，非上市公司的股权激励池一般设置 10%—15%，同时，公司所处行业和发展阶段对这个比例的影响较为关键，激励池的比例会根据前述两个因素相应调整。上市公司的股权激励池相对确定，根据相关管理办法不得超过公司股本总额的 10%。

股权激励池的大小是股权激励十定原则中的“定总量”，与授予某一个员工具体股权数量的“定个量”共同构成了十定中的“定量”。因为总量直接关系到“股权”这一公司核心资源的分配，因此是股权激励中非常重要的课题，下面列示一些实践经验：

第一，一般而言非上市公司会在 10%—15% 确定一个股权激励池，一方面这个比例能较好地平衡利润分配与员工薪酬；另一方面亦能兼顾创始人的公司控制权。有两个核心因素会影响前述比例：一个是公司所处行业，如果是对人才要求比较高的行业例如医药研发、软件开发，则该比例会相对增加；另一个是公司所述发展阶段，公司成熟度越高，每份股权的权益越高，因此激励池的比例就越小。

第二，对于上市公司来说，根据相关管理办法全部在有效期内的股权激励计划所涉及的标的股票总数累计不得超过公司股本总额的 10%。也就是说，上市公司可以同时实行多期股权激励计划，但全部在有效期内的股权激励计划所涉及的标的股票总数累计不得超过公司股本总额的 10%。同时，非经股东会特别决议批准，任何一名激励对象获授的本公司股票累计不得超过公司股本总额的 1%。

问题 47

股权激励的来源有哪些?

本问题讲述问题 43 股权激励十定原则中的“定源”，即确定激励股权的来源，股权激励的激励池怎么创建？除了创始股东转让还有无其他方法？那么用于股权激励的实际股权来源主要包括股权转让、增资扩股及股权回购三类，根据较早的一份准独角兽公司薪酬调查报告，在 45 家反馈企业中，股权激励来源大股东转让的占比达 62%，所有股东等比稀释占 7%，定向增发占 31%。

股权激励的类型分为虚拟股权和实际股权，虚拟股权的实质是薪酬支付，所以一般用合同来界定，不需要考虑股权来源。用于股权激励的实际股权则一般来源于原股东股权转让、增资扩股或回购公司股权三种模式。

一、股权转让

原股东转让股权是一种比较灵活的股权来源方式，原股东将本属于自己的股权进行有偿转让或无偿赠予，用于股权激励计划，实践中又可细分为创始人单独转让或全体股东同比例转让，一般来说，由于股权激励能使整个公司受益，全体股东均间接受益，因此全体股东同比例转让较为常见。

二、增资扩股

员工需要出资的股权激励模式下，员工出资可作为公司增加的注册资本，也就是通过增资扩股的方式取得股权。实践中，公司为鼓励员工参加股权激励，一般会给予员工一个优惠的股权价格，使员工能以较低的价格取得同等股权。因公司注册资本增加，这种方式亦会稀释原股东的股权比例。

三、股权回购

公司还可通过收购本公司股份的方式实施股权激励，《公司法》第 162 条规定，公司不得收购本公司股份，但是将股份用于员工持股计划或者股权激励除外，需注意公司合计持有的本公司股份数不得超过本公司已发行股份总额的百分之十，并应当在三年内转让或者注销。

问题 48

如何设置股权激励的规则？

如何设定股权激励的规则或者说约束条件，股权激励的生效条件应当如何设置，期权的成熟期如何设定等问题，是企业在设置股权激励时首要会考虑的问题。

首先，公司可以对拟激励员工设置条件，这种激励场景一般是期权即非即时行权的情形，当然也包括即时行权 + 期权的组合模式。设置条件通常可包括员工的服务期限、股权授予期限、对公司的业绩贡献以及竞业限制等。

其次，企业设置激励条件的目标实质是通过外在条件来寻找具备内在素质的员工。总结我们的服务经验来说，激励条件的设置方式可以有多种，但维度无外乎两个，即忠诚度和能力水平。用目前流行的讲法，企业需要给予股权激励的对象是千里马，因为千里马兼顾了忠诚和能力两个核心要素，能够赋能企业持续发展。

最后，不同企业设置条件应根据自身发展阶段和需求来进行，既不是一个固定的范本，亦不是一成不变的。就我们的项目经验来说，企业在设立初期一般更看重能力水平，因此会给予 CSO（首席科学官）、CPO（首席技术官）等任职人员股权激励，发展到一定规模的企业会在设置条件中考虑任职年限等忠诚度因素，上市公司则需遵守《上市公司股权激励管理办法》中的相关业绩条件和年限要求。

《上市公司股权激励管理办法》明确规定了限制性股票要规定激励对象获授股票的业绩条件。非上市公司没有硬性限制条件，激励对象符合要求的工作年限或业绩目标即可，具体以激励方案为准。

《上市公司股权激励管理办法》第三章明确规定了限制性股票的限售条件，主要包括以下几个方面：首先，年限方面，限制性股票授予日与首次解除限售日之间的间隔不得少于12个月。在限制性股票有效期内，上市公司应当规定分期解除限售，每期时限不得少于12个月。其次，数额方面，各期解除限售的比例不得超过激励对象获授限制性股票总额的50%。最后，除须满足年限和额数方面的约束外，上市公司还可以对绩效作出规定，只有被激励对象完成每年的业绩后才可以对其解除限售。以上限制非上市公司也可以借鉴，而且由于非上市公司对规范性的要求没有上市公司那么高，在具体操作上可以更灵活，都可以依据公司的实际情况进行调整。

简要来说，限制性股权有利于留住激励对象。但激励对象也会给股东们带来烦恼：第一，股票价值波动会影响激励对象的工作心态，第二，激励对象获得股票的所有权后，将给公司的管理提高难度。

问题49

如何设置股权激励的对价？

股权激励中的定价问题，是股权激励中的难题。实践中，在考虑股权激励对价问题时，要从多个方面去考虑，包括但不限于：公司注册资本、股东实际出资情况、审计报告、评估报告、公司最近融资的估值、被激励员工的意愿等多个方面。

需注意的是，按照《公司法》的规定，公司股东应支付合理的对价，对于被激励的员工来说，支付合理对价是法定的义务，但基于股权激励这种特殊性，其定价不能完全按照市场价格，否则就失去了股权激励项目本身的意义。正是因为这种特殊性，使得股权激励定价变成让很多企业头疼的难题。

根据《上市公司股权激励管理办法》第23条的规定，“上市公司在授予激励对象限制性股票时，应当确定授予价格或授予价格的确定方法。授予价格不得低于股票票面金额，且原则上不得低于下列价格较高者：（一）股权激励计划草案公布前 1 个交易日的公司股票交易均价的 50%；（二）股权激励计划草案公布前 20 个交易日、60 个交易日或者 120 个交易日的公司股票交易均价之一的 50%。上市公司采用其他方法确定限制性股票授予价格的，应当在股权激励计划中对定价依据及定价方式作出说明”。第 29 条规定“上市公司在授予激励对象股票期权时，应当确定行权价格或者行权价格的确定方法。行权价格不得低于股票票面金额，且原则上不得低于下列价格较高者：（一）股权激励计划草案公布前 1 个交易日的公司股票交易均价；（二）股权激励计划草案公布前 20 个交易日、60 个交易日或者 120 个交易日的公司股票交易均价之一。上市公司采用其他方法确定行权价格的，应当在股权激励计划中对定价依据及定价方式作出说明”。在《非上市公众公司监管指引第 6 号——股权激励和员工持股计划的监管要求（试行)》中，也有类似的规定，上述规定可以作为企业在确定股权激励定价问题中的一个参考因素。

除授予价格需要企业关注以外，回购价格也至关重要。什么时间回购，以什么价格进行回购，都影响被激励员工最终可以获得的收益。

第十四章 对接国有资本

问题50 国有资本投资的模式是什么？

自2013年党的十八届三中全会提出国有资本投资、运营公司的概念以来，中央层面不断完善国有资本投资运营改革的相关政策，在践行管资本的理念下国有资本也不断探索如何通过股权投资进行产业重组、优化产业布局。目前国有资本参与股权投资的主要模式可以划分为三种，一是以自有资金直接对企业进行出资；二是参股母基金或通过设立母基金的方式间接参与子基金；三是母基金模式与直接出资模式相联动。

一、国有资本投资运营的政策历程

1. 2013年11月15日发布《中共中央关于全面深化改革若干重大问题的决定》，该决定提出“允许更多国有经济和其他所有制经济发展成为混合所有制经济。国有资本投资项目允许非国有资本参股。允许混合所有制经济实行企业员工持股，形成资本所有者和劳动者利益共同体”“完善国有资产管理体制，以管资本为主加强国有资产监管，改革国有资本授权经营体制，组建若干国有资本运营公司，支持有条件的国有企业改组为国有资本投资公司”，这是第一次明确提出

“国有资本投资公司”的概念。

2. 2015 年 11 月 4 日发布《国务院关于改革和完善国有资产管理体制的若干意见》，该意见在第三部分中明确了国有资产监管机构与国有资本投资、运营公司之间的关系，政府授权国有资产监管机构依法对国有资本投资、运营公司履行出资人职责。同时，界定了国有资本投资、运营公司与所出资企业之间的关系，依据《公司法》等相关法律法规，对所出资企业依法行使股东权利，以出资额为限承担有限责任。

3. 2018 年 7 月 30 日发布《国务院关于推进国有资本投资、运营公司改革试点的实施意见》，该意见为加快推进国有资本投资、运营公司改革试点工作，从总体要求、试点内容、实施步骤、配套政策及组织实施五方面全面进行规制。

4. 2022 年 6 月，国务院国资委印发《关于国有资本投资公司改革有关事项的通知》，该通知明确五家企业正式转为国有资本投资公司，从试点到落地，改革取得新进展。

二、国有资本投资模式选择

从《关于国有资本投资公司改革有关事项的通知》中转正的五家公司投资模式以及投中研究院相关调研可以得出，国有投资的模式大致分为三种，直接投资模式、母基金模式及母基金与直接投资相联动的模式。

直接投资模式即以国有控股集团自有资金对项目公司直接出资，出资比例一般为控股比例；或通过国有投资平台设立直投基金进行投资。一般适用于项目资金规模不大的投资。如五粮液集团参投四川和光同程光伏科技有限公司，和光同程主营电池制造、太阳能发电技术服务、光伏设备及元器件制造等业务。

母基金模式即通过国有控股集团参股母基金，或设立母基金，母基金设立若干子基金间接参与投资项目，该种模式一般适用于项目资金规模较大，自有资金无法满足投资需求的情形。由天津市财政出资设立的天津市海河产业引导基金，日前在清科研究中心公布的 2023 年中国政府引导基金榜单上位居第三名，该支基金截至 2023 年 7 月底共设立了 66 支母基金，规模达 1420 亿元。模式为通过引导基金注资与市场化募集，吸引社会资本共同发起设立多支产业投资母基金，再由母基金出资设立若干子基金或直接投资的模式，重点投向大数据、云计算、芯片设计、新能源电池等重点产业领域，以服务实体经济为主，加快与知名龙头企业、投资机构、金融机构合作，从而促进天津产业结构转型升级。

联动模式即上述两种模式相结合，一方面通过参股母基金联合社会资本，建立投资机构生态圈；另一方面设立直投基金，对优质项目直接投资。如2022年安徽省国资系统“新兴产业发展基金、产业转型升级基金、碳中和基金、工业互联网基金、新型基础设施建设基金、混合所有制改革基金、战略投资基金”7支基金公司揭牌。其中，战略投资基金为服务全省重大战略的直投基金，其余6支均为母基金，资本金规模达到400亿元以上，并主导或参与设立若干支子基金，吸引社会资本600亿元以上，形成总规模1000亿元以上的基金集群。

问题51
国有投资会对企业提出哪些特别要求？

国有企业投资一般包含固定资产投资、无形资产投资和股权投资等几类。国有企业投资行为不同于一般市场主体投资，其投资行为事前、事中、事后均会受到监管，并且应兼顾社会效益与经济效益，根据投中研究院统计数据显示，国资在选择投资企业时，在行业产业、就业扶持、政策支持、属地注册等各个方面会进行综合考量。

一、国资投资方向逐渐偏向“投早投小，投长投新”

如安徽省种子基金二期母基金、广州金控等基金，大部分的国资投资，投资目的为建立创新创业资源与社会资本市场链接，引导社会资本投早投小，支持新兴产业，培育幼苗产业以实现资本助力科技发展的目的。因此在国资投资选择方向上，中小企业、科技型企业相对更具优势。

二、投资领域及地区

国资投资偏好清洁能源、农业消费品、新能源材料、医疗健康、先进制造五大领域，前述领域恰能契合我国目前乡村振兴的现实需求，清洁能源领域旨在升级乡村能源消费模式，实现低碳环保发展；农业消费品领域旨在推动自主研发农作物品种，科技自立，实现农业优质发展；因我国乡村地区矿产资源丰富，新能源材料领域旨在充分发掘该等资源，从而进一步研发加工新能源材料；基于乡村地区目前医疗条件不足的弊端，医疗健康领域旨在提升医疗服务能力，防范因病返贫的风险；先进制造领域旨在强化农业科技力量，掌握农业技术核心。

目前国资投资已覆盖全国绝大多数地区，但部分国资会针对我国经济落后地区进行重点投资。

三、投资战略性新兴产业

目前信息技术、高端装备制造、新能源汽车、绿色环保及航空航天、生物医药、新材料、海洋经济等产业等均为我国战略性新兴产业，我国目前处于新旧动能转换的关键节点，加快培育发展新兴产业，激发强化发展动能是优化产业结构的必要之举。如厦门市美亚柏科信息股份有限公司研发的“电子鹰”无人机反制系统，目前随着无人机市场的逐渐兴起壮大，无人机安全问题也日益突出，无人机反制系统成为一个“新赛道”，这一黑科技加持的“电子鹰”正是国资央企推动战略性新兴产业融合的一个缩影。由此可以看出，在国资投资方面，为更好的完成国资投资的经济责任、政治责任与社会责任相融和，上述战略性新兴产业必然为国资的重点投资方向。

综上，在股权融资场合，国有投资会重点关注融资公司所处行业及其发展阶段，除此之外，部分国有投资肩负招商任务，会对被投企业提出在当地注册并运营的要求。

问题52

国有投资基金的概况以及目前有哪些活跃的国有投资私募基金？

随着国有资产的监管从“管资产”向“管资本”转变，国有资产的保值与增值也愈发重要。私募股权投资基金近年来逐渐成为国有企业投融资创新的全新方向。按照国有出资的来源划分，国有资本投资私募基金的途径大致可分为三类：一是政府通过财政预算资金直接设立的政府投资基金；二是政府通过地方融资平台筹集资金设立的各类基金；三是国有企业利用自有资金投资的私募股权基金。

根据投中研究院统计数据，截至2022年年末，我国各级政府共成立1531只政府引导基金，自身规模达27378亿元。其中华东地区累计成立677只政府引导基金，自身规模达9892亿元，数量与规模均位于首位；华北地区共239只政府引导基金，自身规模达5881亿元，位居第二；华南地区共212只政府引导基金，自身规模4508亿元，位居第三。

目前各地较为活跃的国有投资私募基金，限于篇幅列示如下：

一、山东省新旧动能转换引导基金

山东省新旧动能转换引导基金于2018年由山东省、市两级政府共同出资400亿元设立，通过引导基金注资和市场化募集，吸引国内外金融机构、企业和其他社会资本共同发起设立多只母基金，形成不少于2000亿元规模的母基金群。母基金再通过出资发起设立或增资若干只子基金，撬动各类社会资本，形成不少于6000亿元的基金规模。日前在清科研究中心公布的2023年中国政府引导基金榜单上位居第二名，新动能引导基金在改造提升传统动能，培育壮大新动能，推动实体经济转方式、调结构、增效益上发挥着不可替代的作用。

二、天津市海河产业引导基金

由天津市财政出资设立的天津市海河产业引导基金，日前在清科研究中心公布的2023年中国政府引导基金榜单上位居第三名，该支基金截至2023年7月底共设立了66支母基金，规模达1420亿元。模式为通过引导基金注资与市场化募集，吸引社会资本共同发起设立多支产业投资母基金，再由母基金出资设立若干子基金或直接投资的模式，重点投向大数据、云计算、芯片设计、新能源电池等重点产业领域，以服务实体经济为主，加快与知名龙头企业、投资机构、金融机构合作，从而促进天津产业结构转型升级。

三、重庆产业投资母基金

重庆国资 LP 近日一直出资活跃，重庆产业投资母基金，于 2023 年 4 月 20 日备案成立，该母基金总规模 2000 亿元，分两期实施，其中一期认缴额为 800 亿元。该母基金经营范围为：以私募基金从事股权投资（除依法须经批准的项目外，凭营业执照依法自主开展经营活动）。重庆渝富控股集团为该母基金的 LP 之一，重庆渝富控股集团成立于 2016 年 8 月，为重庆市国资委新设组建的国有独资公司。

另外，在更早前的 3 月，也有两只百亿级母基金在重庆设立，分别是重庆市两江新区设立的 200 亿元规模的高质量发展产业投资基金，以及配套两江区打造数创园区而设立的 100 亿元规模的数字经济（卫星互联网）产业投资基金。

四、苏州天使投资引导基金（有限合伙）

苏州市天使投资引导基金于 2021 年正式揭牌。经营范围为：股权投资（除依法须经批准的项目外，凭营业执照依法自主开展经营活动）。基金由市本级和各市、区共同出资设立，基金规模达 60 亿元，为种子期、初创期科技型企业发展注入优质“资本活水”，荣登“2022 最佳天使母基金 TOP10”榜单。

五、合肥市政府引导母基金

根据母基金研究中心统计数据，截至 2023 年 3 月末，一周岁的合肥市政府引导母基金相继招引设立 47 支参股母子基金，与社会资本合作设立参股基金超 1500 亿元。2023 年合肥俨然已成为安徽省—市—县多层级投资矩阵的汇聚中心，除省级母基金外，合肥在 2022 年设立总规模 200 亿元的市政府引导母基金，力争 5 年内培育 5—10 家领先的知名基金管理机构，引进不少于 50 家行业领先的知名基金管理机构，实现备案基金管理规模不少于 5000 亿元的股权投资基金体系。

问题53

国有企业监管的法律规定有哪些？

在股权融资场合，公司在接受国有投资后其企业性质将变更为国家企业，无论持股比例多少，一定程度上均面临国有企业监督管理，本文简要介绍国资监管的框架。根据监管主体的不同，国有企业可主要划分为三大类，第一类为国务院国有资产监督管理委员会监管的国有企业，第二类为财政部监管的国有企业，第三类为地方国有资产监督管理机构、地方财政部门或地方文化资产监管部门等监管的国有企业。为更好地保障和规范国有资产的监管行为，各部门出台了相关法律及政策。

一、国有企业的认定

我国现行法律法规并未对“国有企业”形成统一的定义，且因部门属性或监管目的不同，认定范围皆存在差异。在相关法律、行政法规、规章层面，国有企业的常用替代性表述为“国家出资企业”，根据《企业国有资产法》第5条，国有出资企业的概念为“本法所称国家出资企业，是指国家出资的国有独资企业、国有独资公司，以及国有资本控股公司、国有资本参股公司”。

国有独资公司是指国家单独出资、由国务院或者地方人民政府授权本级人民政府国有资产监督管理机构履行出资人职责的有限责任公司。

国有资本控股公司是指国有资本的出资人具有控股股东地位。控股股东是指出资额占有限责任公司资本总额50%以上或其持有的股份占股份公司股本总额50%以上的股东；以及出资额或持股比例不足50%但依照其出资额或持有股份享有的表决权已足以对股东会、股东会的决议产生重大影响的股东。

国有资本参股公司是指公司资本包含国有资本，但国有资本没有控股地位的公司，通常来说，国有参股公司可不执行上级公司的内部管理规定。

二、国有企业监管的法律规定

国资国企的监管主要包含党的建设、国有资产的管理制度（产权管理、规划发展、国资监管、国有资本经营及预算、其他）、企业合规（企业合规管理、推进国企改革、完善企业制度、混合所有制改革）、职工管理及激励制度（工资薪酬、人员管理、股权激励、职工安置）、知识产权、责任追究、综合类（应急管理、其他）几个方面，除此之外，还存在对中央企业的特殊监管。

党的建设方面受党内法规监管，党的领导贯穿国有企业合规治理的全过程，在企业发挥把方向、管大局、促落实的领导作用。党的领导是国企合规的首要原则。

国有资产管理制度主要从产权管理、规划发展、国资监管及国有资本经营及预算等方面进行规制。国有资产监督管理体系随着我国改革开放不断完善，2003 年组建国务院国有资产监督管理委员会，为国有资产监督管理体系奠定的组织基础，2003 年 5 月 27 日，国务院颁布了《企业国有资产监督管理暂行条例》，后进行了多次修改，2008 年《企业国有资产法》公布，并于 2009 年 5 月 1 日正式施行。后根据以管资本为主推进经营性国有资产集中统一监管等指导意见，相继出台了其他监管法律法规，监管体系更加完善。

企业合规主要包含企业合规管理相关制度，如《国有企业公司章程制定管理办法》《企业境外经营合规管理指引》等；国有企业改革、混合所有制改革相关制度，如国务院办公厅《关于进一步完善国有企业法人治理结构的指导意见》、国务院《关于推进国有资本投资、运营公司改革试点的实施意见》、国务院《关于国有企业发展混合所有制经济的意见》等。

职工管理及激励制度主要包含工资薪酬管理、人员管理、股权激励制度及员工安置制度；在知识产权制度中，国有企业也有区别于普通市场主体的管理内容，如 2020 年 2 月 26 日，国资委和国家知识产权局印发的《关于推进中央企业知识产权工作高质量发展的指导意见》，其为国有企业深入实施创新驱动发展战略，增强自主创新能力提供了规范指引。责任追究制度主要针对国有企业的党政领导干部和国有企业领导人员。

更详细的关于国有企业的监管的法律规定可参见锦天城律师事务所《全国国资国企法律法规政策汇编》。

问题54

成为国有控股或参股企业有哪些限制？

国有企业因涉及国有资产的监督，其法律监管与民营企业或外资企业相比较，有其特殊之处，成为国有控股企业或国有参股企业存在治理主体、决策程序、资产交易、采购方式、对外投资等多方面的特殊限制。

一、治理规范的特殊限制

一般作为市场主体的公司，需符合法律法规的要求，也即合法，而作为国有企业，除此之外，还需要遵守党的政策、国家和地方的国资管理政策，即合规。如在公司内部的治理体系中，作为国有企业，要将党建工作总体纳入国有企业章程，明确国有企业党组织在公司法人治理结构中的法定地位；两个以上的国有企业或者两个以上的其他国有投资主体投资设立的有限责任公司，其董事会成员中应当有公司职工代表。中共中央办公厅、国务院办公厅2010年6月5日印发的《关于进一步推进国有企业贯彻落实“三重一大”决策制度的意见》中还确定了国有企业内部决策中要有三重一大机制，对“重大决策、重要人事任命、重大项目安排、大额度资金运作”应当集体决策，并履行相应的程序。

二、产权转让的特殊限制

国有企业产权转让，首先根据《企业国有资产交易监督管理办法》（以下简称32号令）的规定，“转让方应当按照企业发展战略做好产权转让的可行性研究和方案论证。产权转让涉及职工安置事项的，安置方案应当经职工代表大会或职工大会审议通过；涉及债权债务处置事项的，应当符合国家相关法律法规的规定”。另外，国有企业涉及与关联方交易的，也有其特殊规制。

首先，国有资产的转让需要获得履行出资人职责的机构的批准。国资监管机构负责审核国家出资企业的转让事项。国家出资企业的子企业由国家出资企业制定转让管理制度，确定审批管理权限，无须国资监管机构直接进行审核。

其次，根据《企业国有资产法》及 32 号令的规定，在通过方案论证后，进行转让之前，应对标的企业进行审计并委托有资质的评估机构对标的进行评估，同时应接受国有资产监督管理机构的监督和管理。转让价格以核准或备案的评估价格为基础。

最后，转让方式上公开转让是原则，协议转让是例外，转让方通常应当通过产权交易机构网站分阶段对外披露产权转让信息，广泛征集受让方。在依法设立的产权交易机构通过公开公平公正原则以竞价拍卖方式进行，由价高者受让标的股权。

三、对外投资的特殊限制

根据《企业国有资产法》第 35 条、第 36 条规定，国家出资企业投资等事项，应当报经人民政府或者人民政府有关部门、机构批准、核准或者备案，投资应当符合国家产业政策，并按照国家规定进行可行性研究，进行认真评估和充分的风险论证，以避免国有资产流失。

2017 年 1 月 7 日，国务院国资委发布了《中央企业投资监督管理办法》（国资委令第 34 号）和《中央企业境外投资监督管理办法》（国资委令第 35 号），上述两个办法主要从“管投向、管程序、管风险、管回报”四个方面，加强中央企业的投资管理，规范投资行为。除此之外，还有《关于建立国有企业违规经营投资责任追究制度的意见》（国办发〔2016〕63 号）、国务院办公厅《关于加强和改进企业国有资产监督防止国有资产流失的意见》（国办发〔2015〕79 号）以及各省文件对国有企业对外投资程序、事项负面清单等方面进一步规范。

四、其他特殊限制

1. 采购方式的限制

招投标法规定全部使用国有资金投资或者国有资金投资占控股或者主导地位的项目，属于应当招标情形的，必须公开招标。

2. 信息报告制度

国有企业需向国资监管部门进行信息报告，国务院国资委在《2011 年度指导监督地方国资工作计划》中明确了“推动地方国资委信息报送工作”之规划要求。各地方国资委相继建立了国资监管信息报送制度，就地方国资监管及企业改革发展中的重大决策、重要事项、重要人事变动、重要规范性文件以及国有投资企业重要改革、重点工作、党建工作、创新性工作、突发性事件或情况等信息均需及时向国资监管部门报送，以便国资监管机构对国资流向及收益及时追踪及监管。

问题 55

国有投资企业的公司章程必须有党组织条款吗?

发挥党组织在国有企业中的作用由来已久，2020 年 12 月 31 日，国务院国资委、财政部联合发布《国有企业公司章程制定管理办法》（以下简称管理办法），根据前述管理办法，国家出资并由履行出资人职责的机构监管的国有独资公司、国有全资公司和国有控股公司章程中一般应当包括公司党组织的内容，其他国有参股公司因不必须适用该管理办法，则党组织条款非章程必备内容。

一、什么是国有独资公司、国有全资公司和国有控股公司?

《公司法》第 168 条第 2 款规定“本法所称国家出资公司，是指国家出资的国有独资公司、国有资本控股公司，包括国家出资的有限责任公司、股份有限公司”。

《企业国有资产交易监督管理办法》第 4 条规定：“本办法所称国有及国有控股企业、国有实际控制企业包括：（一）政府部门、机构、事业单位出资设立的国有独资企业（公司），以及上述单位、企业直接或间接合计持股为 100% 的国有全资企业；（二）本条第（一）款所列单位、企业单独或共同出资，合计拥有产（股）权比例超过 50%，且其中之一为最大股东的企业；（三）本条第（一）、（二）款所列企业对外出资，拥有股权比例超过 50% 的各级子企业；（四）政府部门、机构、事业单位、单一国有及国有控股企业直接或间接持股比例未超过 50%，但为第一大股东，并且通过股东协议、公司章程、董事会决议或者其他协议安排能够对其实际支配的企业。"

根据《企业会计准则第 33 号——合并财务报表》第 7 条的规定，合并财务报表的合并范围应当以控制为基础予以确定。控制，是指投资方拥有对被投资方的权力，通过参与被投资方的相关活动而享有可变回报，并且有能力运用对被投资方的权力影响其回报金额。而什么是《企业会计准则第 33 号——合并财务报表》中的控制？《企业会计准则第 33 号——合并财务报表》第 13 条规定："除非有确凿证据表明其不能主导被投资方相关活动，下列情况，表明投资方对被投资方拥有权力：（一）投资方持有被投资方半数以上的表决权的；（二）投资方持有被投资方半数或以下的表决权，但通过其他表决权持有人之间的协议能够控制半数以上表决权的。"

公司控制权中的"控制"一词主要是针对公司治理、经营以及股权层面而言；而财务层面的"控制"更注重表决权，同时结合了相关事实和情况，在决策权的行使、主导被投资方相关活动、享有可变回报及影响回报金额等因素发生变化时，则需要重新判断控制权的归属。比如中国茶叶股份有限公司在申报 IPO 时，发行人持有中茶网络 40% 的股份，并将其纳入合并报表范围。证监会要求说明发行人是否能控制中茶网络。发行人回应：中国茶叶股份有限公司对中茶网络持股比例为 40%。但根据中茶网络的公司章程：董事会成员 5 名，其中中国茶叶股份有限公司委派 3 名，对董事会所议事项由全体董事人数二分之一以上董事表决通过，中国茶叶股份有限公司直接控制中茶网络的经营和财务政策。

二、现行法律法规对国有企业章程中党组织如何规定？

《公司法》第 5 条规定，设立公司应当依法制定公司章程。公司章程作为公司内部的"宪法"，若不加以重视，不仅可能对日常工作造成极大不便，对于国有企业而言，还可能因缺少相关条款导致不符合审计合规要求。

发挥党组织在国有企业中的作用由来已久，不仅《公司法》第 18 条[①]对公司设立党组织有明确规定，另外《中国共产党国有企业基层组织工作条例（试行）》第 13 条规定，国有企业应当将党建工作要求写入公司章程，写明党组织的

① 《公司法》第 18 条："在公司中，根据中国共产党章程的规定，设立中国共产党的组织，开展党的活动。公司应当为党组织的活动提供必要条件。"

职责权限、机构设置、运行机制、基础保障等重要事项，明确党组织研究讨论是董事会、经理层决策重大问题的前置程序，落实党组织在公司治理结构中的法定地位。2020年管理办法明确了国有独资公司、国有全资公司和国有控股公司章程中应包含党组织内容。

管理办法明确公司章程应当包括党组织的内容，且在公司章程总则条款中应明确公司按照《中国共产党章程》规定设立党的组织，开展党的工作，提供基础保障等。

党组织条款应当按照《中国共产党章程》《中国共产党国有企业基层组织工作条例（试行）》等有关规定，写明党委（党组）或党支部（党总支）的职责权限、机构设置、运行机制等重要事项。明确党组织研究讨论是董事会、经理层决策重大问题的前置程序。

同时管理办法明确了党组织的职责范围，设立公司党委（党组）的国有企业应当明确党委（党组）发挥领导作用，把方向、管大局、保落实，依照规定讨论和决定企业重大事项；明确坚持和完善“双向进入、交叉任职”领导体制及有关要求；设立公司党支部（党总支）的国有企业应当明确公司党支部（党总支）围绕生产经营开展工作，发挥战斗堡垒作用；具有人财物重大事项决策权的企业党支部（党总支），明确一般由企业党员负责人担任书记和委员，由党支部（党总支）对企业重大事项进行集体研究把关；对于国有相对控股企业的党建工作，需结合企业股权结构、经营管理等实际，充分听取其他股东包括机构投资者的意见，参照有关规定和本条款的内容把党建工作基本要求写入公司章程。

问题56

如何应对国有投资的资金归集要求？

资金归集是国有企业集团普遍存在的一种资金管理模式，本质上是大股东对子公司资金的直接管理行为。该制度有一定制度依据，在实践中亦有其特定的意义，但同时也隐藏着法律风险。作为被投资企业，为企业管理更具自主性，应从国有资金归集制度适用性、提前确定预算范围等方面进行应对。

一、什么是国有企业资金归集制度?

财政部 2006 年 12 月 4 日发布的《企业财务通则》第 23 条第 3 款规定：“企业集团可以实行内部资金集中统一管理，但应当符合国家有关金融管理等法律、行政法规规定，并不得损害成员企业的利益。”资金归集也即指国有企业集团内部设立专门的部门，将下属成员单位的资金归集至集团公司账户，通过内部管理系统对资金统一管理、调配、部署，以实现集中控制、余缺互补、风险防范。

财政部在 2001 年出台了《企业国有资本与财务管理暂行办法》（财企〔2001〕325 号），该通知提出，“国有母公司应当建立以现金流为核心的内部资金管理制度，对企业资金实行统一集中管理，明确资金调度的权限和程序”。中央及各地国资监管部门也关于国有企业资金归集事宜相继发文，如《关于推动中央企业加快司库体系建设 进一步加强资金管理的意见》、上海市国资委《关于进一步加强市国资委监管企业资金管控若干重点工作的通知》、《天津市人民政府国有资产监督管理委员会关于印发加强市管企业资金集中管控工作指导意见的通知》（津国资财经〔2014〕4 号）。

二、国有企业资金归集的风险及应对

作为被投资公司，前期发展需一定的自主性，如资金归集势必会影响自主管理性，同时资金归集制度一旦被认定成集团公司与成员公司之间财务混同，势必存在更大的法律风险。

目前并无明确法律规定资金归集制度的强制适用，因此在前期签署投资协议时，可协商不适用资金归集制度，自主管理公司资金使用。同时在目标公司章程及议事规则中明确，资金归集方式需经全体投资人同意等。

如必须适用资金归集制度，可在每年度申报预算时核算公司预算额度，同时在预算管理制度中明确规定在预算内的部分由公司财务自主管理，超出预算的部分由集团另行批准，以在公司后期运营过程中享有更多的财务自主权。

问题 57

如何应对国有投资的投后管理？

投后管理是企业项目投资周期中的重要组成部分，特别是国有资本投资项目，在投后参与目标公司治理、运营甚至再融资过程中有其特殊性。如国有资本投资方集团的资金归集要求、集团“三重一大”制度管理等，为更好地平衡合规性与公司自主性，被投资企业应在投资前及投资后均灵活地做好投后管理应对。

一、集团资金归集要求应对

因目前并无明确法律规定资金归集制度的强制适用，因此在前期签署投资协议时，可与投资方协商不适用资金归集制度，由目标公司自主管理公司资金，同时在目标公司章程及议事规则中予以明确，资金归集方式需经全体投资人同意后方可适用等。

如必须适用资金归集制度，可在每年度向投资方集团申报预算时准确核算目标公司预算额度，同时在预算管理制度中明确规定在预算内，由公司财务自主管理；超出预算部分，再由集团另行批准。

二、“三重一大”制度管理

重大决策、重要人事任免、重大项目安排和大额度资金运作，简称“三重一大”，涉及“三重一大”的事项必须由领导班子集体作出决定。国资委党委关于贯彻落实《关于进一步推进国有企业贯彻落实“三重一大”决策制度的意见》（以下简称《意见》）的通知第 2 条明确“国有独资公司和国有控股公司制定《意见》实施办法，要结合公司章程，进一步将企业党委（党组）、股东会、董事会、经理层的职权范围、决策事项和权限具体化、规范化、程序化，完善群众参与、专家咨询和集体决策相结合的决策机制”，意见并未强制要求国有参股企业适用三重一大制度，因此在前期投资谈判过程中，可协商投资公司是否适用集团三重一大制度，争取更多的自主管理权。

三、法人治理结构设置

为有效防止国有资产流失，国有投资通常会要求安排董事委派、监事委派等保留控制权的方式，如为国有控股公司，则被投资公司的组织架构设置方面与母公司设置方式差异不大。

考虑到国有独资公司、国有控股公司在三重一大程序适用、公司章程的设置上有其更为特殊的要求，在前期投资协议谈判时，应考虑到股权的让渡比例，同时明确界定国有资本投资方派驻人员在目标公司的管理权。

问题 58

国有股权回购的注意事项有哪些？

为防范国有企业股权投资风险，实现国有资产保值增值的目标，国有企业在进行股权投资时通常会预设股权回购退出机制，国有股权回购的实质为国有股权转让，根据国资监管要求，除特殊情形，国有股权转让应当在产权交易场所进行，即进场交易。在司法实践中，在国有股权投资协议中设置回购条款的法律效力以及具体实施存在一定争议。

一、公开进场交易的基本原则

2003 年，《企业国有资产监督管理暂行条例》第 31 条明确规定：“国有资产监督管理机构应当建立企业国有资产产权交易监督管理制度，加强企业国有资产产权交易的监督管理，促进企业国有资产的合理流动，防止企业国有资产流失。”在此基础上，同年 12 月 31 日，国资委与财政部共同颁布了《企业国有产权转让管理暂行办法》（2017 年 12 月 29 日已经废止），其中第 4 条规定：“企业国有产权转让应当在依法设立的产权交易机构中公开进行，不受地区、行业、出资或者隶属关系的限制。国家法律、行政法规另有规定的，从其规定。”自此，国有产权转让开启了原则上在产权交易市场公开进行的模式。

2009 年 5 月 1 日，《企业国有资产法》第 54 条第 2 款规定："除按照国家规定可以直接协议转让的以外，国有资产转让应当在依法设立的产权交易场所公开进行。转让方应当如实披露有关信息，征集受让方；征集产生的受让方为两个以上的，转让应当采用公开竞价的交易方式。"《企业国有资产交易监督管理办法》第 13 条第 1 款规定，产权转让原则上通过产权市场公开进行。

二、协议转让需批准

因国有股权回购属于国有资产交易，根据上述相关规定，国有股权回购应以进场交易为原则，以非公开的协议转让为例外。例外情形的法律规定主要为：《企业国有资产交易监督管理办法》第 31 条规定："以下情形的产权转让可以采取非公开协议转让方式：（一）涉及主业处于关系国家安全、国民经济命脉的重要行业和关键领域企业的重组整合，对受让方有特殊要求，企业产权需要在国有及国有控股企业之间转让的，经国资监管机构批准，可以采取非公开协议转让方式；（二）同一国家出资企业及其各级控股企业或实际控制企业之间因实施内部重组整合进行产权转让的，经该国家出资企业审议决策，可以采取非公开协议转让方式。"第 63 条规定："金融、文化类国家出资企业的国有资产交易和上市公司的国有股权转让等行为，国家另有规定的，依照其规定。"第 66 条规定："政府设立的各类股权投资基金投资形成企业产（股）权对外转让，按照有关法律法规规定执行。"

三、国有股权投资协议中回购条款的效力

在司法实践中，关于回购条款效力的认定法院观点各不相同，关于进场交易的法律规定是否属于效力性强制性规定尚无定论。然而从立法本意看，国有资产进场交易的核心目的为保障国有资产交易的公开公平公正性，防止国有资产流失。场外回购并非绝对地造成国有资产流失或者交易不安全，有时回购条件成就时，进场交易价格反而低于回购价格，造成投资亏损，因此司法实践中也是在是否存在国有资产流失的基础上进行认定。

（2021）京 02 民终 13186 号案件中，案涉协议主要约定了回购条件、回购价格且回购价格以审计后的净资产与回购条款约定的计算公式孰高为准，同时要求

回购方配合通过符合国资监管规定的方式实现退出。法院认为《企业国有资产交易监督管理办法》规定产权转让原则上通过产权市场公开进行。回购条款约定各方配合以符合国有资产管理相关法律法规的方式退出。原告诉求主要为要求回购方支付回购价款，并未涉及股权转让手续的办理事项，且回购方愿意配合空气动力研究院进场挂牌转让，故案涉《补充协议》项下回购款项的支付义务具备履行条件，回购方主张回购案涉股权应先进场挂牌而拒绝支付回购价款的主张不成立，本院不予支持。

（2020）京 03 民终 13060 号案件中，北京市第三中级人民法院认为："本案中，根据查明的事实，西南实业公司的股东为独山县交通运输局以及贵州神玺实业集团有限公司，其中独山县交通运输局持股比例 25%，神玺公司持股比例为 75%。神玺公司是国有独资公司，其股东是独山县财政局，西南实业公司的全部出资均来源于国有出资，因此西南实业公司转让其持有的西南交投公司的股权，属于国有资产转让，应当遵循《中华人民共和国企业国有资产法》的相关规定，现西南实业公司对拟转让的资产未依法进行资产评估，也没有通过法定的交易场所和交易方式进行转让，违反了法律的强制性规定，西南实业公司与圣佑公司签订的合同中关于转让西南交投公司股权的约定应属无效。故西南实业公司请求圣佑公司受让其持有的西南交投公司股权并支付股权转让款，依据不足，本院不予支持。"

四、实操建议

因目前除国有金融企业通过协议回购方式实现股权投资退出具有明确的法律依据外，普通国有企业在股权投资经营活动中，若通过协议回购方式实现投资退出暂无法律依据。因此，在协议回购国有股权法律实践中建议采用公开挂牌转让标的股权的方式实现股权投资退出。在回购协议中禁止约定回购双方通过共同遴选审计、评估机构的方式提前锁定回购价格或者公开挂牌交易底价等锁定交易价格的条款，对股权回购价格保证金条款也需谨慎约定，防止被司法机关认定无效带来的法律风险。另外，回购协议中应包含股权回购的价格不得低于评估备案价格或者以评估备案的价格为基准。最后，在国有股权回购事宜中应严格遵守法律法规以及规章制度履行转让国有资产相关决策手续。